Visuelles Wörterbuch

SPANISCH – DEUTSCH

coventgarden

coventgarden

BEI DORLING KINDERSLEY
London, New York, Melbourne,
München und Delhi

Lektorat Angeles Gavira
Bildredaktion Ina Stradins
DTP-Design Sunil Sharma, Balwant Singh,
Harish Aggarwal, John Goldsmid, Ashwani Tyagi
DTP-Koordination Pankaj Sharma
Herstellung Liz Cherry
Bildrecherche Anna Grapes
Cheflektorat Liz Wheeler
Chefbildlektorat Phil Ormerod
Programmleitung Jonathan Metcalf

Design für Dorling Kindersley: WaltonCreative.com
Bildbetreuung Colin Walton, Tracy Musson
Gestaltung Peter Radcliffe, Earl Neish, Ann Cannings
Bildrecherche Marissa Keating

Sprachenteil für Dorling Kindersley: g-and-w Publishing
Leitung: Jane Wightwick, **Assistenz:** Ana Bremón
Übersetzung und Lektorat: Christine Arthur
Weitere Unterstützung: Dr. Arturo Pretel, Martin Prill,
Frédéric Monteil, Meinrad Prill, Mari Bremón,
Oscar Bremón, Anunchi Bremón, Leila Gaafar

Für die deutsche Ausgabe:
Programmleitung Monika Schlitzer
Projektbetreuung Kathrin Schmidt
Herstellungsleitung Dorothee Whittaker
Herstellung Anna Strommer

Bibliografische Information Der Deutschen Bibliothek
Die Deutsche Bibliothek verzeichnet diese Publikation
in der Deutschen Nationalbibliografie;
detaillierte bibliografische Daten sind im Internet über
http://dnb.ddb.de abrufbar.

Fachberatung Sabine Geck

ISBN: 978-3-8310-9037-2

Colour reproduction by Colourscan, Singapore
Printed and bound at TBB a.s., Slovakia

Besuchen Sie uns im Internet
www.dorlingkindersley.de

contenido
Inhalt

42
la salud
die Gesundheit

146
comer fuera
auswärts essen

252
el ocio
die Freizeit

Visuelles Wörterbuch

SPANISCH – DEUTSCH

TOP-FLITE XL
Titleist

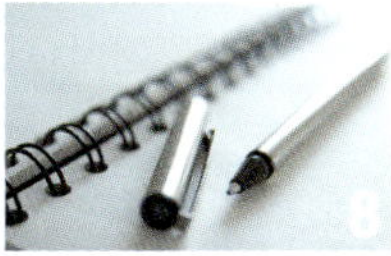
8
sobre el diccionario
über das Wörterbuch

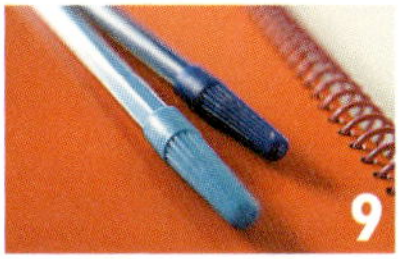
9
cómo utilizar este libro
die Benutzung des Buchs

10
la gente
die Menschen

28
el aspecto
die äußere Erscheinung

56
la casa
das Haus

92
los servicios
die Dienstleistungen

102
las compras
der Einkauf

116
los alimentos
die Nahrungsmittel

160
el estudio
das Lernen

170
el trabajo
die Arbeit

192
el transporte
der Verkehr

218
los deportes
der Sport

278
el medio ambiente
die Umwelt

302
los datos
die Information

324
índice
Register

360
agradecimientos
Dank

la gente • die Menschen

el cuerpo | der Körper 12
la cara | das Gesicht 14
la mano | die Hand 15
el pie | der Fuß 15
los músculos | die Muskeln 16
el esqueleto | das Skelett 17
los órganos internos die inneren Organe 18
los órganos reproductores die Fortpflanzungsorgane 20
la familia | die Familie 22
las relaciones die Beziehungen 24
las emociones | die Gefühle 25
los acontecimientos de una vida | die Ereignisse des Lebens 26

el aspecto • die äußere Erscheinung

la ropa de niño die Kinderkleidung 30
la ropa de caballero die Herrenkleidung 32
la ropa de señora die Damenkleidung 34
los complementos die Accessoires 36
el pelo | das Haar 38
la belleza | die Schönheit 40

la salud • die Gesundheit

la enfermedad | die Krankheit 44
el médico | der Arzt 45
la lesión | die Verletzung 46
los primeros auxilios die erste Hilfe 47
el hospital | das Krankenhaus 48
el dentista | der Zahnarzt 50
el óptico | der Augenoptiker 51
el embarazo die Schwangerschaft 52
el parto | die Geburt 53
las terapias alternativas die Alternativtherapien 54

la casa • das Haus

la casa | das Haus 58
las instalaciones internas die Hausanschlüsse 60
el cuarto de estar das Wohnzimmer 62
el comedor | das Esszimmer 64
la cocina | die Küche 66
los utensilios de cocina die Küchengeräte 68
el dormitorio das Schlafzimmer 70
el cuarto de baño das Badezimmer 72
la habitación de los niños das Kinderzimmer 74
el lavadero | der Haushaltsraum 76
el taller | die Heimwerkstatt 78
la caja de las herramientas der Werkzeugkasten 80
la decoración | das Renovieren 82
el jardín | der Garten 84
las plantas de jardín die Gartenpflanzen 86
las herramientas de jardinería | die Gartengeräte 88
la jardinería | die Gartenarbeit 90

los servicios • die Dienstleistungen

los servicios de emergencia die Notdienste 94
el banco | die Bank 96
las comunicaciones die Kommunikation 98
el hotel | das Hotel 100

las compras • der Einkauf

el centro comercial das Einkaufszentrum 104
los grandes almacenes das Kaufhaus 105
el supermercado der Supermarkt 106
la farmacia | die Apotheke 108
la floristería das Blumengeschäft 110
el vendedor de periódicos der Zeitungshändler 112
el quiosco der Süßwarenladen 113
las otras tiendas andere Geschäfte 114

los alimentos • die Nahrungsmittel

la carne | das Fleisch 118
el pescado | der Fisch 120
las verduras | das Gemüse 122
la fruta | das Obst 126
los cerales y las legumbres die Getreidearten und die Hülsenfrüchte 130
las hierbas y las especias die Kräuter und die Gewürze 132
los alimentos embotellados die Nahrungsmittel in Flaschen 134
los productos lácteos die Milchprodukte 136
el pan y las harinas das Brot und das Mehl 138
la repostería | die Kuchen und die Nachspeisen 140
la charcutería | die Feinkost 142
las bebidas | die Getränke 144

comer fuera • auswärts essen

la cafetería | das Café 148
el bar | die Bar 150
el restaurante | das Restaurant 152
la comida rápida der Schnellimbiss 154
el desayuno | das Frühstück 156
la comida principal die Hauptmahlzeit 158

el estudio • das Lernen

el colegio | die Schule 162
las matemáticas die Mathematik 164
las ciencias die Naturwissenschaften 166
la enseñanza superior die Hochschule 168

el trabajo • die Arbeit

la oficina | das Büro 172
el ordenador | der Computer 176
los medios de comunicación | die Medien 178
el derecho | das Recht 180
la granja | der Bauernhof 182
la construcción | der Bau 186
las profesiones | die Berufe 188

el transporte • der Verkehr

las carreteras | die Straßen 194
el autobús | der Bus 196
el coche | das Auto 198
la motocicleta | das Motorrad 204
la bicicleta | das Fahrrad 206
el tren | der Zug 208
el avión | das Flugzeug 210
el aeropuerto | der Flughafen 212
el barco | das Schiff 214
el puerto | der Hafen 216

los deportes • der Sport

el fútbol americano der Footballl 220
el rugby | das Rugby 221
el fútbol | der Fußball 222
el hockey | das Hockey 224
el críquet | das Kricket 225
el baloncesto | der Basketball 226
el béisbol | der Baseball 228
el tenis | das Tennis 230
el golf | das Golf 232
el atletismo | die Leichtathletik 234
los deportes de combate der Kampfsport 236
la natación der Schwimmsport 238
la vela | der Segelsport 240
la equitación | der Reitsport 242
la pesca | der Angelsport 244
el esquí | der Skisport 246
los otros deportes die anderen Sportarten 248
la forma física | die Fitness 250

el ocio • die Freizeit

el teatro | das Theater 254
la orquesta | das Orchester 256
el concierto | das Konzert 258
el turismo die Besichtigungstour 260
las actividades al aire libre die Aktivitäten im Freien 262
la playa | der Strand 264
el camping | das Camping 266
la electrónica de consumo die Unterhaltungselektronik 268
la fotografía | die Fotografie 270

los juegos | die Spiele 272
las manualidades das Kunsthandwerk 274

el medio ambiente • die Umwelt

el espacio | der Weltraum 280
la Tierra | die Erde 282
el paisaje | die Landschaft 284
el tiempo | das Wetter 286
las rocas | das Gestein 288
los minerales | die Mineralien 289
los animales | die Tiere 290
las plantas | die Pflanzen 296
la ciudad | die Stadt 298
la arquitectura die Architektur 300

los datos • die Information

el tiempo | die Uhrzeit 304
el calendario | der Kalender 306
los números | die Zahlen 308
las medidas y los pesos die Maße und Gewichte 310
el mapamundi die Weltkarte 312
preposiciones y adjetivos Präpositionen und Adjektive 320
frases útiles praktische Redewendungen 322

sobre el diccionario

Está comprobado que el empleo de fotografías ayuda a la comprensión y a la retención de información. Basados en este principio, este diccionario bilíngüe y altamente ilustrado exhibe un amplio registro de vocabulario útil y actual en dos idiomas europeos.

El diccionario aparece dividido según su temática y abarca la mayoría de los aspectos del mundo cotidiano con detalle, desde el restaurante al gimnasio, la casa al lugar de trabajo, el espacio al reino animal. Encontrará también palabras y frases adicionales para su uso en conversación y para ampliar su vocabulario.

Este diccionario es un instrumento de referencia esencial para todo aquél que esté interesado en los idiomas; es práctico, estimulante y fácil de usar.

Algunos puntos a observar

Los dos idiomas se presentan siempre en el mismo orden: español e alemán.

En español, los sustantivos se muestran con sus artículos definidos reflejando el género (masculino, femenino o neutro) y el número (singular/plural):

la semilla
der Samen

las almendras
die Mandeln

Cada idioma tiene su propio índice. Aquí podrá mirar una palabra en cualquiera de los dos idiomas y se le indicará el número de la página donde aparece. El género se indica utilizando las siguientes abreviaturas:

m = masculino
f = femenino
n = neutro

über das Wörterbuch

Bilder helfen erwiesenermaßen, Informationen zu verstehen und zu behalten. Dieses zweisprachige Wörterbuch enthält eine Fülle von Illustrationen und präsentiert gleichzeitig ein umfangreiches aktuelles Vokabular in zwei europäischen Sprachen.

Das Wörterbuch ist thematisch gegliedert und behandelt eingehend die meisten Bereiche des heutigen Alltags, vom Restaurant und Fitnesscenter, Heim und Arbeitsplatz bis zum Tierreich und Weltraum. Es enthält außerdem Wörter und Redewendungen, die für die Unterhaltung nützlich sind und das Vokabular erweitern.

Dies ist ein wichtiges Nachschlagewerk für jeden, der sich für Sprachen interessiert – es ist praktisch, anregend und leicht zu benutzen.

Einige Anmerkungen

Die zwei Sprachen werden immer in der gleichen Reihenfolge aufgeführt – Spanisch und Deutsch.

Substantive werden mit den bestimmten Artikeln, die das Geschlecht (Maskulinum, Femininum oder Neutrum) und den Numerus (Singular oder Plural) ausdrücken, angegeben, zum Beispiel:

la semilla
der Samen

las almendras
die Mandeln

Am Ende des Buchs befinden sich Register für jede Sprache. Sie können dort ein Wort in einer der zwei Sprachen und die jeweilige Seitenzahl nachsehen. Die Geschlechtsangabe erfolgt mit folgenden Abkürzungen:

m = Maskulinum
f = Femininum
n = Neutrum

cómo utilizar este libro

Ya se encuentre aprendiendo un idioma nuevo por motivos de trabajo, placer, o para preparar sus vacaciones al extranjero, o ya quiera ampliar su vocabulario en un idioma que ya conoce, este diccionario es un instrumento muy valioso que podrá utilizar de distintas maneras.

Cuando esté aprendiendo un idioma nuevo, busque palabras similares en distintos idiomas y palabras que parecen similares pero que poseen significados totalmente distintos.

También podrá observar cómo los idiomas se influyen unos a otros.

Actividades prácticas de aprendizaje

- Mientras se desplaza por su casa, lugar de trabajo o colegio, intente mirar las páginas que se refieren a ese lugar. Podrá entonces cerrar el libro, mirar a su alrededor y ver cuántos objetos o características puede nombrar.
- Desafíese a usted mismo a escribir una historia, carta o diálogo empleando tantos términos de una página concreta como le sea posible. Esto le ayudará a retener vocabulario y recordar la ortografía. Si quiere ir progresando para poder escribir un texto más largo, comience con frases que incorporen 2 ó 3 palabras.
- Si tiene buena memoria visual, intente dibujar o calcar objetos del libro; luego cierre el libro y escriba las palabras correspondientes debajo del dibujo.
- Cuando se sienta más seguro, escoja palabras del índice de uno de los idiomas y vea si sabe lo que significan antes de consultar la página correspondiente para comprobarlo.

die Benutzung des Buchs

Ganz gleich, ob Sie eine Sprache aus Geschäftsgründen, zum Vergnügen oder als Vorbereitung für einen Auslandsurlaub lernen, oder Ihr Vokabular in einer Ihnen bereits vertrauten Sprache erweitern möchten, dieses Wörterbuch ist ein wertvolles Lernmittel, das Sie auf vielfältige Art und Weise benutzen können.

Wenn Sie eine neue Sprache lernen, achten Sie auf Wörter, die in verschiedenen Sprachen ähnlich sind sowie auf falsche Freunde (Wörter, die ähnlich aussehen aber wesentlich andere Bedeutungen haben).

Sie können ebenfalls feststellen, wie die Sprachen einander beeinflusst haben.

Praktische Übungen

- Versuchen Sie sich zu Hause, am Arbeits- oder Studienplatz den Inhalt der Seiten einzuprägen, die Ihre Umgebung behandeln. Schließen Sie dann das Buch und prüfen Sie, wie viele Gegenstände Sie in der anderen Sprache sagen können.
- Schreiben Sie eine Geschichte, einen Brief oder Dialog und benutzen Sie dabei möglichst viele Ausdrücke von einer bestimmten Seite des Wörterbuchs. Dies ist eine gute Methode, sich das Vokabular und die Schreibweise einzuprägen. Sie können mit kurzen Sätzen von zwei bis drei Worten anfangen und dann nach und nach längere Texte schreiben.
- Wenn Sie ein visuelles Gedächtnis haben, können Sie Gegenstände aus dem Buch abzeichnen oder abpausen. Schließen Sie dann das Buch und schreiben Sie die passenden Wörter unter die Bilder.
- Wenn Sie mehr Sicherheit haben, können Sie Wörter aus dem Fremdsprachenregister aussuchen und deren Bedeutung aufschreiben, bevor Sie auf der entsprechenden Seite nachsehen.

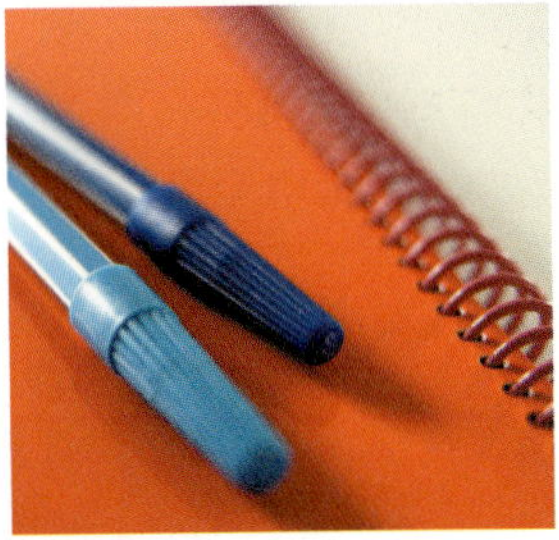

la gente
die Menschen

el cuerpo • der Körper

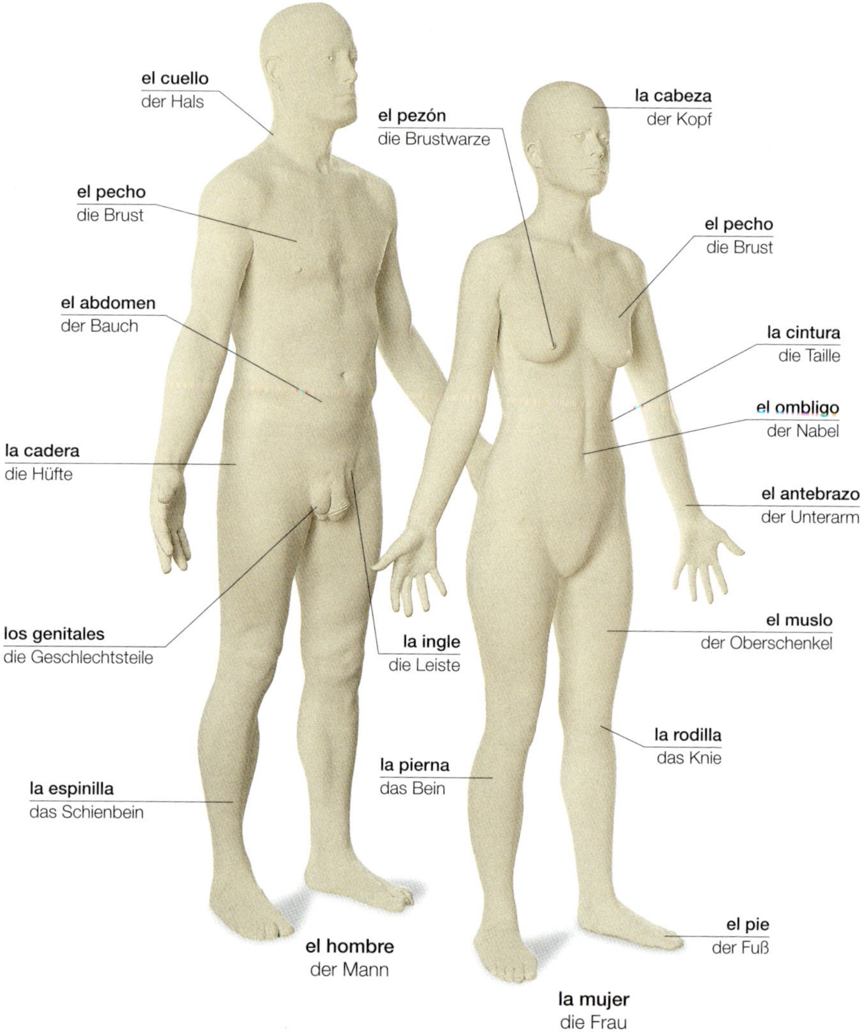

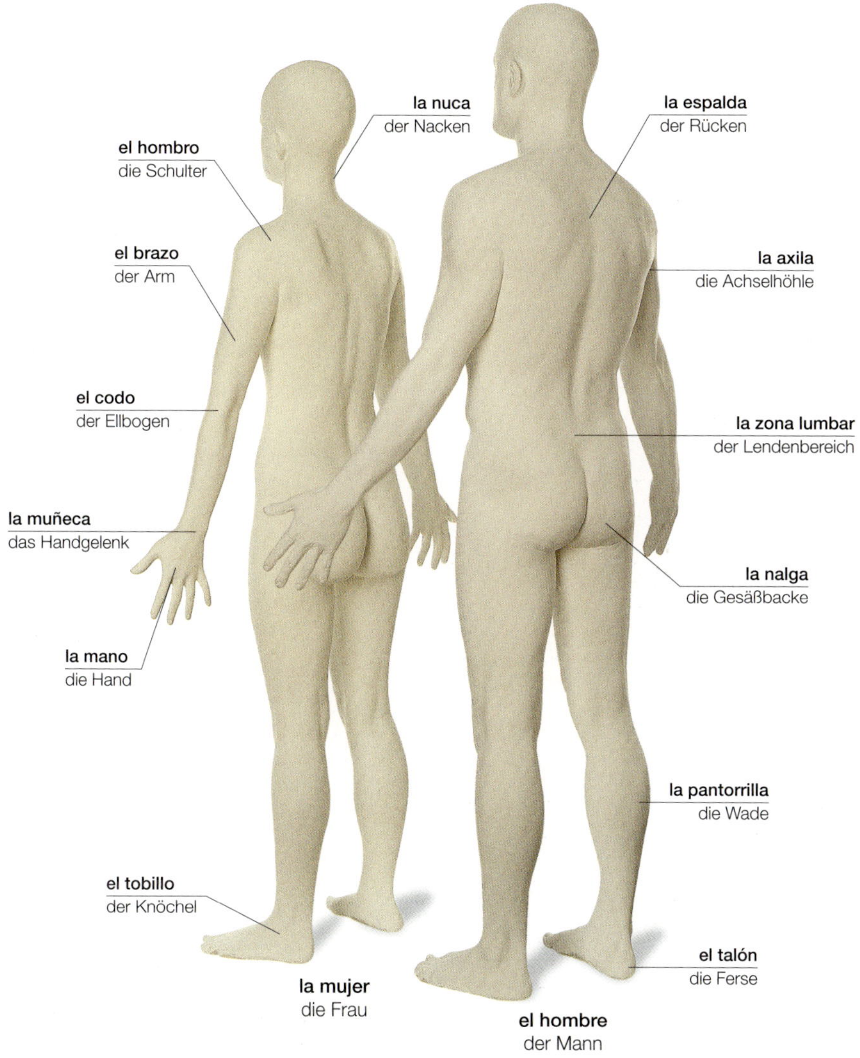
la nuca
der Nacken
la espalda
der Rücken
el hombro
die Schulter
el brazo
der Arm
la axila
die Achselhöhle
el codo
der Ellbogen
la zona lumbar
der Lendenbereich
la muñeca
das Handgelenk
la nalga
die Gesäßbacke
la mano
die Hand
la pantorrilla
die Wade
el tobillo
der Knöchel
el talón
die Ferse
la mujer
die Frau
el hombre
der Mann

la cara • das Gesicht

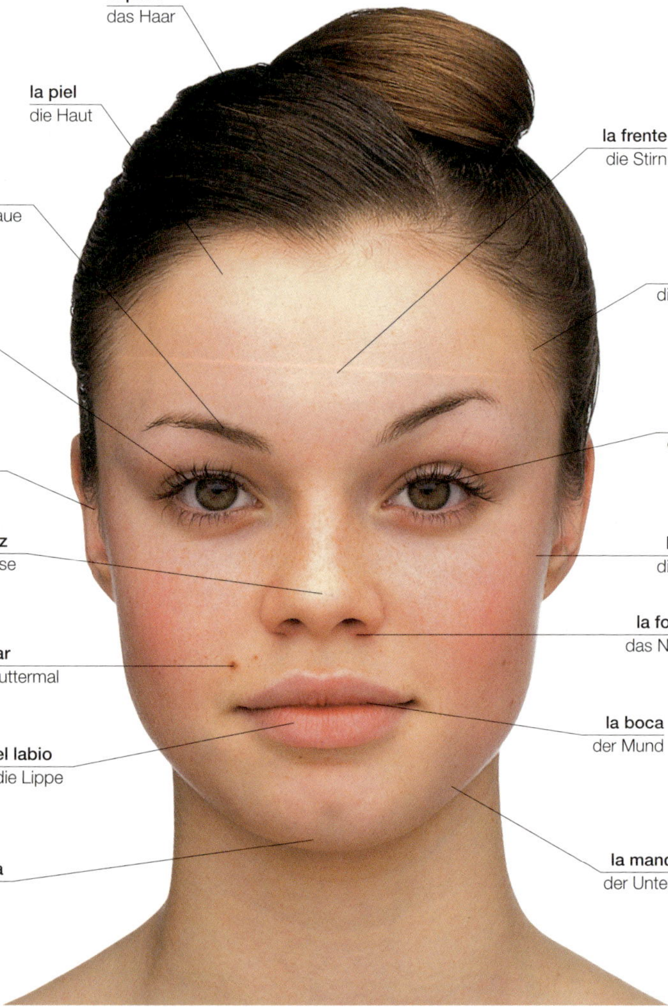

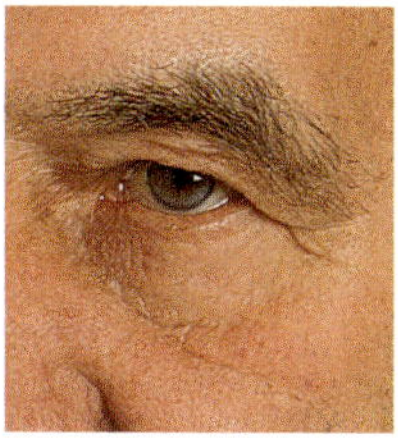

la arruga
die Falte

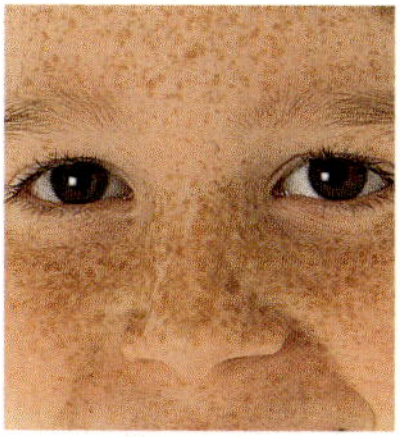

la peca
die Sommersprosse

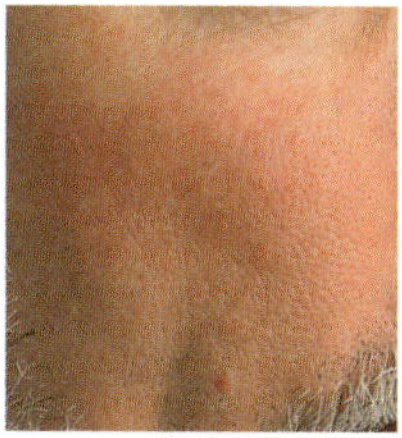

el poro
die Pore

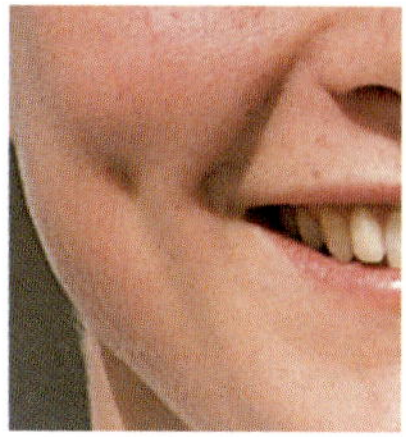

el hoyuelo
das Grübchen

la mano • die Hand

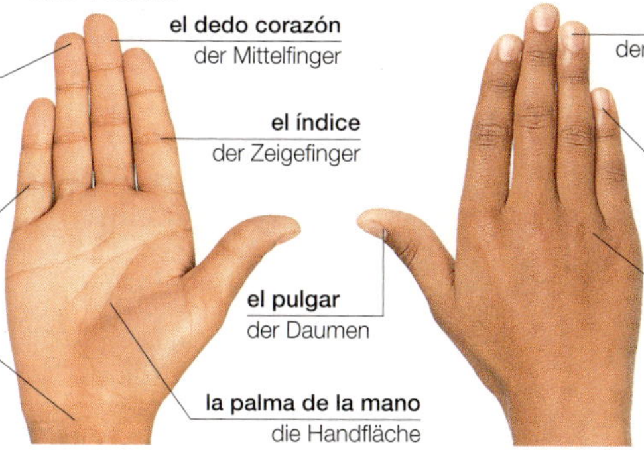

el puño
die Faust

el pie • der Fuß

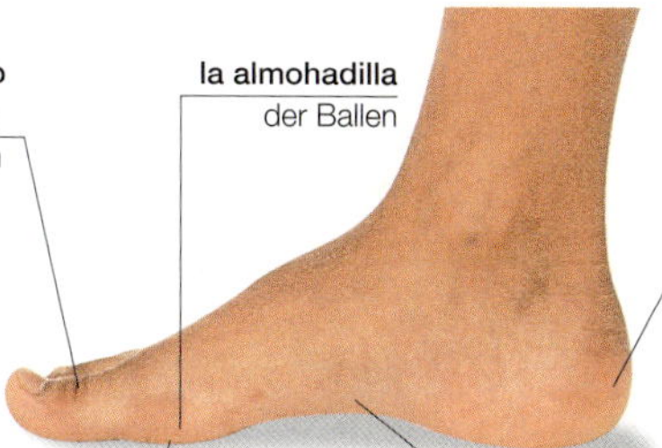

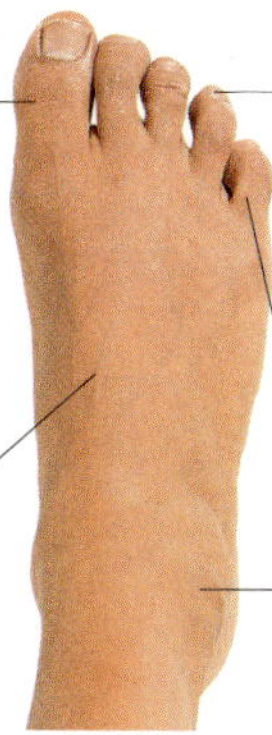

los músculos • die Muskeln

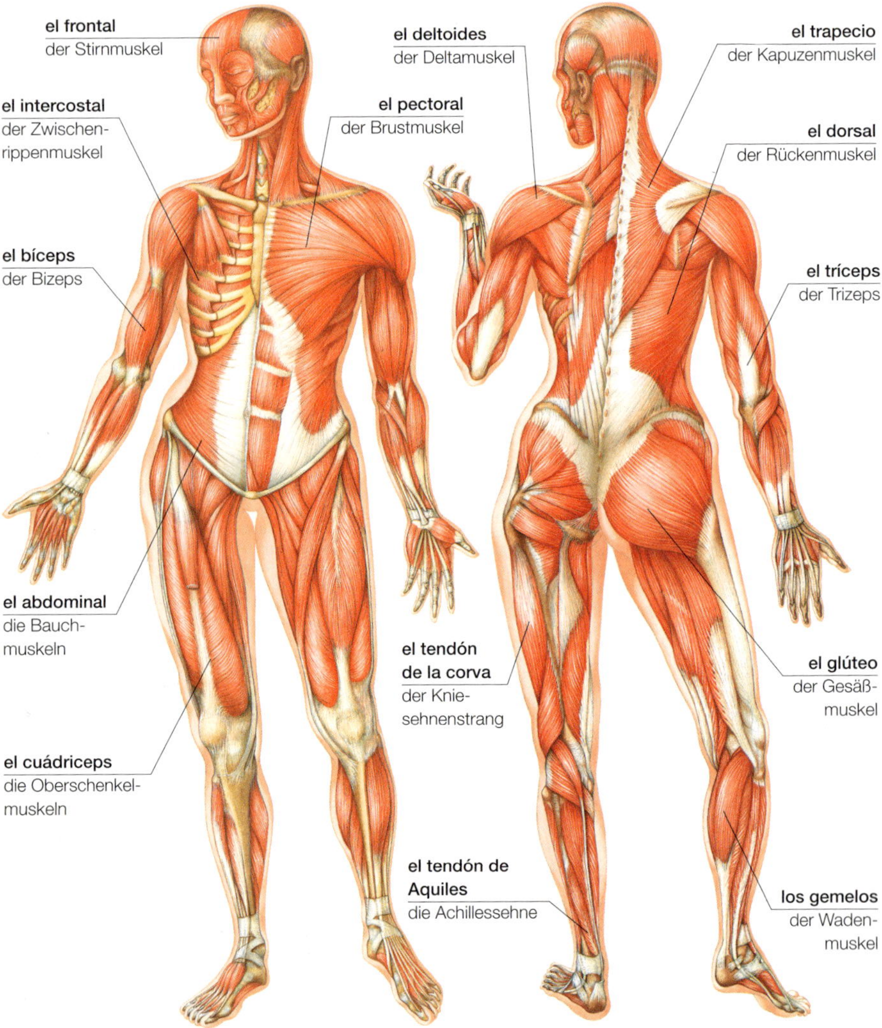

el esqueleto • das Skelett

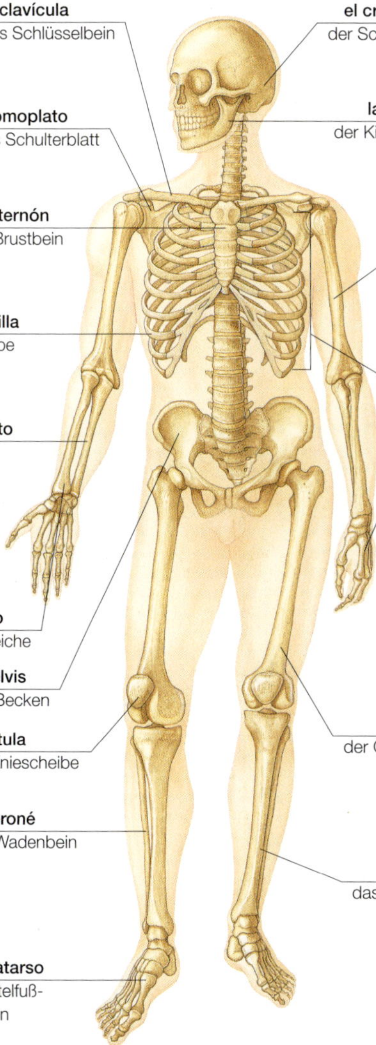

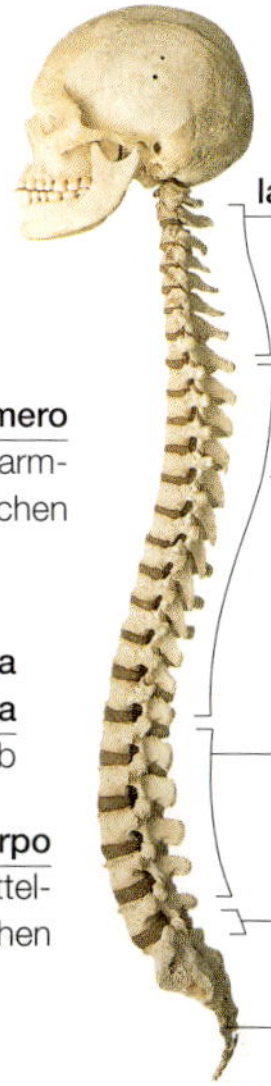

la espina dorsal
die Wirbelsäule

la articulación • das Gelenk

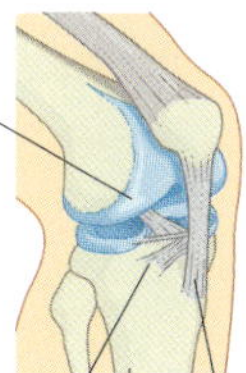

los órganos internos • die inneren Organe

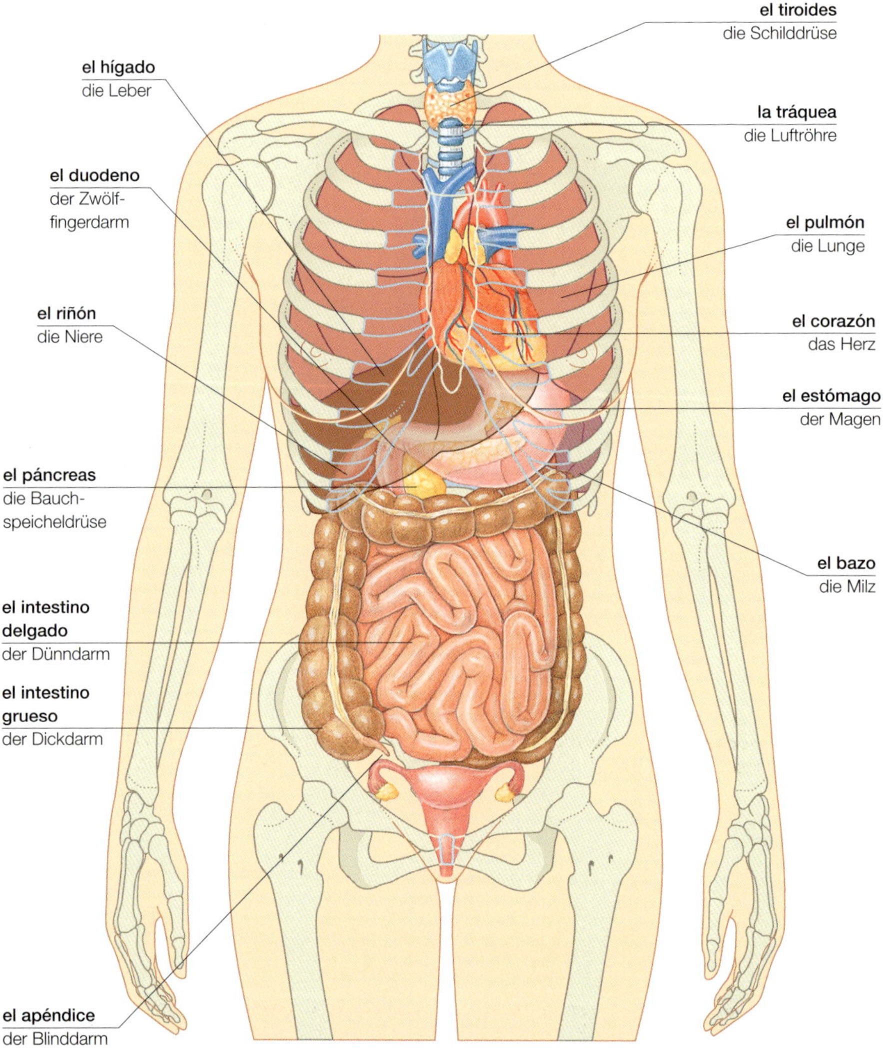

la cabeza • der Kopf

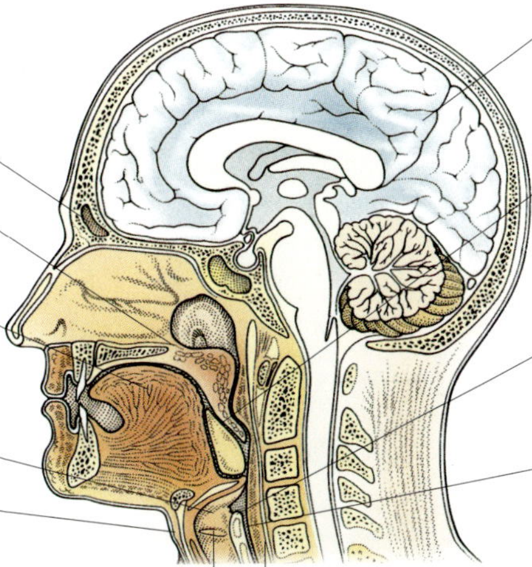

los sistemas • die Körpersysteme

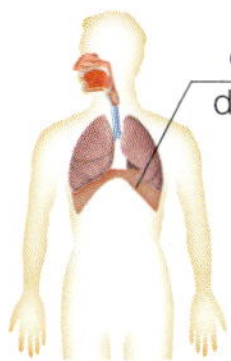

el sistema respiratorio
das Atmungssystem

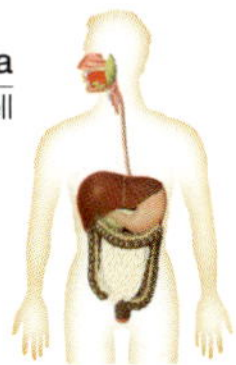

el sistema digestivo
das Verdauungssystem

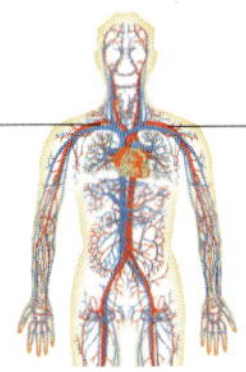

el sistema cardiovascular
das Herz- und Gefäßsystem

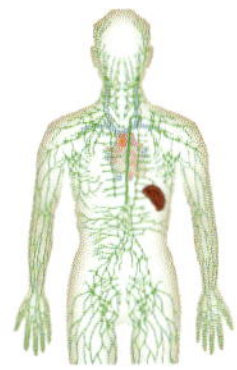

el sistema linfático
das lymphatische System

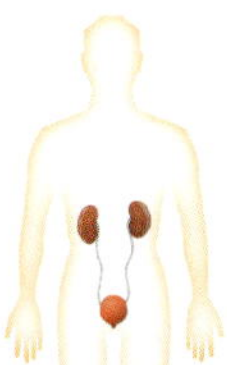

el sistema urinario
das Harnsystem

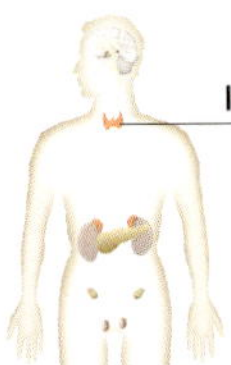

el sistema endocrino
das endokrine System

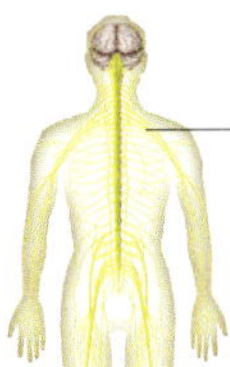

el sistema nervioso
das Nervensystem

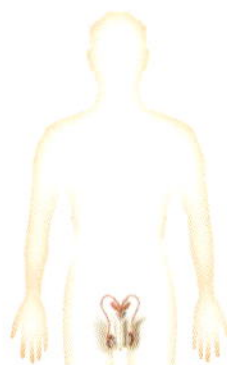

el sistema reproductor
das Fortpflanzungssystem

los órganos reproductores • die Fortpflanzungsorgane

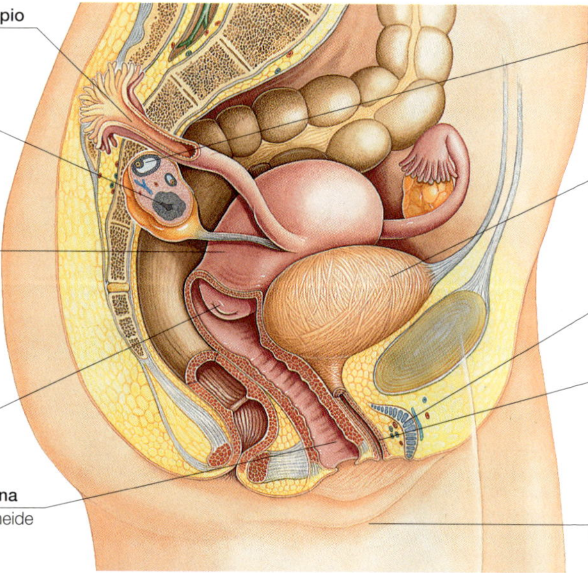

femenino | weiblich

la reproducción • die Fortpflanzung

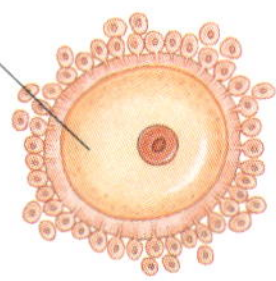

la fecundación | die Befruchtung

vocabulario • Vokabular

la hormona
das Hormon

impotente
impotent

la regla
die Menstruation

la ovulación
der Eisprung

fértil
fruchtbar

las relaciones sexuales
der Geschlechtsverkehr

estéril
steril

concebir
empfangen

la enfermedad de transmisión sexual
die Geschlechtskrankheit

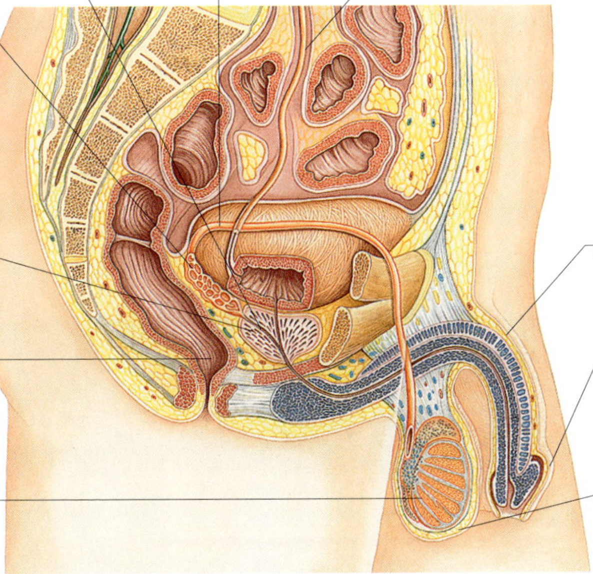

masculino | männlich

la anticoncepción • die Empfängnisverhütung

el anillo cervical
das Pessar

el diafragma
das Diaphragma

el condón
das Kondom

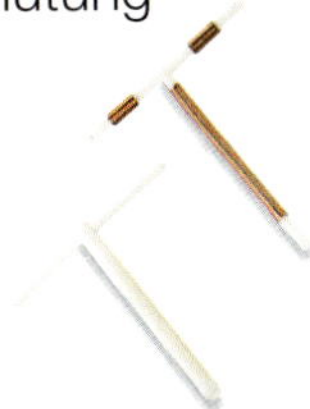

el dispositivo intrauterino (DIU)
die Spirale

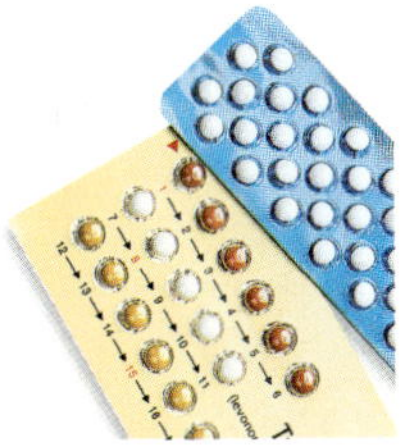

la píldora
die Pille

la familia • die Familie

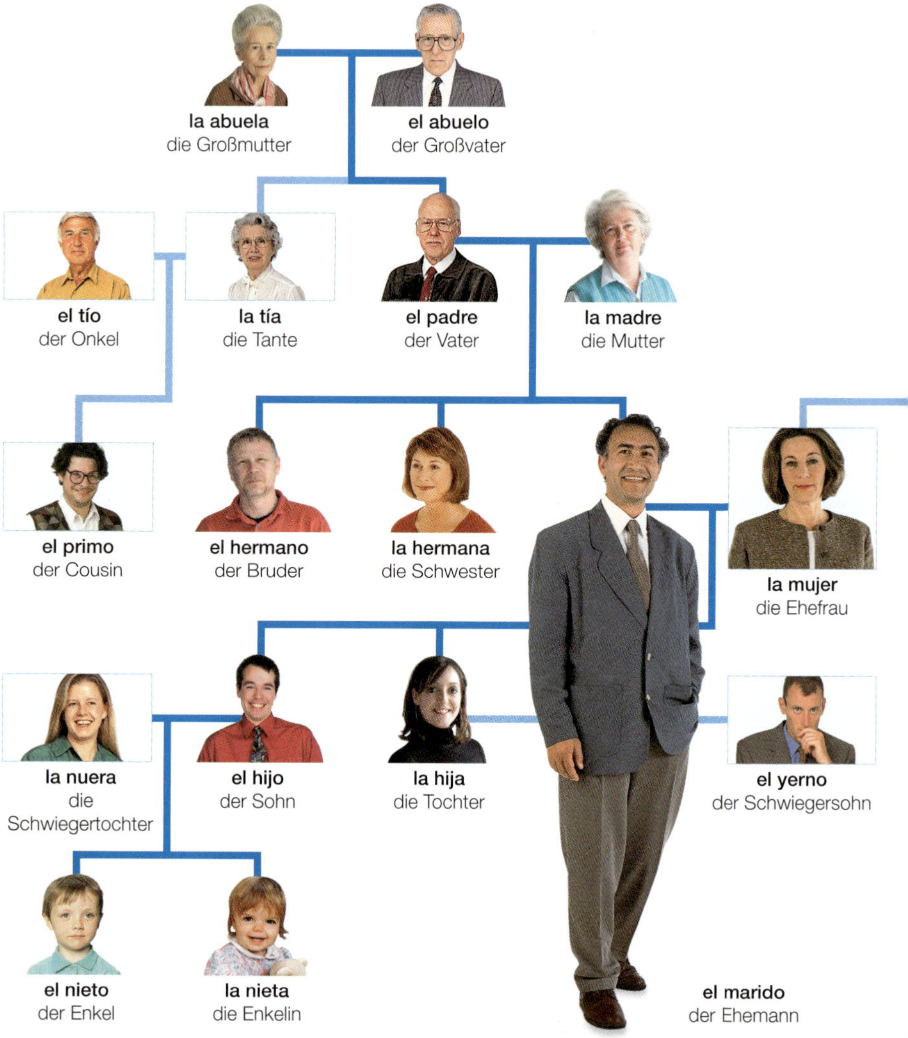

vocabulario • Vokabular

los parientes die Verwandten	**los padres** die Eltern	**los nietos** die Enkelkinder	**la madrastra** die Stiefmutter	**el hijastro** der Stiefsohn	**la generación** die Generation
los abuelos die Großeltern	**los niños** die Kinder	**el padrastro** der Stiefvater	**la hijastra** die Stieftochter	**la pareja** der Partner/die Partnerin	**los gemelos** die Zwillinge

la suegra
die Schwiegermutter

el suegro
der Schwiegervater

el cuñado
der Schwager

la cuñada
die Schwägerin

la sobrina
die Nichte

el sobrino
der Neffe

los tratamientos • die Anreden

Señora
Frau

Señor
Herr

Señorita
Fräulein

las etapas • die Stadien

el bebé
das Baby

el niño
das Kind

el chico
der Junge

la chica
das Mädchen

la adolescente
die Jugendliche

el adulto
der Erwachsene

el hombre
der Mann

la mujer
die Frau

las relaciones • die Beziehungen

la oficina | das Büro

el vecino
der Nachbar

el amigo
der Freund

el conocido
der Bekannte

el amigo por correspondencia
der Brieffreund

la pareja | das Paar

los prometidos | die Verlobten

las emociones • die Gefühle

contento
glücklich

triste
traurig

alterado
aufgeregt

aburrido
gelangweilt

sorprendido
überrascht

asustado
erschrocken

enfadado
verärgert

confuso
verwirrt

preocupado
besorgt

nervioso
nervös

orgulloso
stolz

seguro de sí mismo
selbstsicher

avergonzado
verlegen

tímido
schüchtern

vocabulario • Vokabular

desconcertado bestürzt	**reír** lachen	**suspirar** seufzen	**gritar** schreien
horrorizado schockiert	**llorar** weinen	**desmayarse** in Ohnmacht fallen	**bostezar** gähnen

los acontecimientos de una vida • die Ereignisse des Lebens

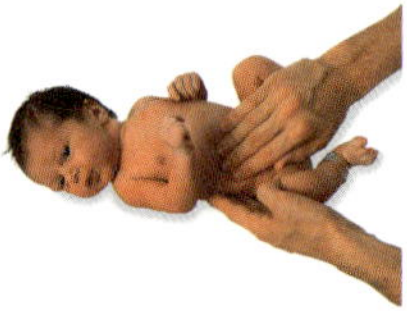

nacer
geboren werden

empezar el colegio
zur Schule kommen

hacer amigos
sich anfreunden

licenciarse
graduieren

conseguir un trabajo
eine Stelle bekommen

enamorarse
sich verlieben

casarse
heiraten

tener un hijo
ein Baby bekommen

la boda | die Hochzeit

el divorcio
die Scheidung

el funeral
das Begräbnis

vocabulario • Vokabular

el bautizo
die Taufe

el bar mitzvah
die Bar Mizwa

el aniversario de boda
der Hochzeitstag

emigrar
emigrieren

jubilarse
in den Ruhestand treten

morir
sterben

hacer testamento
sein Testament machen

la partida de nacimiento
die Geburtsurkunde

la luna de miel
die Hochzeitsreise

la celebración de la boda
die Hochzeitsfeier

la primera comunión
die Erstkommunion

las celebraciones • die Feste

la fiesta de cumpleaños
die Geburtstagsfeier

la tarjeta
die Karte

el cumpleaños
der Geburtstag

el regalo
das Geschenk

la Navidad
das Weihnachten

el Año Nuevo
das Neujahr

el carnaval
der Karneval

el desfile
der Umzug

la cinta
das Band

el día de Acción de Gracias
der Erntedank

la Pascua de Resurrección
das Ostern

el Halloween
das Halloween

las fiestas • die Feste

la Pascua judía
das Passah

el Ramadán
der Ramadan

el Diwali
das Diwali

el aspecto
die äußere Erscheinung

la ropa de niño • die Kinderkleidung

el bebé • das Baby

el buzo
der Schneeanzug

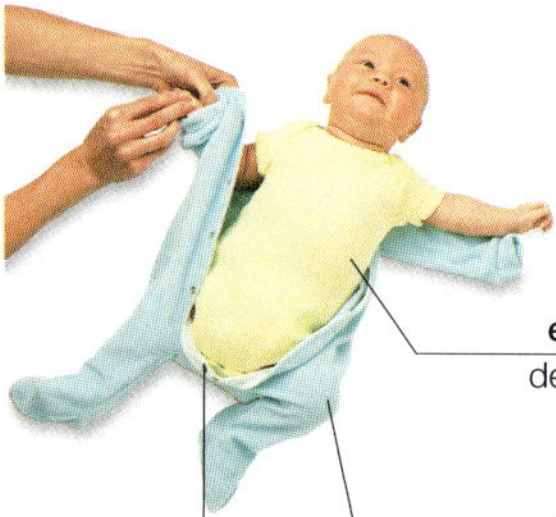

el body
der Body

el corchete
der Druckknopf

el pelele
der Strampelanzug

el pijama
der Schlafanzug

la ranita
der Spielanzug

el babero
das Lätzchen

las manoplas
die Babyhandschuhe

los patucos
die Babyschuhe

el pañal de felpa
die Stoffwindel

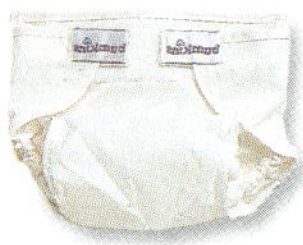

el pañal desechable
die Wegwerfwindel

las braguitas de plástico
das Gummihöschen

el niño pequeño • das Kleinkind

el gorro para el sol
der Sonnenhut

el delantal
die Schürze

los pantalones cortos
die Shorts

los panatalones con peto
die Latzhose

la camiseta
das T-Shirt

la falda
der Rock

el niño • das Kind

el vestido
das Kleid

las sandalias
die Sandalen

el verano
der Sommer

la capucha
die Kapuze

el impermeable
der Regenmantel

los pantalones vaqueros
die Jeans

la mochila
der Rucksack

el otoño
der Herbst

la muletilla
der Knebelknopf

la trenca
der Dufflecoat

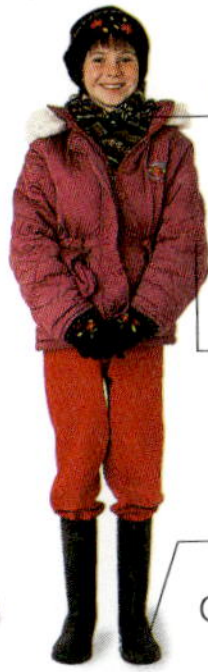

la bufanda
der Schal

el anorak
der Anorak

las botas de agua
die Gummistiefel

el invierno
der Winter

la bata
der Morgenrock

el camisón
das Nachthemd

las zapatillas
die Hausschuhe

la ropa para dormir
die Nachtwäsche

el logotipo
das Logo

las zapatillas de deporte
die Sportschuhe

la equipación
der Fußballdress

el chándal
der Trainingsanzug

las mallas
die Leggings

vocabulario • Vokabular

la fibra natural
die Naturfaser

sintético
synthetisch

¿Se puede lavar a máquina?
Ist es waschmaschinenfest?

¿Le valdrá esto a un niño de dos años?
Passt das einem Zweijährigen?

la ropa de caballero • die Herrenkleidung

el traje de chaqueta
der Straßenanzug

la gabardina
der Trenchcoat

vocabulario • Vokabular

la camisa das Hemd	**la bata** der Bademantel	**el chándal** der Trainingsanzug	**largo** lang
la chaqueta de punto die Strickjacke	**la ropa interior** die Unterwäsche	**el impermeable** der Regenmantel	**corto** kurz
		el abrigo der Mantel	

¿Tiene una talla más/menos?
Haben Sie das eine Nummer größer/kleiner?

¿Me lo puedo probar?
Kann ich das anprobieren?

la chaqueta
der Blazer

la americana sport
das Sportjackett

el chaleco
die Weste

la ropa sport
die Freizeitkleidung

el chaquetón
der Anorak

la sudadera
das Sweatshirt

la cazadora
die Windjacke

el jersey
der Pullover

el pijama
der Schlafanzug

la camiseta de tirantes
das Unterhemd

los pantalones cortos
die Shorts

los calzoncillos
der Slip

los bóxer
die Boxershorts

los calcetines
die Strümpfe

la ropa de señora • die Damenkleidung

el traje de noche
das Abendkleid

el vestido
das Kleid

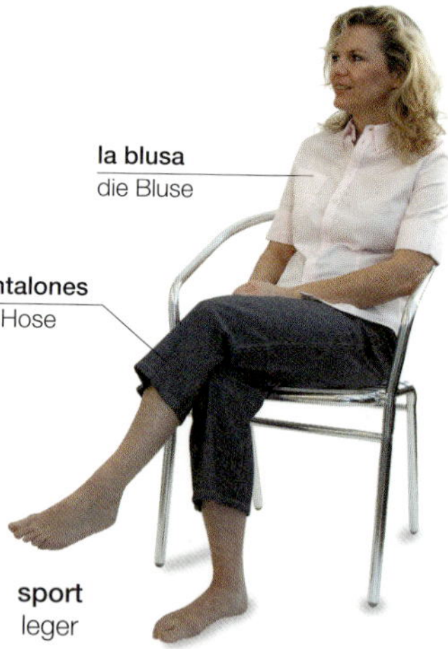

la lencería • die Unterwäsche

el salto de cama
das Negligé

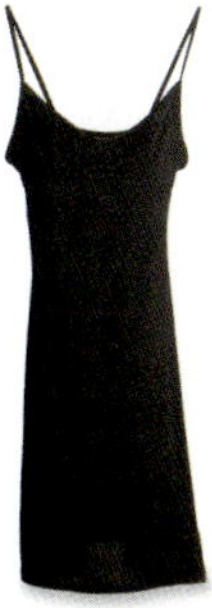

la combinación
der Unterrock

el corpiño
das Mieder

el bustier
der Bustier

las medias
die Strümpfe

el panti
die Strumpfhose

el sujetador
der Büstenhalter

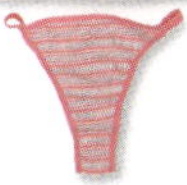

las bragas
der Slip

el camisón
das Nachthemd

la boda • die Hochzeit

el vestido de novia
das Hochzeitskleid

vocabulario • Vokabular

el corsé
das Korsett

la liga
das Strumpfband

la hombrera
das Schulterpolster

la cinturilla
der Rockbund

con escote en la espalda
rückenfrei

el sujetador deportivo
der Sport-BH

con aros
mit Formbügeln

el bajo
der Saum

los complementos • die Accessoires

la gorra
die Mütze

el sombrero
der Hut

el pañuelo
das Halstuch

la hebilla
die Gürtelschnalle

el cinturón
der Gürtel

el asa
der Griff

la punta
die Spitze

el paraguas
der Regenschirm

el pañuelo
das Taschentuch

la pajarita
die Fliege

el alfiler de corbata
die Krawattennadel

los guantes
die Handschuhe

las joyas • der Schmuck

el colgante
der Anhänger

el broche
die Brosche

el gemelo
der Manschettenknopf

el collar de perlas
die Perlenkette

el pendiente
der Ohrring

el anillo
der Ring

el collar
die Halskette

el reloj
die Armbanduhr

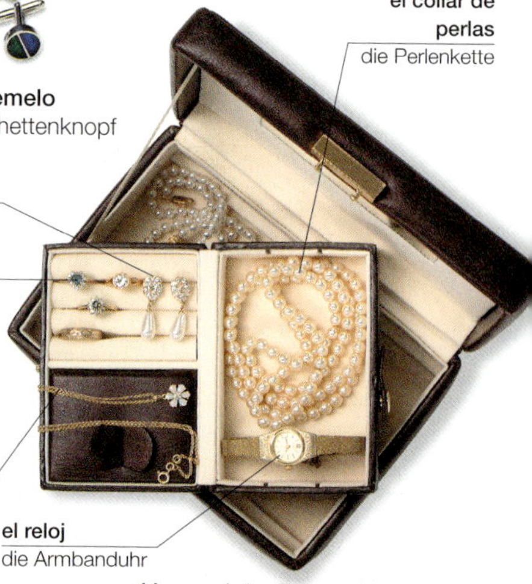

el joyero | der Schmuckkasten

el eslabón
das Glied

la pulsera
das Armband

el cierre
der Verschluss

la piedra preciosa
der Edelstein

la cadena
die Kette

los bolsos • die Taschen

la cartera
die Brieftasche

el monedero
das Portmonee

el bolso en bandolera
die Umhängetasche

la bolsa de viaje
die Reisetasche

el maletín
die Aktentasche

el bolso
die Handtasche

la mochila
der Rucksack

los zapatos • die Schuhe

el zapato de cordones
der Schnürschuh

la bota de montaña
der Wanderschuh

la zapatilla deportiva
der Sportschuh

el zapato de piel
der Lederschuh

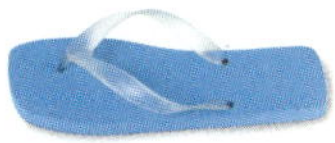
la chancla
die Strandsandale

el zapato de tacón
der Pumps

el zapato de plataforma
der Plateauschuh

la sandalia
die Sandale

el mocasín
der Slipper

el zapato de caballero
der Herrenhalbschuh

el pelo • das Haar

el peine
der Kamm

peinar
kämmen

la peluquera
die Friseurin

el lavabo
das Waschbecken

la clienta
die Kundin

lavar | waschen

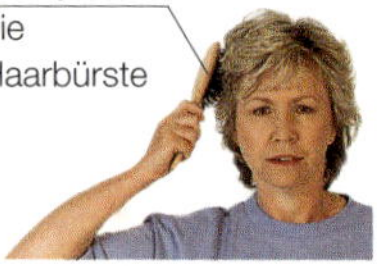

el cepillo
die Haarbürste

cepillar | bürsten

enjuagar
ausspülen

la bata
der Frisierumhang

cortar
schneiden

secar con el secador
föhnen

marcar
legen

los accesorios • die Frisierartikel

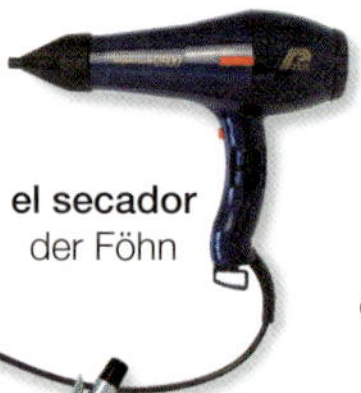

el secador
der Föhn

el champú
das Shampoo

el suavizante
die Haarspülung

el gel
das Haargel

la laca
das Haarspray

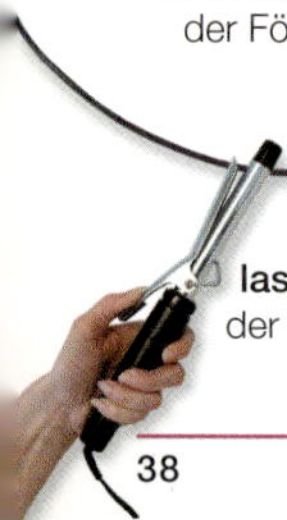

las tenacillas
der Lockenstab

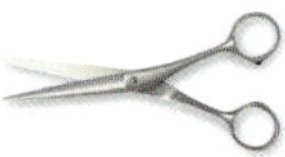

las tijeras
die Schere

la diadema
der Haarreif

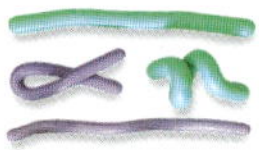

el rulo
der Lockenwickler

la horquilla
die Haarklammer

los estilos • die Frisuren

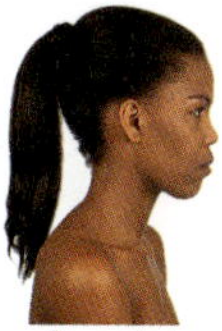

la coleta
der Pferdeschwanz

la trenza
der Zopf

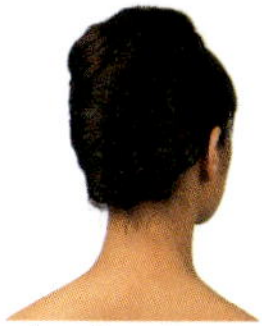

el peinado en alto
die Hochfrisur

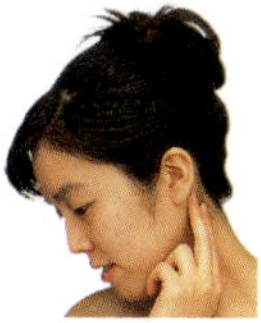

el moño
der Haarknoten

las coletas
die Rattenschwänze

la melena
der Pagenkopf

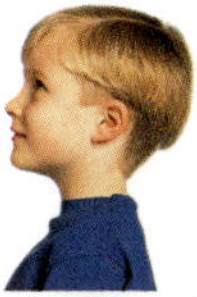

el pelo corto
der Kurzhaarschnitt

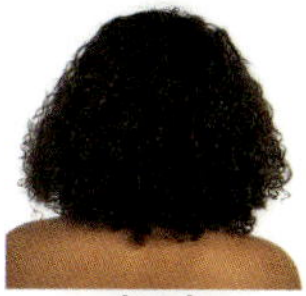

rizado
lockig

la permanente
die Dauerwelle

liso
glatt

las mechas
die Strähnen

calvo
kahl

la peluca
die Perücke

los colores • die Haarfarben

rubio
blond

castaño
brünett

castaño rojizo
rotbraun

pelirrojo
rot

negro
schwarz

canoso
grau

blanco
weiß

teñido
gefärbt

vocabulario • Vokabular

la goma del pelo
das Haargummi

cortar las puntas
nachschneiden

la peluquería de caballeros
der Herrenfriseur

la caspa
die Schuppen

las puntas abiertas
der Haarspliss

graso
fettig

seco
trocken

normal
normal

alisar
glätten

el cuero cabelludo
die Kopfhaut

la belleza • die Schönheit

el maquillaje • das Make-up

el lápiz de cejas
der Augenbrauenstift

el cepillo para las cejas
das Brauenbürstchen

las pinzas
die Pinzette

el brillo de labios
das Lipgloss

el pincel de labios
der Lippenpinsel

el perfilador de labios
der Lippenkonturenstift

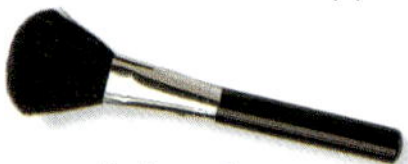

la brocha
der Puderpinsel

el lápiz corrector
der Korrekturstift

la polvera | die Puderdose

los tratamientos de belleza • die Schönheitsbehandlungen

la mascarilla
die Gesichtsmaske

la limpieza de cutis
die Gesichtsbehandlung

la cama de rayos ultravioletas
die Sonnenbank

exfoliar
das Peeling

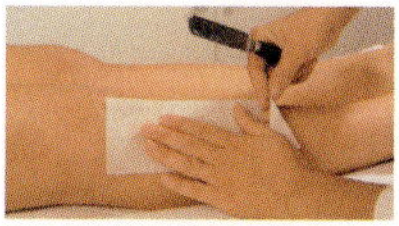

la depilación a la cera
die Enthaarung

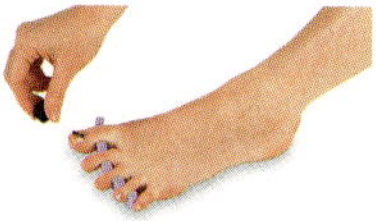

la pedicura
die Pediküre

la manicura • die Maniküre

la lima de uñas
die Nagelfeile

el quitaesmalte
der Nagellackentferner

el esmalte de uñas
der Nagellack

las tijeras de uñas
die Nagelschere

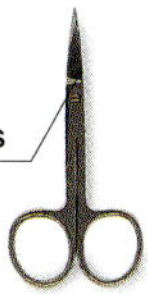

el cortaúñas
der Nagelknipser

los artículos de tocador • die Toilettenartikel

la leche limpiadora
Reiniger

el tónico facial
das Gesichtswasser

la crema hidratante
die Feuchtigkeitscreme

la crema autobronceadora
die Selbstbräunungscreme

el perfume
das Parfum

el agua de colonia
das Eau de Toilette

vocabulario • Vokabular

el cutis
der Teint

claro
hell

moreno
dunkel

seco
trocken

graso
fettig

sensible
empfindlich

hipoalergénico
hypoallergen

el tono
der Farbton

el bronceado
die Sonnenbräune

el tatuaje
die Tätowierung

antiarrugas
Antifalten-

las bolas de algodón
die Wattebällchen

la barra de labios
der Lippenstift

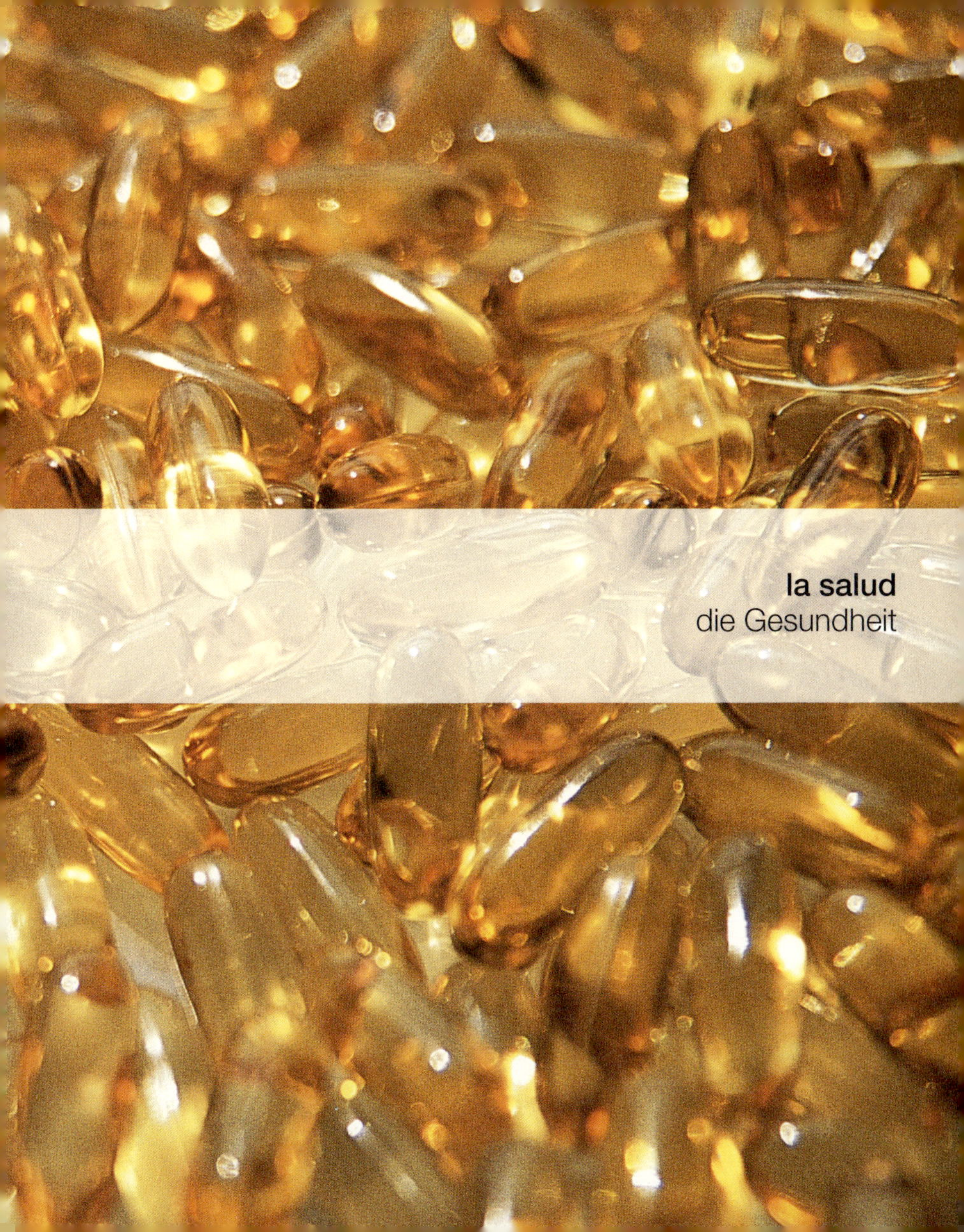

la salud
die Gesundheit

la enfermedad • die Krankheit

la fiebre | das Fieber

el dolor de cabeza
die Kopfschmerzen

la hemorragia nasal
das Nasenbluten

la tos
der Husten

el estornudo
das Niesen

el resfriado
die Erkältung

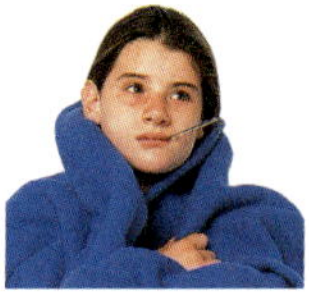

la gripe
die Grippe

el inhalador
der Inhalationsapparat

el asma
das Asthma

los retortijones
die Krämpfe

las náuseas
die Übelkeit

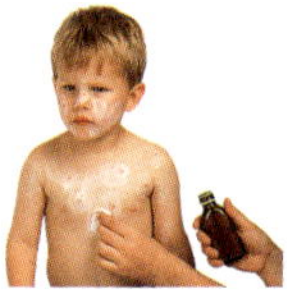

la varicela
die Windpocken

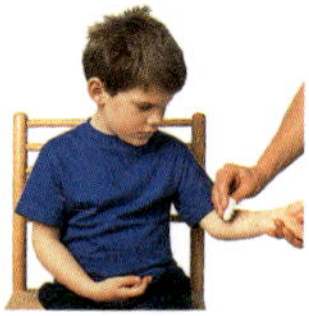

el sarpullido
der Hautausschlag

vocabulario • Vokabular

las paperas der Mumps	**la alergia** die Allergie	**el eccema** das Ekzem	**el resfriado** die Verkühlung	**vomitar** sich übergeben	**la diarrea** der Durchfall
la infección die Infektion	**la jaqueca** die Migräne	**el virus** der Virus	**desmayarse** in Ohnmacht fallen	**la epilepsia** die Epilepsie	**el sarampión** die Masern
el derrame cerebral der Schlaganfall	**la fiebre del heno** der Heuschnupfen	**el infarto de miocardio** der Herzinfarkt	**el dolor de estómago** die Magenschmerzen	**la diabetes** die Zuckerkrankheit	**la tensión arterial** der Blutdruck

el médico • der Arzt

la visita • die Konsultation

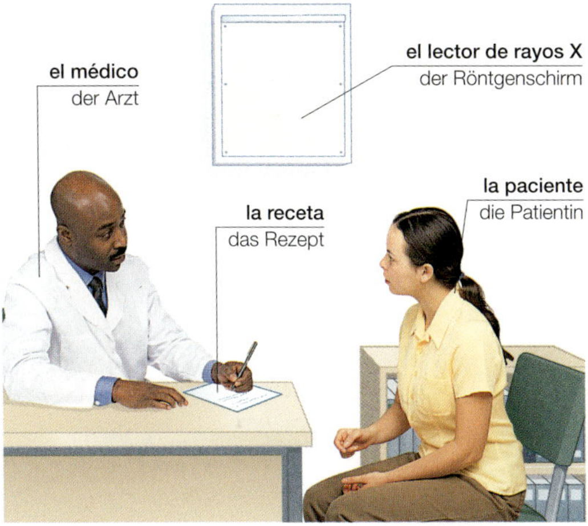

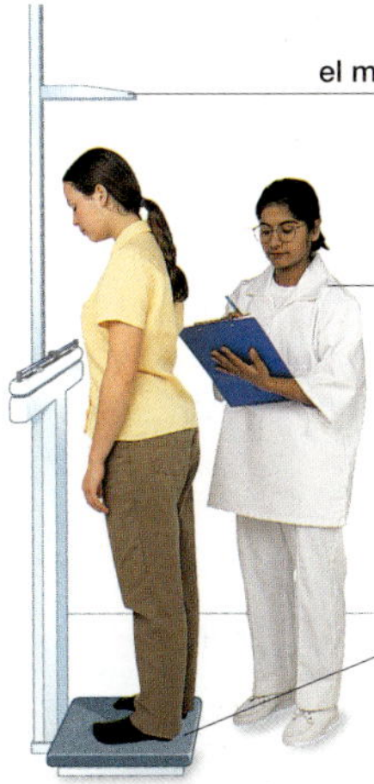

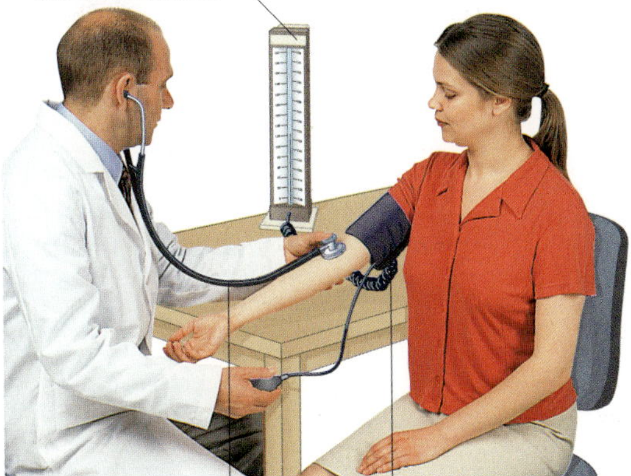

vocabulario • Vokabular

la cita
der Termin

la consulta
die Praxis

la sala de espera
das Wartezimmer

la vacunación
die Impfung

el termómetro
das Thermometer

el examen médico
die Untersuchung

Necesito ver a un médico.
Ich muss einen Arzt sprechen.

Me duele aquí.
Es tut hier weh.

la lesión • die Verletzung

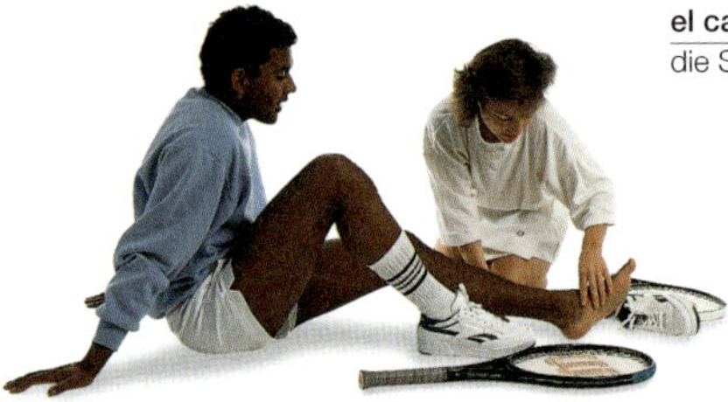

la torcedura | die Verstauchung

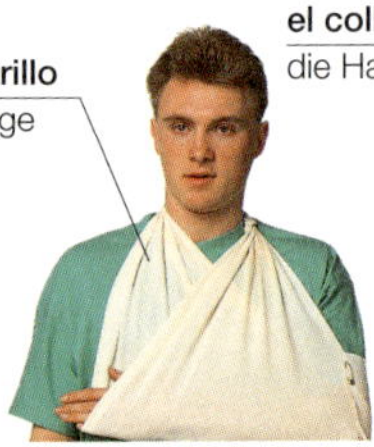

la fractura
die Fraktur

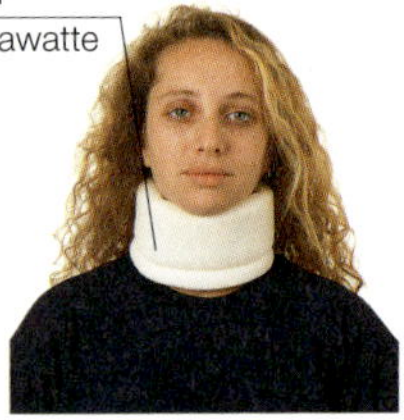

el latigazo
das Schleudertrauma

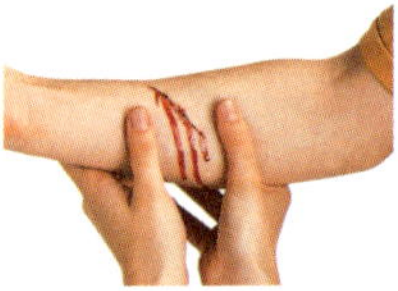

el corte
der Schnitt

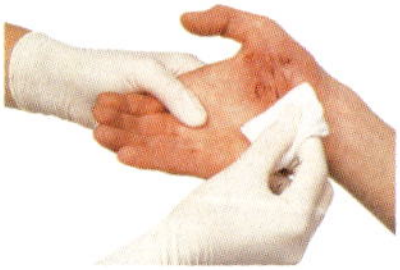

la abrasión
die Abschürfung

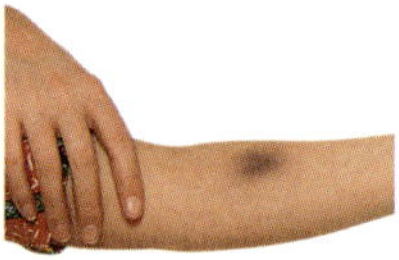

el hematoma
der Bluterguss

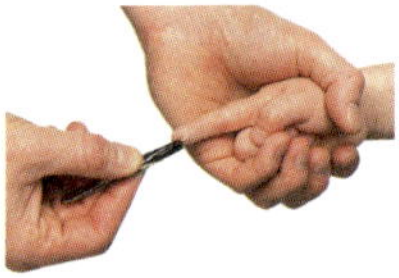

la astilla
der Splitter

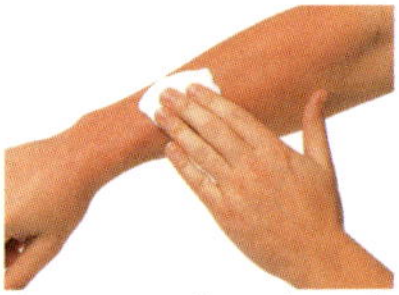

la quemadura de sol
der Sonnenbrand

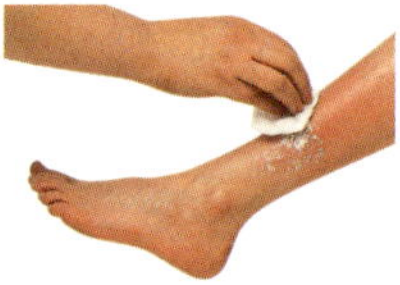

la quemadura
die Brandwunde

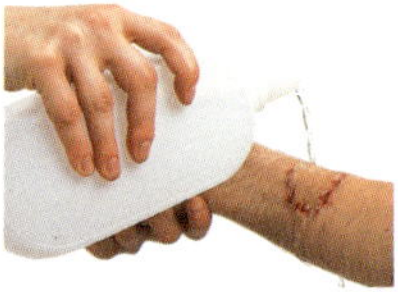

el mordisco
der Biss

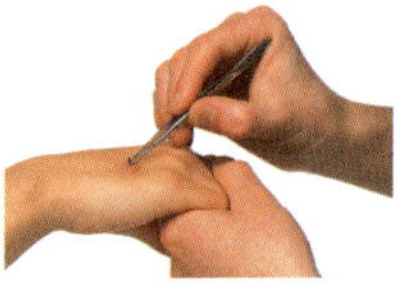

la picadura
der Stich

vocabulario • Vokabular

el accidente
der Unfall

la urgencia
der Notfall

la herida
die Wunde

la hemorragia
die Blutung

la ampolla
die Blase

la intoxicación
die Vergiftung

la conmoción cerebral
die Gehirnerschütterung

el traumatismo craneal
die Kopfverletzung

la descarga eléctrica
der elektrische Schlag

¿Se pondrá bien?
Wird er/sie es gut überstehen?

Por favor llame a una ambulancia.
Rufen Sie bitte einen Krankenwagen.

¿Dónde le duele?
Wo haben Sie Schmerzen?

los primeros auxilios • die erste Hilfe

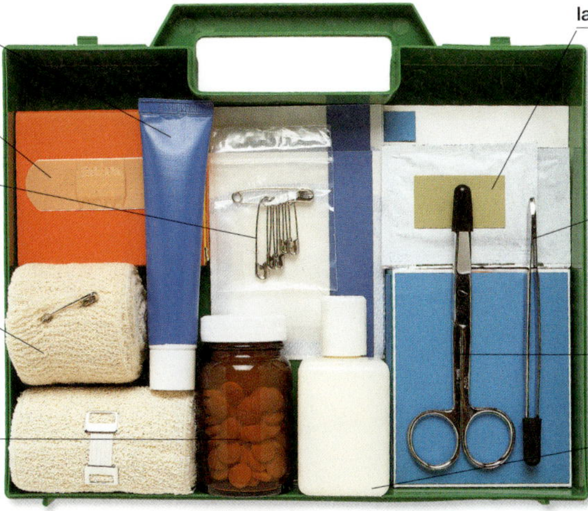

el botiquín | der Erste-Hilfe-Kasten

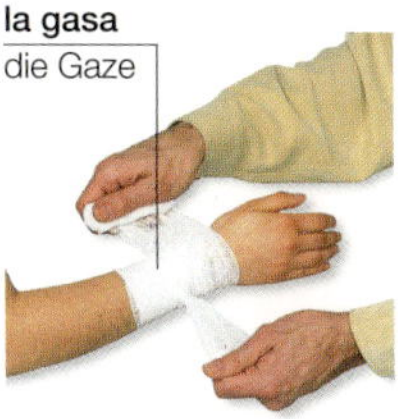

el vendaje
der Verband

la tablilla | die Schiene

el esparadrapo
das Leukoplast

la reanimación
die Wiederbelebung

vocabulario • Vokabular

el shock
der Schock

inconsciente
bewusstlos

el pulso
der Puls

la respiración
die Atmung

ahogarse
ersticken

estéril
steril

¿Me puede ayudar?
Können Sie mir helfen?

¿Sabe primeros auxilios?
Beherrschen Sie die Erste Hilfe?

el hospital • das Krankenhaus

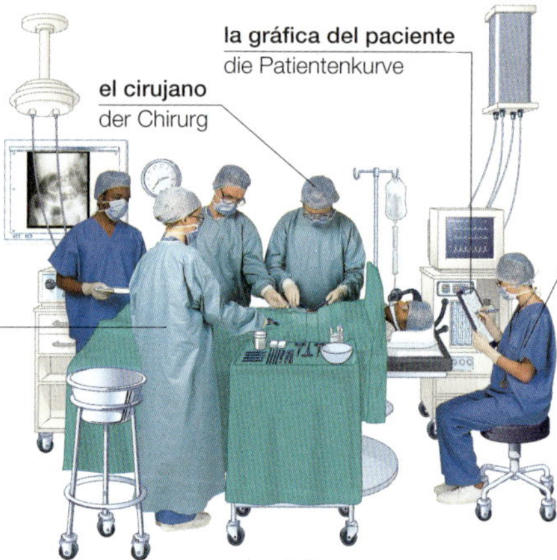

el quirófano
der Operationssaal

el análisis de sangre
die Blutuntersuchung

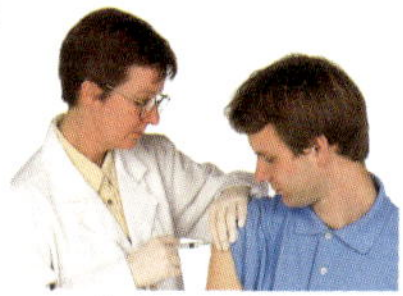

la inyección
die Spritze

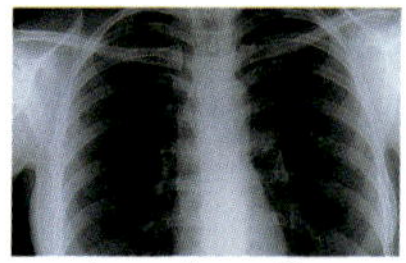

la radiografía
die Röntgenaufnahme

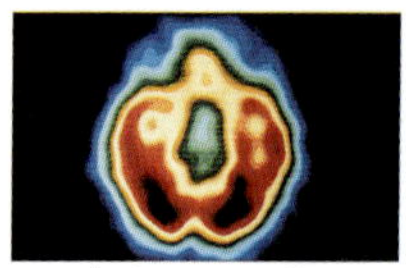

la tomografía
das CT-Bild

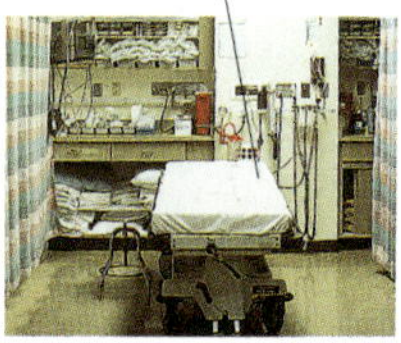

la sala de urgencias
die Notaufnahme

la planta
die Krankenhausstation

la silla de ruedas
der Rollstuhl

vocabulario • Vokabular

la intervención die Operation	**la clínica** die Klinik	**las horas de visita** die Besuchszeiten	**la habitación privada** das Privatzimmer	**el paciente externo** der ambulante Patient
ingresado aufgenommen	**dado de alta** entlassen	**la sala de pediatría** die Kinderstation	**la sala de partos** die Entbindungsstation	**la unidad de cuidados intensivos** die Intensivstation

los servicios • die Abteilungen

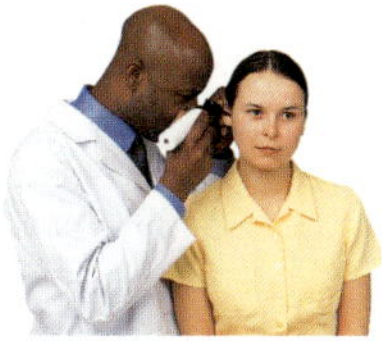

la otorrinolaringología
die HNO-Abteilung

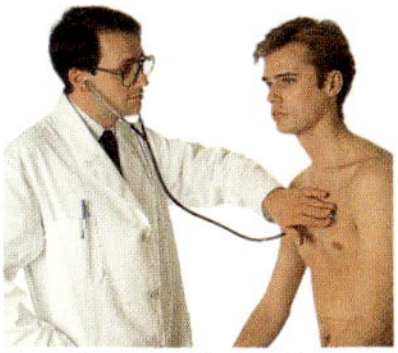

la cardiología
die Kardiologie

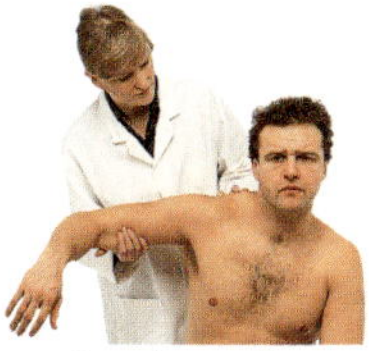

la ortopedia
die Orthopädie

la ginecología
die Gynäkologie

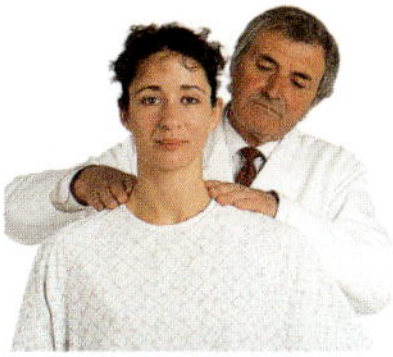

la fisioterapia
die Physiotherapie

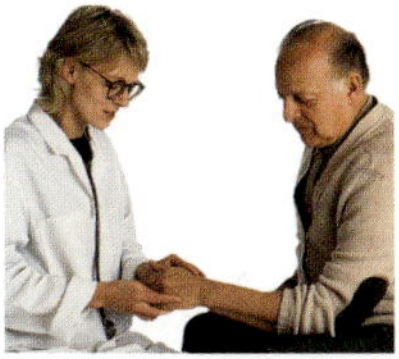

la dermatología
die Dermatologie

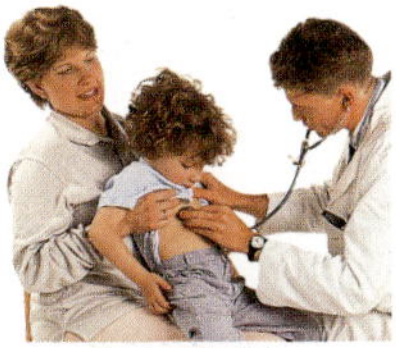

la pediatría
die Kinderheilkunde

la radiología
die Radiologie

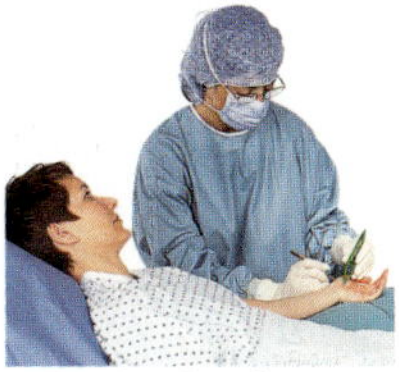

la cirugía
die Chirurgie

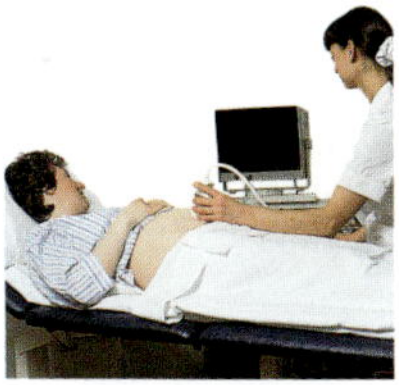

la maternidad
die Entbindungsstation

la psiquiatría
die Psychiatrie

la oftalmología
die Augenheilkunde

vocabulario • Vokabular

la neurología
die Neurologie

la oncología
die Onkologie

la urología
die Urologie

la endocrinología
die Endokrinologie

la cirugía plástica
die plastische Chirurgie

el volante
die Überweisung

la patología
die Pathologie

el análisis
die Untersuchung

el resultado
das Ergebnis

el especialista
der Facharzt

el dentista • der Zahnarzt

el diente • der Zahn

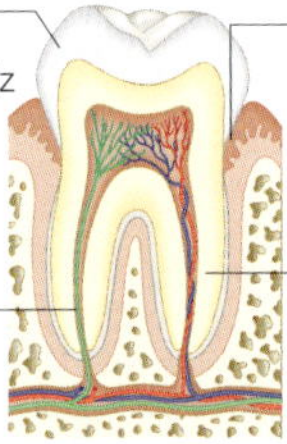

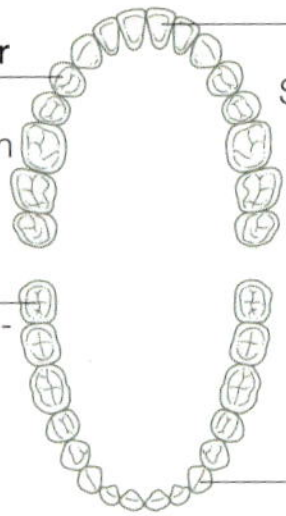

vocabulario • Vokabular

el dolor de muelas die Zahnschmerzen	**la corona** die Krone
la caries die Karies	**el hilo dental** die Zahnseide
el empaste die Zahnfüllung	**la extracción** die Extraktion
la placa bacteriana der Zahnbelag	**el torno del dentista** der Bohrer

la revisión • der Check-up

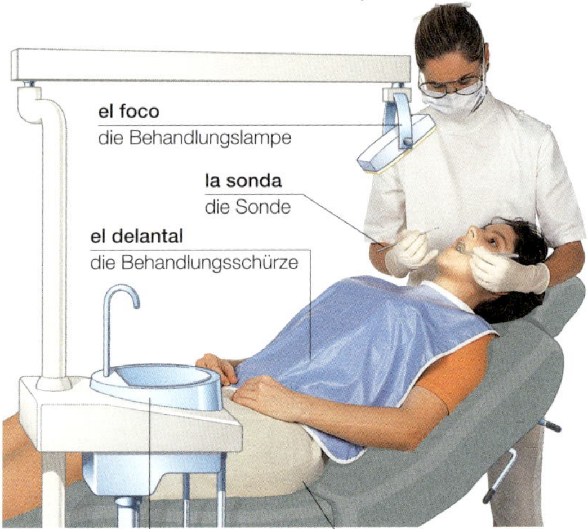

usar el hilo dental
mit Zahnseide reinigen

cepillarse los dientes
bürsten

el aparato corrector
die Zahnspange

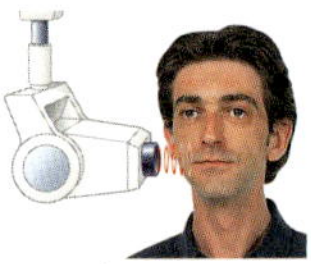

los rayos x dentales
die Röntgenaufnahme

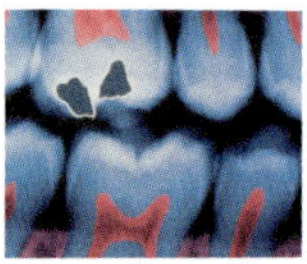

la radiografía
das Röntgenbild

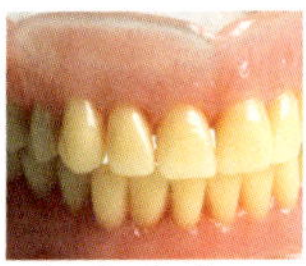

la dentadura postiza
die Zahnprothese

el óptico • der Augenoptiker

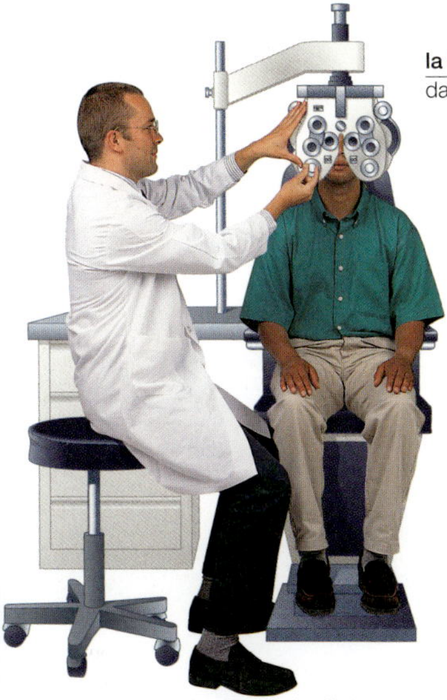

el examen de ojos | der Sehtest

la funda
das Futteral

el cristal
das Glas

las gafas
die Brille

la montura
das Brillengestell

las gafas de sol
die Sonnenbrille

el líquido limpiador
das Reinigungsmittel

la solución desinfectante
das Desinfektionsmittel

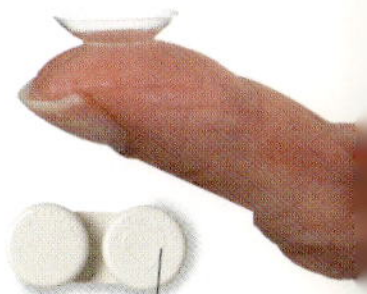

el estuche para las lentillas
der Kontaktlinsen-behälter

las lentes de contacto | die Kontaktlinsen

el ojo • das Auge

la ceja
die Augenbraue

el párpado
das Lid

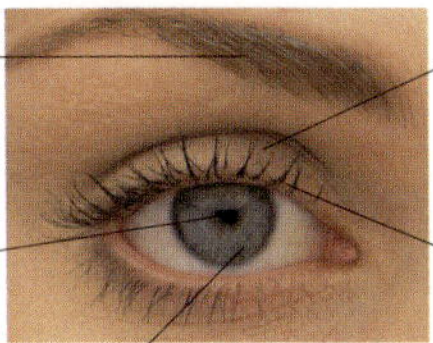

la pupila
die Pupille

la pestaña
die Wimper

el iris
die Iris

la retina
die Netzhaut

el cristalino
die Linse

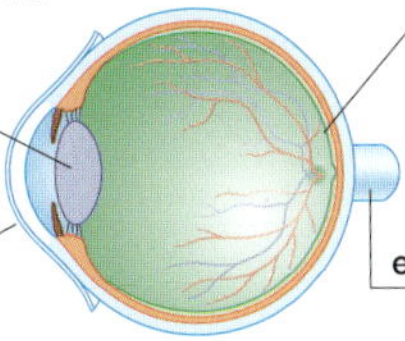

la córnea
die Hornhaut

el nervio óptico
der Sehnerv

vocabulario • Vokabular

la vista die Sehkraft	**el astigmatismo** der Astigmatismus
la lágrima die Träne	**la hipermetropía** die Weitsichtigkeit
la catarata der graue Star	**la miopía** die Kurzsichtigkeit
la dioptría die Dioptrie	**bifocal** bifokal

el embarazo • die Schwangerschaft

la prueba del embarazo
der Schwangerschaftstest

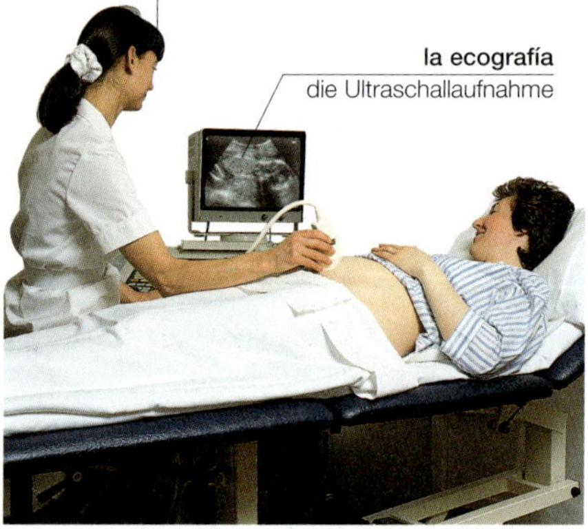

la ecografía | der Ultraschall

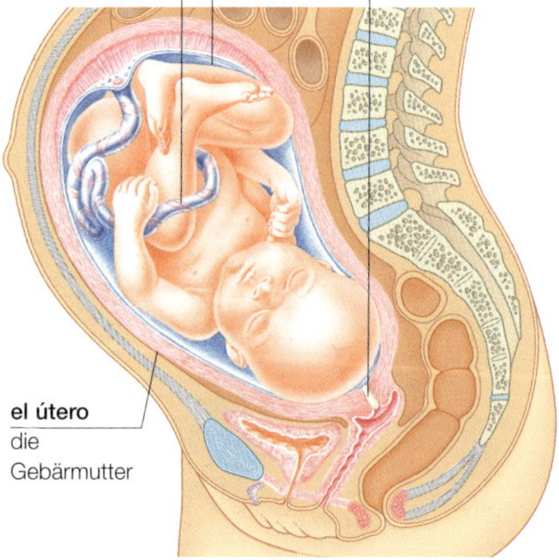

el feto | der Fötus

vocabulario • Vokabular

la ovulación der Eisprung	**prenatal** vorgeburtlich	**la contracción** die Wehe	**la dilatación** die Erweiterung	**los puntos** die Naht	**de nalgas** in Steißlage
embarazada schwanger	**el trimestre** das Trimester	**la amniocentesis** die Amniozentese	**la cesárea** der Kaiserschnitt	**el parto** die Entbindung	**prematuro** vorzeitig
el líquido amniótico das Fruchtwasser	**el embrión** der Embryo	**la concepción** die Empfängnis	**la episiotomía** der Dammschnitt	**el nacimiento** die Geburt	**el ginecólogo** der Gynäkologe
	la matriz die Gebärmutter	**romper aguas** das Fruchtwasser geht ab	**la epidural** die Periduralanästhesie	**el aborto espontáneo** die Fehlgeburt	**el tocólogo** der Geburtshelfer

el parto • die Geburt

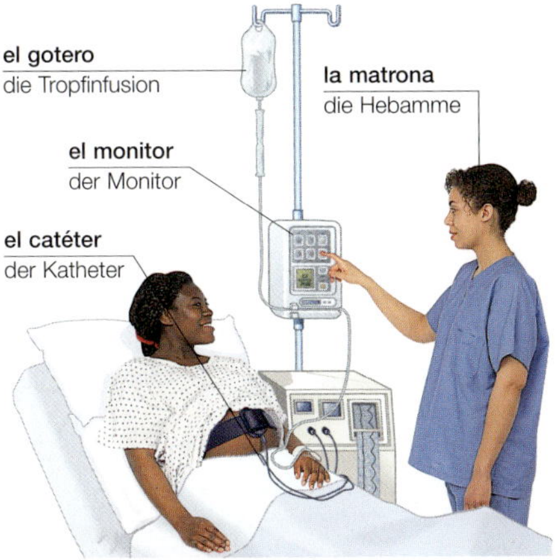

provocar el parto
die Geburt einleiten

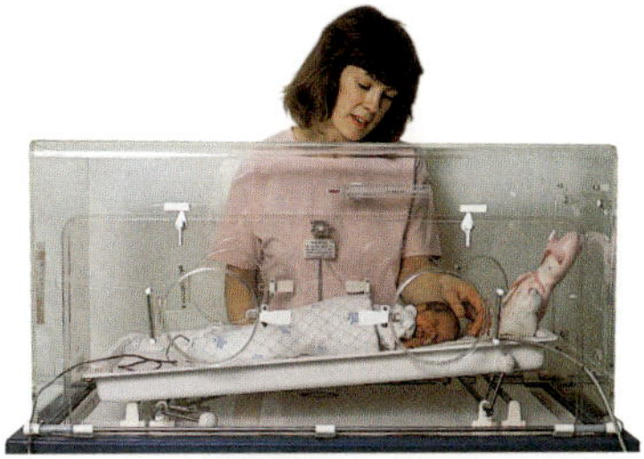

la incubadora | der Brutkasten

el peso al nacer | das Geburtsgewicht

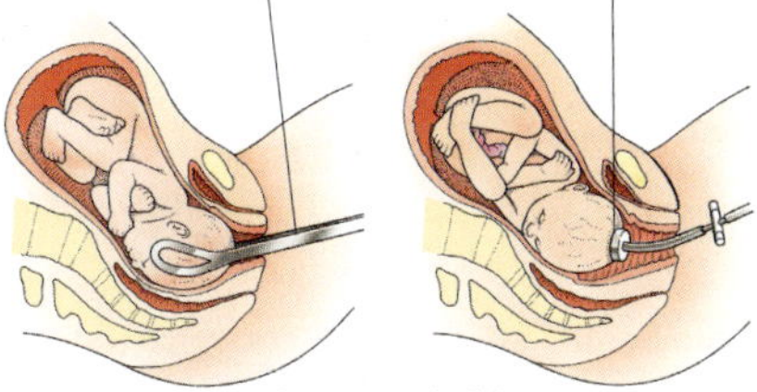

el parto asistido
die assistierte Entbindung

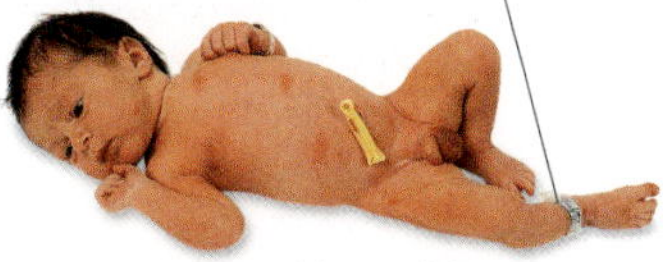

el recién nacido
das Neugeborene

la lactancia • stillen

el sacaleches
die Milchpumpe

el sujetador para la lactancia
der Stillbüstenhalter

dar el pecho
stillen

los discos protectores
die Einlagen

las terapias alternativas • die Alternativtherapien

el profesor
der Lehrer

la colchoneta
die Matte

el yoga | das Yoga

el masaje
die Massage

el shiatsu
das Shiatsu

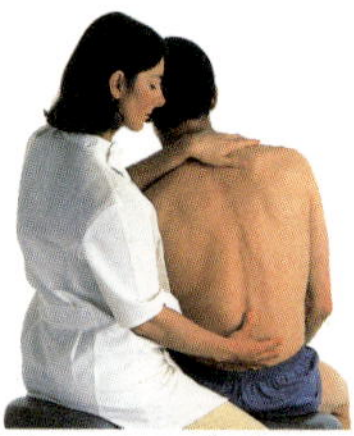

la quiropráctica
die Chiropraktik

la osteopatía
die Osteopathie

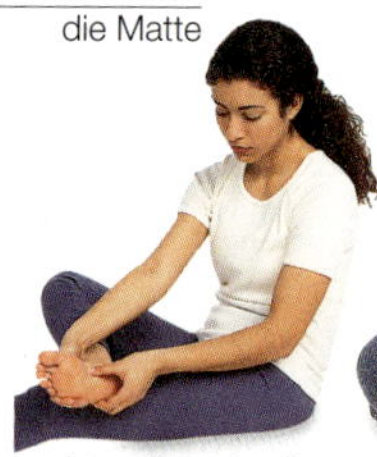

la reflexología
die Reflexzonenmassage

la meditación
die Meditation

el terapeuta
der Berater

la terapia de grupo
die Gruppentherapie

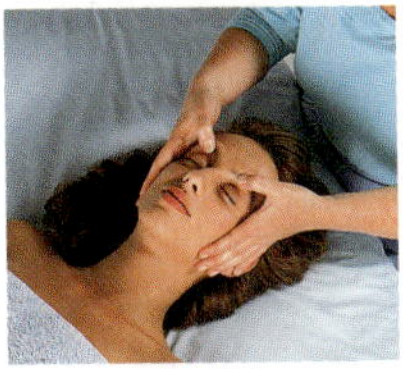

el reiki
das Reiki

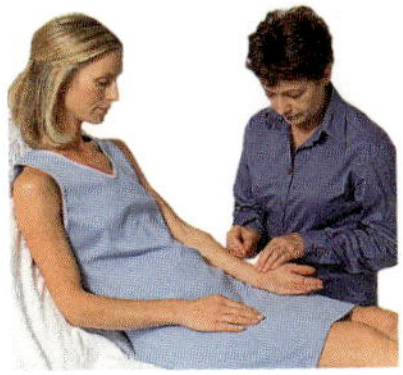

la acupuntura
die Akupunktur

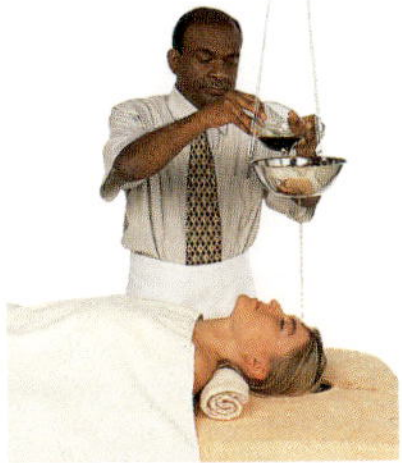

la medicina ayurvédica
das Ayurveda

la hipnoterapia
die Hypnotherapie

el herbalismo
die Kräuterheilkunde

los aceites esenciales
die ätherischen Öle

la aromaterapia
die Aromatherapie

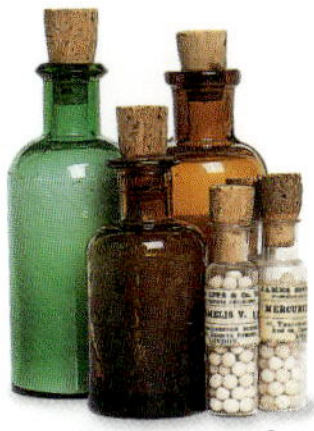

la homeopatía
die Homöopathie

la acupresión
die Akupressur

la terapeuta
die Therapeutin

la psicoterapia
die Psychotherapie

vocabulario • Vokabular

la cristaloterapia die Kristalltherapie	**el feng shui** das Feng Shui	**el estrés** der Stress	**la hierba** das Heilkraut
la hidroterapia die Wasser-behandlung	**la naturopatía** die Natur-heilkunde	**la relajación** die Entspannung	**el suplemento** die Ergänzung

la casa
das Haus

la casa • das Haus

vocabulario • Vokabular

la casa unifamiliar
das Einzelhaus

la habitación
das Zimmer

la buhardilla
der Dachboden

el patio
der Hof

el propietario
der Vermieter

el alquiler
die Miete

el adosado
das Reihenhaus

el sótano
das Kellergeschoss

el chalet
der Bungalow

la luz del porche
die Haustürlampe

la alarma antirrobo
die Alarmanlage

el inquilino
der Mieter

el pareado
das Doppelhaus

el garaje
die Garage

el piso
das Stockwerk

el buzón
der Briefkasten

alquilar
mieten

la entrada • der Eingang

el pasamanos
der Handlauf

el descansillo
der Treppenabsatz

la barandilla
das Treppengeländer

la escalera
die Treppe

el vestíbulo
die Diele

el timbre
die Türklingel

el felpudo
der Fußabtreter

la aldaba
der Türklopfer

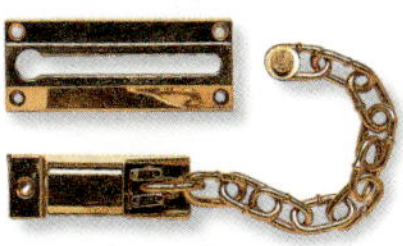

la cadena
die Türkette

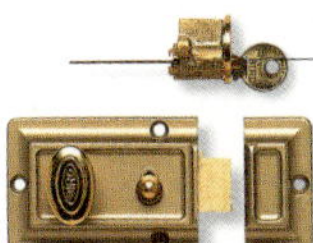

la llave
der Schlüssel

la cerradura
das Schloss

el cerrojo
der Türriegel

el piso • die Wohnung

el balcón
der Balkon

el edificio
der Wohnblock

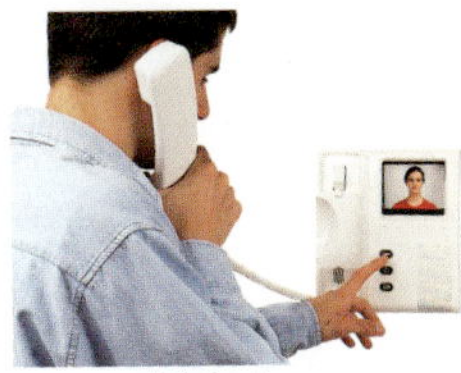

el interfono
die Sprechanlage

el ascensor
der Fahrstuhl

las instalaciones internas • die Hausanschlüsse

el radiador
der Heizkörper

la estufa
der Heizofen

la hoja
der Flügel

ventilador
der Ventilator

el calentador de convección
der Heizlüfter

la electricidad • die Elektrizität

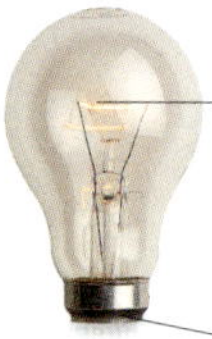

el filamento
der Glühfaden

el portalámparas de bayoneta
die Bajonettfassung

la bombilla
die Glühlampe

la toma de tierra
die Erdung

el enchufe macho
der Stecker

la clavija
der Pol

neutro
neutral

con corriente
geladen

los cables
die Leitung

vocabulario • Vokabular

el voltaje die Spannung	**el generador** der Generator	**el enchufe** die Steckdose	**el corte de luz** der Stromausfall	**el suministro de electricidad** das Stromnetz
el amperio das Ampère	**el fusible** die Sicherung	**el interruptor** der Schalter	**el transformador** der Transformator	**el contador de la luz** der Stromzähler
la corrriente eléctrica der Strom	**la caja de los fusibles** der Sicherungs-kasten	**la corriente alterna** der Wechselstrom	**la corriente continua** der Gleichstrom	

la fontanería • die Sanitärtechnik

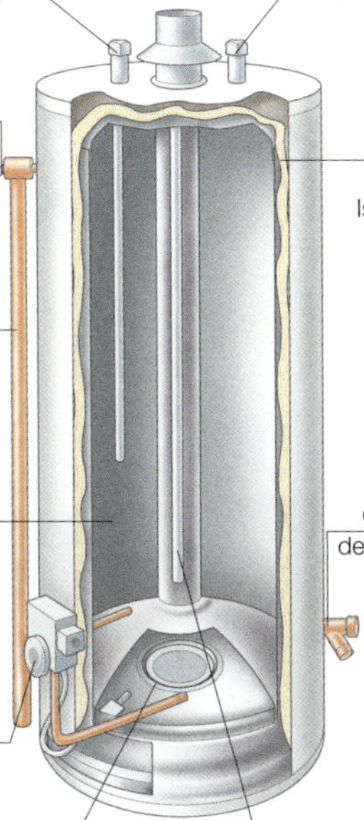

la caldera
der Heizkessel

el fregadero • die Spüle

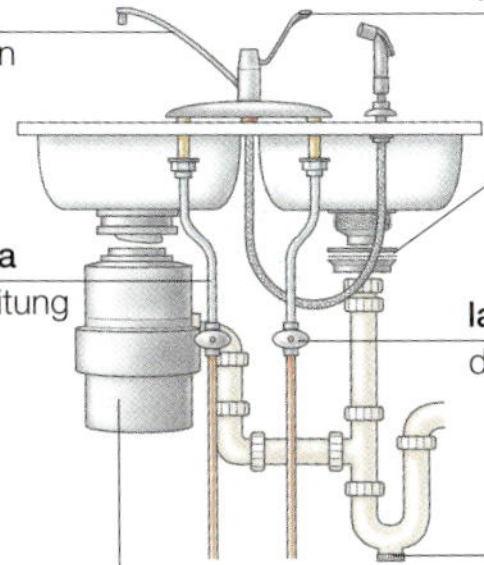

el retrete • das WC

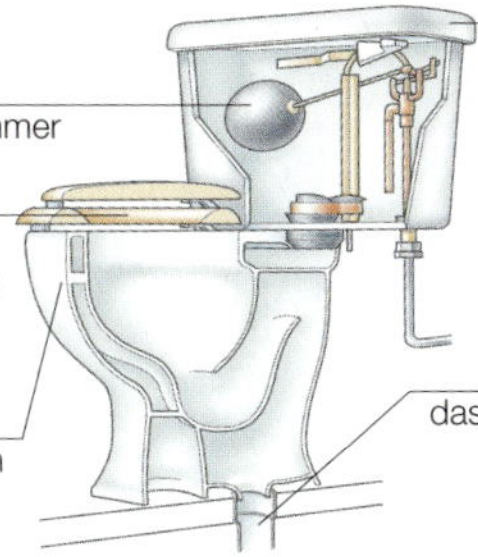

la eliminación de desechos • die Abfallentsorgung

el cubo para reciclar
der Recyclingbehälter

el cubo de la basura
der Abfalleimer

el armario para clasificar la basura
die Abfallsortiereinheit

los desperdicios orgánicos
der Bio-Abfall

el cuarto de estar • das Wohnzimmer

el espejo
der Spiegel

el jarrón
die Vase

la repisa de la chimenea
der Kaminsims

la chimenea
der Kamin

el biombo
das Kamingitter

la vela
die Kerze

la cortina
der Vorhang

el visillo
die Gardine

el estor de láminas
die Jalousie

el estor
das Rollo

la moldura
der Stuck

el sillón
der Sessel

la estantería
das Bücherregal

el sofá-cama
die Bettcouch

la alfombra
der Teppich

el despacho | das Arbeitszimmer

el comedor • das Esszimmer

vocabulario • Vokabular

servir
servieren

comer
essen

poner la mesa
den Tisch decken

el mantel
die Tischdecke

el desayuno
das Frühstück

el mantel individual
das Set

la comida
das Mittagessen

hambriento
hungrig

la cena
das Abendessen

lleno
satt

la ración
die Portion

la comida
das Essen

el anfitrión
der Gastgeber

el invitado
der Gast

la anfitriona
die Gastgeberin

¿Puedo repetir, por favor?
Könnte ich bitte noch ein bisschen haben?

Estoy lleno, gracias.
Ich bin satt, danke.

Estaba buenísimo.
Das war lecker.

la vajilla y los cubiertos • das Geschirr und das Besteck

la taza
der Becher

la taza de café
die Kaffeetasse

la taza de té
die Teetasse

el plato
der Teller

el bol
die Schüssel

la cafetera de émbolo
die Cafetière

la tetera
die Teekanne

la jarra
das Kännchen

la huevera
der Eierbecher

la cristalería
die Glaswaren

el cubierto
das Gedeck

la cocina • die Küche

los electrodomésticos • die Küchengeräte

el horno microondas
die Mikrowelle

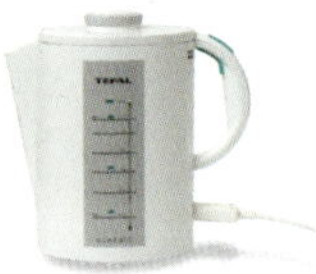

el hervidor
der Wasserkocher

el tostador
der Toaster

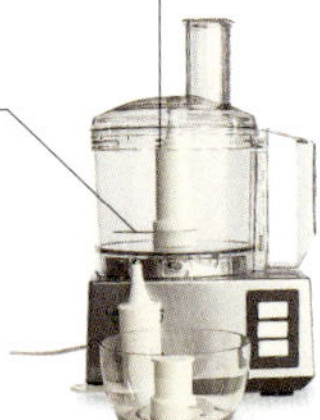

el robot de cocina
die Küchenmaschine

el túrmix
der Mixer

el friegaplatos
die Spülmaschine

la máquina de los cubitos
das Eisfach

el congelador
das Gefrierfach

el frigorífico
der Kühlschrank

el estante
der Rost

el cajón de las verduras
das Gemüsefach

el frigorífico congelador | der Gefrier-Kühlschrank

vocabulario • Vokabular

la placa das Kochfeld	**congelar** einfrieren
el escurridor das Abtropfbrett	**descongelar** auftauen
el quemador der Brenner	**saltear** anbraten
el cubo de basura der Mülleimer	**cocer al vapor** dämpfen

cocinar • das Kochen

pelar
schälen

cortar
schneiden

rallar
reiben

echar
gießen

mezclar
verrühren

batir
schlagen

hervir
kochen

freír
braten

extender con el rodillo
ausrollen

remover
rühren

cocer a fuego lento
köcheln lassen

escalfar
pochieren

cocer al horno
backen

asar
braten

asar a la parrilla
grillen

los utensilios de cocina • die Küchengeräte

la tabla para cortar
das Hackbrett

el cuchillo de sierra
das Brotmesser

el cuchillo de cocina
das Küchenmesser

el hacha de cocina
das Hackmesser

el afilador
der Messer-schärfer

el mazo de cocina
der Fleischklopfer

el pincho
der Spieß

el mondador
der Schäler

el descorazonador
der Apfelstecher

el rallador
die Reibe

la mano de mortero
der Stößel

el mortero
der Mörser

el mazo para puré de patatas
der Kartoffel-stampfer

el abrelatas
der Dosenöffner

el abrebotellas
der Flaschenöffner

el prensaajos
die Knoblauchpresse

la cuchara de servir
der Servierlöffel

la espátula
der Pfannenwender

el escurridor
das Sieb

la espátula
der Teigschaber

la cuchara de madera
der Holzlöffel

la espumadera
der Schaumlöffel

el cucharón
der Schöpflöffel

el tenedor para trinchar
die Tranchiergabel

la cuchara para helado
der Portionierer

las varillas
der Schneebesen

el colador
das Sieb

la sartén
die Bratpfanne

el cazo
der Kochtopf

la parrilla
das Grillblech

el wok
der Wok

la cazuela de barro
der Schmortopf

el cuenco
die Rührschüssel

el molde para suflé
die Souffléform

la fuente para gratinar
die Auflaufform

el molde individual
das Auflaufförmchen

la cazuela
die Kasserolle

la repostería • die Konditorei

la báscula de cocina
die Haushaltswaage

la jarra graduada
der Messbecher

el molde para bizcocho
die Kuchenform

el molde redondo
die Pastetenform

el molde para tarta
die Obstkuchenform

la brocha de cocina
der Backpinsel

el rodillo de cocina
das Nudelholz

la manga pastelera
der Spritzbeutel

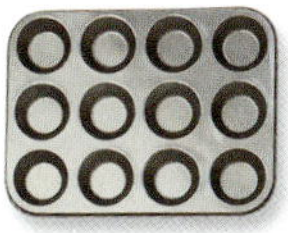

el molde para magdalenas
die Törtchenform

la bandeja de horno
das Kuchenblech

la rejilla
das Abkühlgitter

la manopla de cocina
der Topfhandschuh

el delantal
die Schürze

el dormitorio • das Schlafzimmer

el armario
der Kleiderschrank

la lámpara de la mesilla
die Nachttischlampe

el cabecero
das Kopfende

la mesilla de noche
der Nachttisch

la cómoda
die Kommode

el cajón
die Schublade

la cama
das Bett

el colchón
die Matratze

la colcha
die Tagesdecke

la almohada
das Kopfkissen

la bolsa de agua caliente
die Wärmflasche

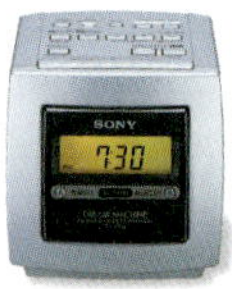

el radiodespertador
der Radiowecker

el despertador
der Wecker

la caja de pañuelos de papel
die Papiertaschentuch-schachtel

la percha
der Kleiderbügel

la ropa de cama • die Bettwäsche

vocabulario • Vokabular

la cama individual das Einzelbett	**el pie de la cama** das Fußende	**el insomnio** die Schlaflosigkeit	**despertarse** aufwachen	**hacer la cama** das Bett machen
la manta eléctrica die Heizdecke	**el muelle** die Sprungfeder	**acostarse** ins Bett gehen	**levantarse** aufstehen	**roncar** schnarchen
la cama de matrimonio das Doppelbett	**la moqueta** der Teppichboden	**dormirse** einschlafen	**poner el despertador** den Wecker stellen	**el armario empotrado** der Einbauschrank

el cuarto de baño • das Badezimmer

la bañera
die Badewanne

el bidé | das Bidet

vocabulario • Vokabular

el botiquín die Hausapotheke	**la alfombrilla de baño** die Bademattе
el rollo de papel higiénico die Rolle Toilettenpapier	**la cortina de ducha** der Duschvorhang
ducharse duschen	**bañarse** baden

la higiene dental • die Zahnpflege

el cepillo de dientes
die Zahnbürste

la pasta de dientes
die Zahnpasta

el colutorio
das Mundwasser

el hilo dental
die Zahnseide

la esponja de luffa
der Luffaschwamm

la esponja
der Schwamm

la piedra pómez
der Bimsstein

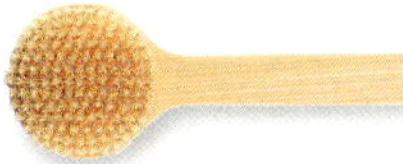

el cepillo para la espalda
die Rückenbürste

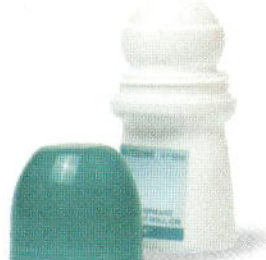

el desodorante
das Deo

la jabonera
die Seifenschale

el jabón
die Seife

la crema para la cara
die Gesichtscreme

el gel de ducha
das Duschgel

el gel de baño
das Schaumbad

el albornoz
der Bademantel

la toalla de lavabo
das Handtuch

la toalla de baño
das Badetuch

las toallas
die Handtücher

la loción para el cuerpo
die Körperlotion

los polvos de talco
der Körperpuder

el afeitado • das Rasieren

la máquina de afeitar
der Elektrorasierer

la espuma de afeitar
der Rasierschaum

la maquinilla de afeitar
der Einwegrasierer

la hoja de afeitar
die Rasierklinge

la loción para después del afeitado
das Rasierwasser

la habitación de los niños • das Kinderzimmer

el cuidado del bebé • die Säuglingspflege

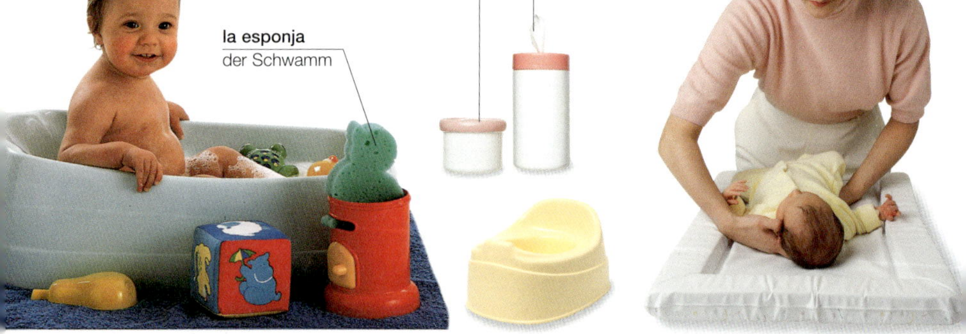

la crema protectora
die Wundsalbe

la esponja
der Schwamm

la toallita húmeda
das Pflegetuch

la bañera de plástico
die Babywanne

el orinal
das Töpfchen

el cambiador
die Wickelmatte

la hora de dormir • schlafen

el móvil
das Mobile

los barrotes
die Gitterstäbe

la chichonera
der Kopfschutz

el colchón
die Matratze

la cuna | das Kinderbett

la manta
die Decke

la sábana
das Laken

el vellón
die Flauschdecke

la ropa de cama
das Bettzeug

el sonajero
die Rassel

el moisés
das Körbchen

los juegos • das Spielen

la muñeca
die Puppe

el peluche
das Kuscheltier

la casa de muñecas
das Puppenhaus

la casa de juguete
das Spielhaus

el oso de peluche
der Teddy

el juguete
das Spielzeug

el cesto de los juguetes
der Spielzeugkorb

la pelota
der Ball

el parque
der Laufstall

la seguridad • die Sicherheit

el cierre de seguridad
die Kindersicherung

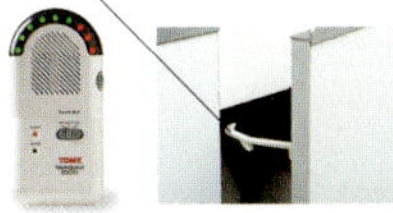

el escuchabebés
das Babyfon

la barrera de seguridad
das Treppengitter

la comida • essen

la trona
der Kinderstuhl

la tetina
der Sauger

la taza
die Schnabeltasse

el biberón
die Babyflasche

el paseo • spazierengehen

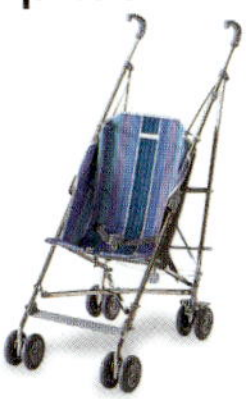

la silla de paseo
der Sportwagen

la capota
das Verdeck

el cochecito de bebé
der Kinderwagen

el capazo
das Tragebettchen

el pañal
die Windel

la bolsa del bebé
die Babytasche

la mochila porta-bebé
die Babytrageschlinge

el lavadero • der Haushaltsraum

la colada • die Wäsche

la ropa sucia
die schmutzige Wäsche

la ropa limpia
die saubere Wäsche

el cesto de la colada
der Wäschekorb

la lavadora
die Waschmaschine

la lavadora secadora
der Waschtrockner

la secadora
der Trockner

el cesto de la ropa de plancha
der Wäschekorb

la cuerda para tender la ropa
die Wäscheleine

la pinza para la ropa
die Wäscheklammer

secar
trocknen

la tabla de la plancha | das Bügelbrett

la plancha
das Bügeleisen

vocabulario • Vokabular

cargar füllen	**centrifugar** schleudern	**planchar** bügeln	**¿Cómo funciona la lavadora?** Wie benutze ich die Waschmaschine?
aclarar spülen	**la centrifugadora** die Wäscheschleuder	**el suavizante** der Weichspüler	**¿Cuál es el programa para la ropa de color/blanca?** Welches Programm nehme ich für farbige/weiße Wäsche?

el equipo de limpieza • die Reinigungsartikel

el tubo de la aspiradora
der Saugschlauch

la aspiradora
der Staubsauger

el cubo
der Eimer

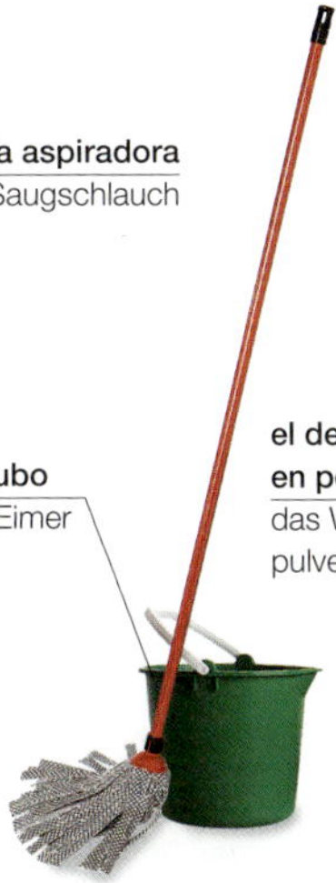

la fregona
der Putzmopp

el cepillo
der Handfeger

el recogedor
das Kehrblech

la lejía
das Reinigungsmittel

el detergente en polvo
das Waschpulver

el detergente líquido
der Flüssigreiniger

el detergente
das Waschmittel

el trapo para limpiar el polvo
das Staubtuch

la cera
die Politur

las actividades • die Tätigkeiten

limpiar
putzen

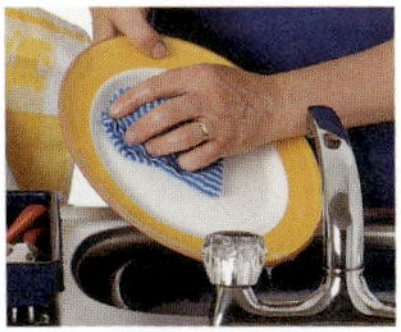

fregar
spülen

pasar la bayeta
wischen

restregar
schrubben

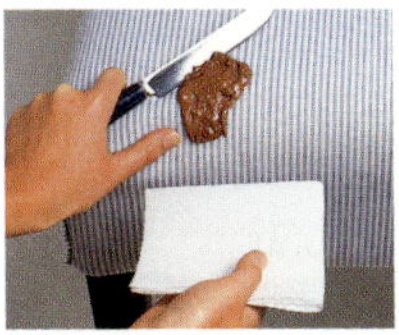

raspar
kratzen

la escoba
der Besen

barrer
fegen

limpiar el polvo
Staub wischen

sacar brillo
polieren

el taller • die Heimwerkstatt

la sierra de vaivén
die Stichsäge

la batería
der Akku

el taladro eléctrico
der Akkuschrauber

la broca
der Bohrer

el cabezal
das Bohrfutter

el taladro eléctrico
die elektrische Bohrmaschine

la pistola para encolar
die Klebepistole

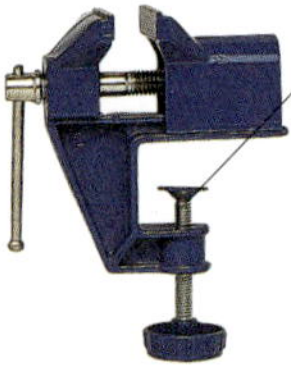

la abrazadera
die Zwinge

el torno de banco
der Schraubstock

la lijadora
die Schleifmaschine

la cuchilla
das Sägeblatt

la sierra circular
die Kreissäge

el banco de trabajo
die Werkbank

la cola de carpintero
der Holzleim

la rebajadora
die Oberfräse

las virutas de madera
die Holzspäne

el organizador de las herramientas
das Werkzeuggestell

el taladro manual
die Bohrwinde

el alargador
das Verlängerungskabel

las técnicas • die Fertigkeiten

cortar
schneiden

serrar
sägen

taladrar
bohren

clavar con el martillo
hämmern

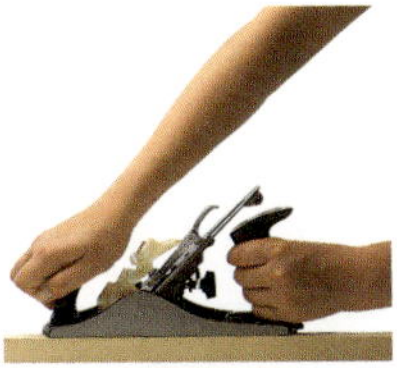

alisar
hobeln

tornear
drechseln

tallar
schnitzen

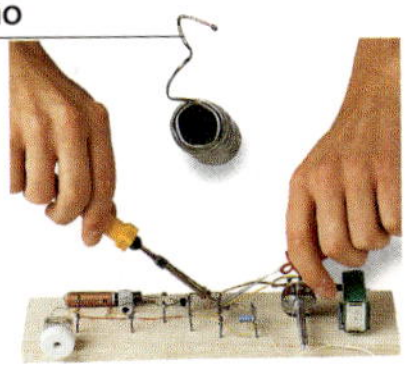

soldar
löten

los materiales • die Materialien

la madera | das Holz

el cable
das Kabel

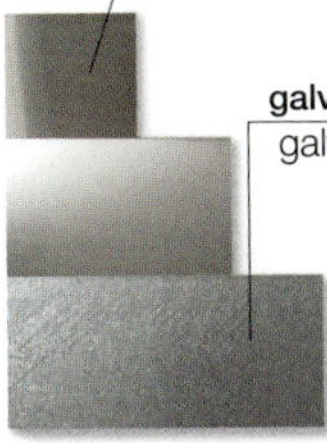

el metal | das Metall

la caja de las herramientas • der Werkzeugkasten

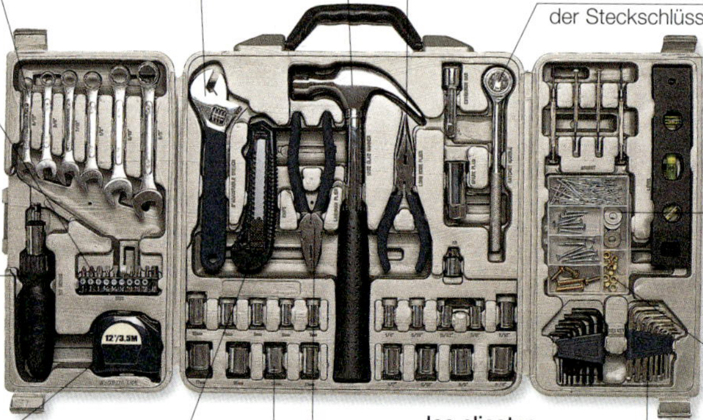

las brocas • die Bohrer

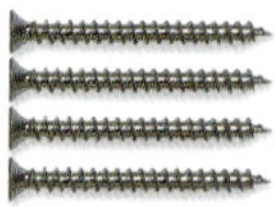

el pelacables
die Abisolierzange

el cortaalambres
der Seitenschneider

el soldador
der Lötkolben

la cinta aislante
das Isolierband

el escalpelo
das Skalpell

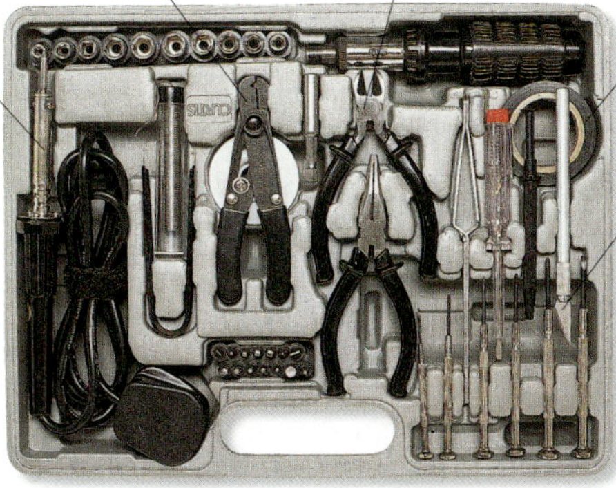

el hilo de estaño
der Lötzinn

la sierra de calar
die Schweifsäge

el serrucho de costilla | die Profilsäge

las gafas de seguridad
die Schutzbrille

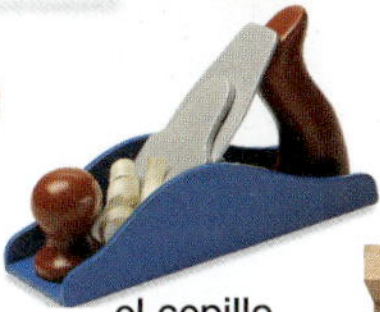

el cepillo
der Hobel

el serrucho
der Fuchsschwanz

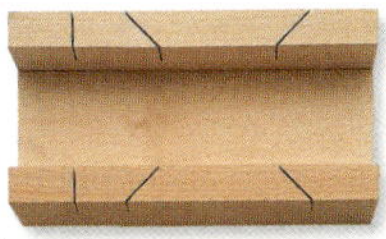

la caja para cortar en inglete
die Gehrungslade

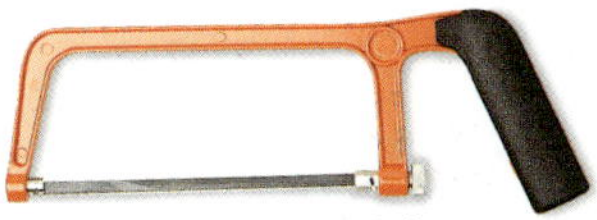

la sierra para metales
die Metallsäge

el taladro manual
der Handbohrer

la lana de acero
die Stahlwolle

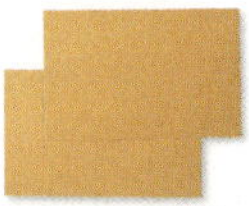

el papel de lija
das Schmirgelpapier

los alicates
die Rohrzange

el formón
der Stechbeitel

la lima
die Feile

la piedra afiladora
der Wetzstahl

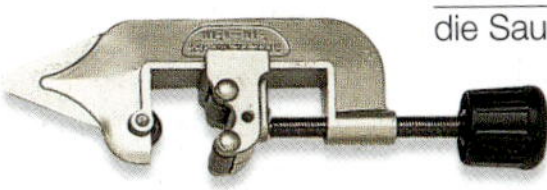

el cortatuberías | der Rohrabschneider

el desatascador
die Saugglocke

la décoracion • renovieren

las tijeras
die Tapezierschere

el cúter
das Tapeziermesser

la cuerda de plomada
das Senkblei

el raspador
der Spachtel

el pintor
der Maler

el papel pintado
die Tapete

la escalera de mano
die Trittleiter

la brocha de empapelador
die Tapezierbürste

la mesa de encolar
der Tapeziertisch

la brocha de encolar
die Kleisterbürste

la cola para empapelar
der Tapetenkleister

el cubo
der Eimer

empapelar | tapezieren

arrancar
abziehen

rellenar
spachteln

lijar
schmirgeln

enyesar | verputzen

empapelar | anbringen

alicatar | kacheln

el rodillo
der Roller

la brosse
die Streichbürste

la lata de pintura
der Farbtopf

el mono
der Overall

el protector
das Abdecktuch

pintar
anstreichen

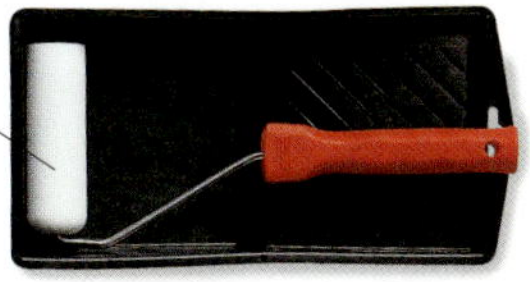

la bandeja para la pintura
die Wanne

la pintura
die Farbe

la esponja
der Schwamm

la cinta adhesiva protectora
das Abdeckband

el papel de lija
das Schmirgelpapier

la masilla
die Spachtelmasse

la trementina
das Terpentin

el aguarrás
das Verdünnungsmittel

vocabulario • Vokabular

el yeso der Gips	**con brillo** glänzend	**el conservante** der Schutzanstrich	**la primera mano** die Grundierung	**el disolvente** das Lösungsmittel
el barniz der Lack	**mate** matt	**la imprimación** die Grundfarbe	**la última mano** der Deckanstrich	**la masilla** der Fugenkitt
la pintura al agua die Emulsionsfarbe	**la plantilla** die Schablone	**el papel de apresto** das Einsatzpapier	**el papel estampado en relieve** die Relieftapete	**el sellante** das Versiegelungsmittel

el jardín • der Garten

los estilos de jardín • die Gartentypen

la terraza ajardinada
der Patiogarten

el jardín en la azotea
der Dachgarten

la rocalla
der Steingarten

el jardín clásico | der französische Garten

el patio
der Hof

el jardín campestre
der Bauerngarten

el jardín de hierbas aromáticas
der Kräutergarten

el jardín acuático
der Wassergarten

garden features • die Garten-ornamente

la cesta colgante
die Blumenampel

la espaldera
das Spalier

la pérgola
die Pergola

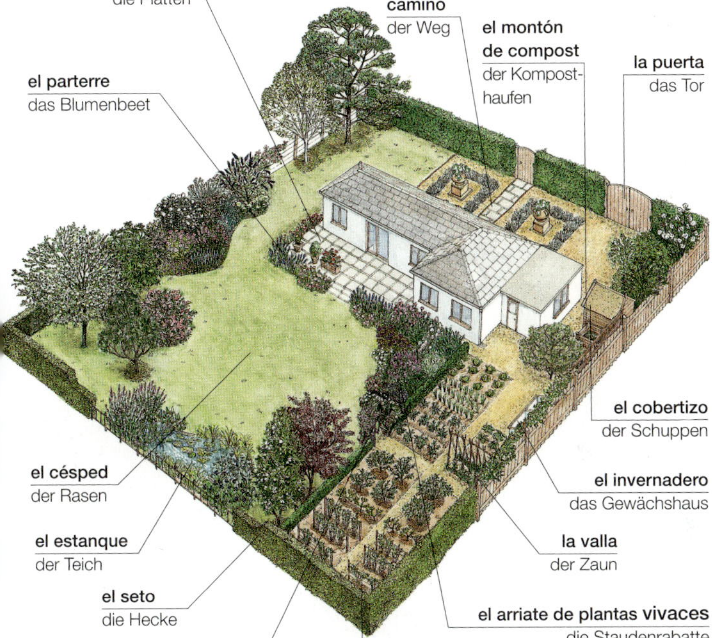

el entarimado
die Planken

la fuente | der Springbrunnen

la tierra • der Boden

el mantillo
die Muttererde

la arena
der Sand

la creta
der Kalk

el cieno
der Schlick

la arcilla
der Lehm

las plantas de jardín • die Gartenpflanzen

los tipos de plantas • die Pflanzenarten

anual
einjährig

bienal
zweijährig

perenne
mehrjährig

el bulbo
die Zwiebel

el helecho
der Farn

el junco
die Binse

el bambú
der Bambus

las malas hierbas
das Unkraut

la hierba
das Kraut

la planta acuática
die Wasserpflanze

el árbol
der Baum

la palmera
die Palme

la conífera
der Nadelbaum

de hoja perenne
immergrün

de hoja caduca
der Laubbaum

las plantas podadas con formas
der Formschnitt

la planta alpestre
die Alpenpflanze

la planta suculenta
die Sukkulente

la planta suculenta
der Kaktus

la maceta
die Topfpflanze

la planta de sombra
die Schattenflanze

la planta trepadora
die Kletterpflanze

el arbusto de flor
der Zierstrauch

la planta para cubrir suelo
der Bodendecker

la planta rastrera
die Kriechpflanze

ornamental
dekorativ

el césped
das Gras

las herramientas de jardinería • die Gartengeräte

la pala
der Spaten

la horca
die Mistgabel

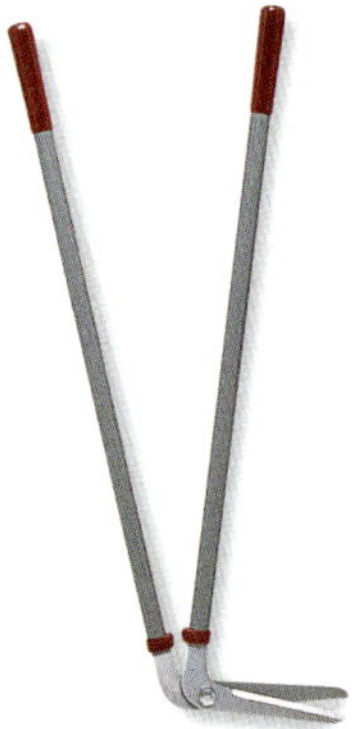

la podadera de mango largo
die Schere

el rastrillo para el césped
der Laubrechen

el rastrillo
die Harke

la azada
die Hacke

el abono compuesto
die Komposterde

las semillas
die Samen

la harina de huesos
die Knochenasche

la grava
der Kies

la cesta de jardinero
der Gartenkorb

la bolsa para la hierba
der Grasfangsack

el motor
der Motor

el protector
der Schutz

el guarnecedor
der Schneider

el cortacésped
der Rasenmäher

el asa
der Griff

el soporte
der Ständer

la carretilla
die Schubkarre

la horquilla
die Handgabel

las tijeras de podar
die Rosenschere

los guantes de jardín
die Gartenhandschuhe

el desplantador
die Pflanzschaufel

el semillero
der Setzkasten

las cañas
die Gartenstöcke

el hilo de bramante
der Zwirn

las etiquetas
die Pflanzenschildchen

el alambre
die Befestigungen

las anillas
die Ringbefestigungen

la hoja
das Messer

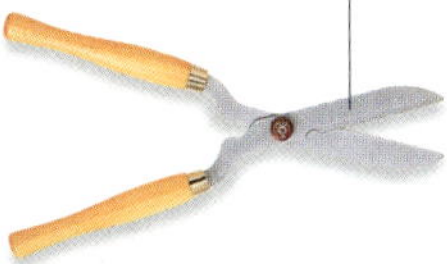

la cizalla
die Heckenschere

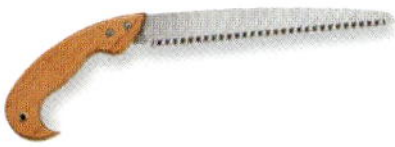

el serrucho
die Handsäge

el pesticida
das Pestizid

la criba
das Sieb

la maceta
der Blumentopf

las botas de agua
die Gummistiefel

el riego • gießen

la regadera
die Gießkanne

la alcachofa
die Brause

el pulverizador
die Gartenspritze

el aspersor
der Rasensprenger

la boquilla
die Düse

la manguera
der Gartenschlauch

el enrollador de manguera | der Schlauchwagen

la jardinería • die Gartenarbeit

cortar el césped | mähen

poner césped
mit Rasen bedecken

airear el césped
pikieren

rastrillar
harken

podar
stutzen

cavar
graben

sembrar
säen

abonar en la superficie
mit Kopfdünger düngen

regar
gießen

guiar
ziehen

quitar las flores muertas
köpfen

rociar
sprühen

apuntalar
hochbinden

injertar
pfropfen

propagar
vermehren

podar
beschneiden

transplantar
umpflanzen

escardar
jäten

cubrir con pajote
mulchen

cosechar
ernten

vocabulario • Vokabular

cultivar züchten	**diseñar** gestalten	**abonar** düngen	**cribar** sieben	**biológico** biodynamisch	**el plantón** der Sämling	**el subsuelo** der Untergrund
cuidar hegen	**plantar en tiesto** eintopfen	**coger** pflücken	**airear** auflockern	**el drenaje** die Entwässerung	**el abono** der Dünger	**el herbicida** der Unkraut-vernichter

JKL
5
TUV
8
7
0

los servicios
die Dienstleistungen

los servicios de emergencia • die Notdienste

la ambulancia • der Krankenwagen

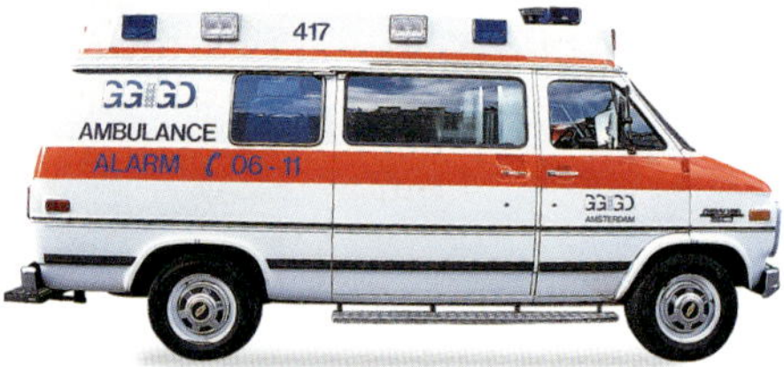

la ambulancia
der Krankenwagen

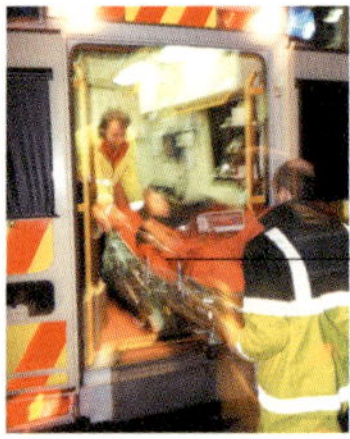

la camilla
die Tragbahre

el auxiliar de transporte sanitario
der Rettungssanitäter

la policía • die Polizei

la placa
die Kennmarke

el uniforme
die Uniform

la porra
der Gummiknüppel

la pistola
die Pistole

el agente de policía
der Polizist

la sirena
die Sirene

las luces
das Licht

el coche de policía
das Polizeiauto

la comisaria
die Polizeiwache

las esposas
die Handschellen

vocabulario • Vokabular

el comisario
der Inspektor

la celda
die Polizeizelle

el crimen
das Verbrechen

el arresto
die Festnahme

el robo
der Einbruchdiebstahl

la agresión
die Körperverletzung

la huella dactilar
der Fingerabdruck

el detective
der Kriminalbeamte

la denuncia
die Anzeige

la investigación
die Ermittlung

el sospechoso
der Verdächtige

los cargos
die Anklage

los bomberos • die Feuerwehr

el humo
der Rauch

la cesta
der Auslegerkorb

el brazo
der Ausleger

el incendio | der Brand

el casco
der Schutzhelm

la manguera
der Schlauch

los bomberos
die Feuerwehrleute

el chorro de agua
der Wasserstrahl

el parque de bomberos
die Feuerwache

la salida de incendios
die Feuertreppe

la escalera
die Leiter

la cabina
die Fahrer-kabine

el coche de bomberos
das Löschfahrzeug

el detector de humos
der Rauchmelder

la alarma de incendios
der Feuermelder

el hacha
das Beil

el extintor
der Feuerlöscher

la boca de agua
der Hydrant

Necesito la policía/los bomberos/una ambulancia.
Die Polizei/die Feuerwehr/einen Krankenwagen, bitte.

Hay un incendio en…
Es brennt in…

Ha habido un accidente.
Es ist ein Unfall passiert.

¡Llame a la policía!
Rufen Sie die Polizei!

el banco • die Bank

el cliente
der Kunde

la ventanilla
der Schalter

el cajero
der Kassierer

los folletos
die Broschüren

el mostrador
der Schalter

las hojas de ingreso
die Einzahlungsformulare

el director de sucursal
der Filialleiter

la tarjeta de débito
die EC-Karte

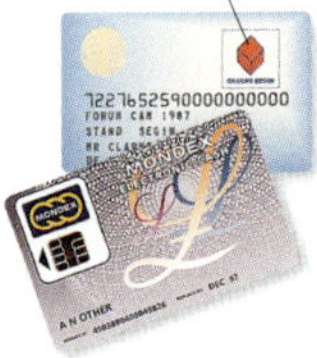

la tarjeta de crédito
die Kreditkarte

el número de cuenta
die Kontonummer

la firma
die Unterschrift

el importe
der Betrag

la matriz
der Abschnitt

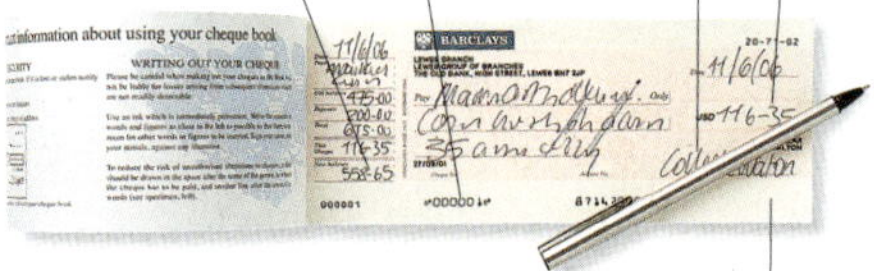

el talonario de cheques
das Scheckheft

el cheque
der Scheck

vocabulario • Vokabular

los impuestos die Steuer	**la hoja de reintegro** das Abhebungsformular	**la comisión bancaria** die Bankgebühr	**el pago** die Zahlung
el préstamo das Darlehen	**el tipo de interés** der Zinssatz	**la transferencia bancaria** die Banküberweisung	**ingresar** einzahlen
los ahorros die Spareinlagen	**el descubierto** die Kontoüberziehung	**la domiciliación bancaria** der Einzugsauftrag	**la hipoteca** die Hypothek
el código pin der PIN-Kode	**la cuenta de ahorros** das Sparkonto	**la cuenta corriente** das Girokonto	

la moneda
die Münze

el billete
der Schein

el dinero
das Geld

la pantalla
der Bildschirm

el teclado
das Tastenfeld

la ranura de la tarjeta
der Kartenschlitz

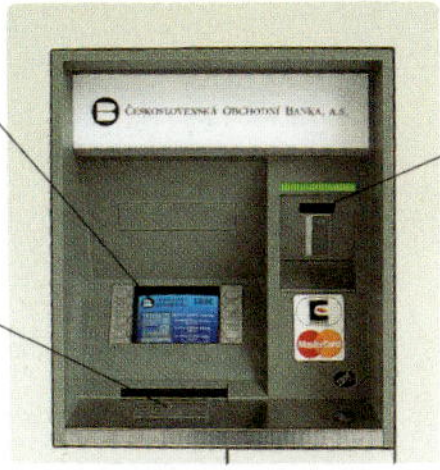

el cajero automático
der Geldautomat

las divisas • die ausländische Währung

la oficina de cambio
die Wechselstube

el cheque de viaje
der Reisescheck

el tipo de cambio
der Wechselkurs

las finanzas • die Geldwirtschaft

el valor de las acciones
der Aktienpreis

el agente de bolsa
der Börsenmakler

la asesora financiera
die Finanzberaterin

la bolsa de valores
die Börse

vocabulario • Vokabular

cobrar
einlösen

el valor nominal
der Nennwert

la comisión
die Provision

la inversión
die Kapitalanlage

los títulos de valores
die Wertpapiere

las acciones
die Aktien

los dividendos
die Gewinnanteile

el contable
der Wirtschaftsprüfer

la cartera
das Portefeuille

el empréstito
die Anleihe

¿Podría cambiar esto por favor?
Könnte ich das bitte wechseln?

¿A cuánto está el cambio hoy?
Wie ist der heutige Wechselkurs?

las comunicaciones • die Kommunikation

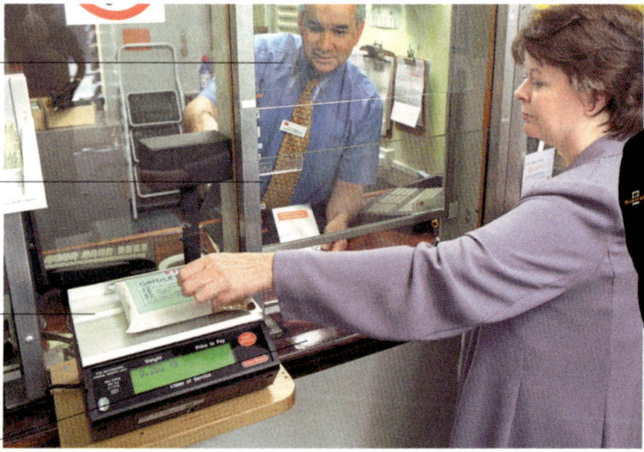

la oficina de correos | die Post

el cartero
der Briefträger

el sobre | der Umschlag

vocabulario • Vokabular

la carta der Brief	**el remite** der Absender	**el reparto** die Zustellung	**frágil** zerbrechlich	**no doblar** nicht falten
por avión per Luftpost	**la firma** die Unterschrift	**el franqueo** die Portokosten	**la saca postal** der Postsack	**hacia arriba** oben
el correo certificado das Einschreiben	**la recogida** die Leerung	**el giro postal** die Postanweisung	**el telegrama** das Telegramm	**el fax** das Fax

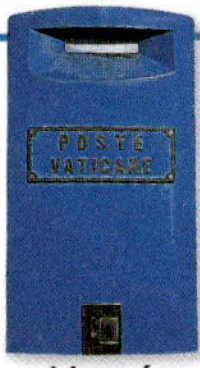

el buzón
der Briefkasten

el buzón
der Hausbriefkasten

el paquete
das Paket

el mensajero
der Kurierdienst

el teléfono • das Telefon

el auricular
der Hörer

la base
die Basisstation

el contestador automático
der Anrufbeantworter

el teléfono inalámbrico
das schnurlose Telefon

el videoteléfono
das Fernsehtelefon

la cabina telefónica
die Telefonzelle

el teclado
das Tastenfeld

el teléfono móvil
das Handy

el auricular
der Hörer

la devolución de las monedas
die Münzrückgabe

el teléfono de monedas
der Münzfernsprecher

el teléfono de tarjeta
das Kartentelefon

vocabulario • Vokabular

cortado
unterbrochen

marcar
wählen

la información telefónica
die Auskunft

contestar
abheben

el mensaje de texto
die SMS

el mensaje de voz
die Sprachmitteilung

el operador
die Vermittlung

comunicando
besetzt

la llamada a cobro revertido
das R-Gespräch

¿Me podría dar el número de...?
Können Sie mir die Nummer für...geben?

¿Cuál es el prefijo para llamar a...?
Was ist die Vorwahl für...?

el hotel • das Hotel

el vestíbulo • die Empfangshalle

el huésped
der Gast

la llave de la habitación
der Zimmerschlüssel

los mensajes
die Nachrichten

la casilla
das Fach

la recepcionista
die Empfangs-dame

el registro
das Gästebuch

el mostrador
der Schalter

la recepción | der Empfang

el equipaje
das Gepäck

el carrito
der Kofferkuli

el botones
der Hoteldiener

el ascensor
der Fahrstuhl

el número de la habitación
die Zimmernummer

los habitaciones • die Zimmer

la habitación individual
das Einzelzimmer

la habitación doble
das Doppelzimmer

la habitación con dos camas individuales
das Zweibettzimmer

el cuarto de baño privado
das Privatbadezimmer

los servicios • die Dienstleistungen

el servicio de limpieza
die Zimmerreinigung

el servicio de lavandería
der Wäschedienst

la bandeja del desayuno
das Frühstückstablett

el servicio de habitaciones | der Zimmerservice

el minibar
die Minibar

el restaurante
das Restaurant

el gimnasio
der Fitnessraum

la piscina
das Schwimmbad

vocabulario • Vokabular

la pensión completa
die Vollpension

la media pensión
die Halbpension

la habitación con desayuno incluido
die Übernachtung mit Frühstück

Tengo una reserva.
Ich habe ein Zimmer reserviert.

¿Tiene alguna habitación libre?
Haben Sie ein Zimmer frei?

Quiero una habitación individual.
Ich möchte ein Einzelzimmer.

Quiero una habitación para tres noches.
Ich möchte ein Zimmer für drei Nächte.

¿Cuánto cuesta la habitación por día?
Was kostet das Zimmer pro Nacht?

¿Cuándo tengo que dejar la habitación?
Wann muss ich das Zimmer räumen?

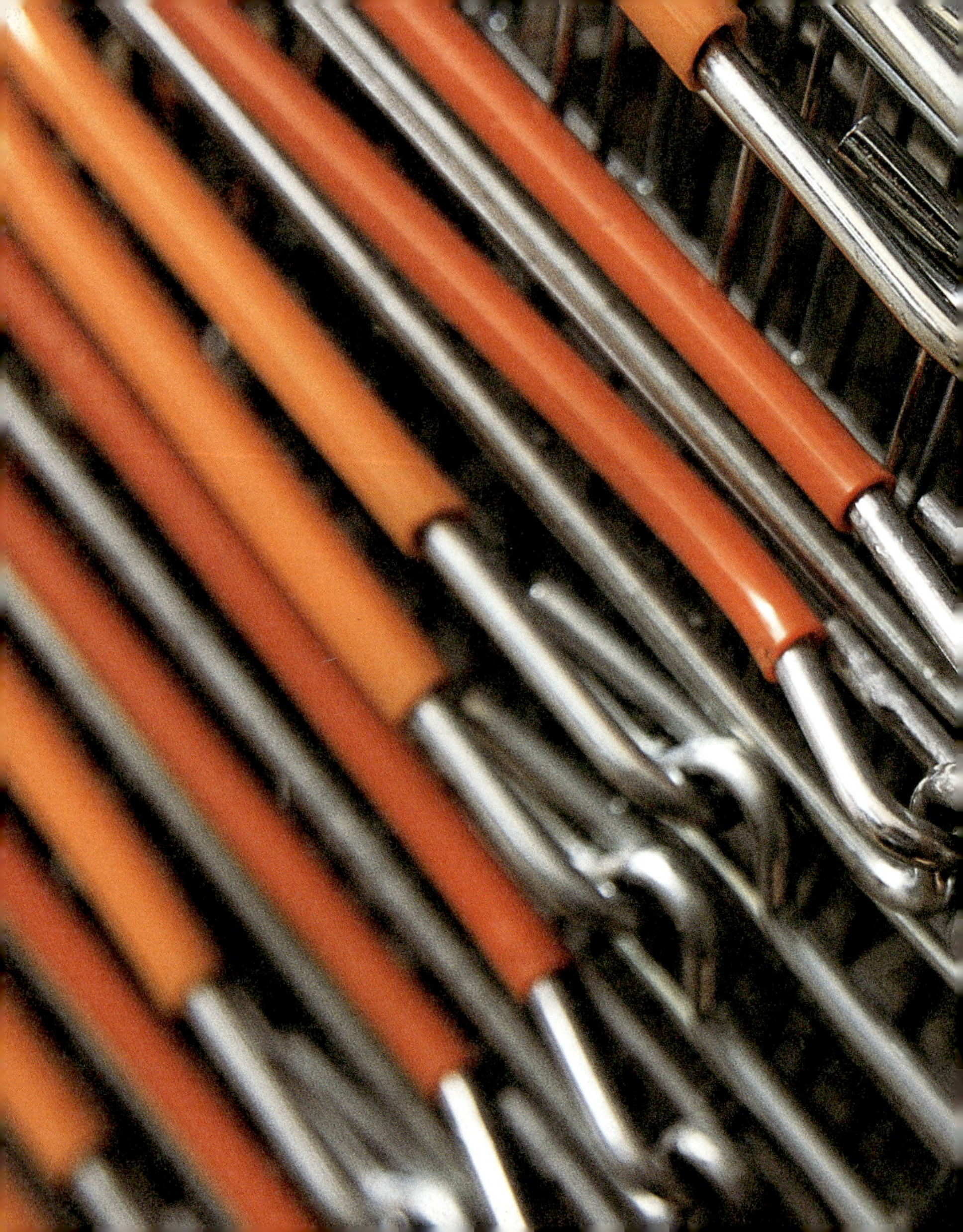

las compras
der Einkauf

el centro comercial • das Einkaufszentrum

vocabulario • Vokabular

la sección infantil
die Kinderabteilung

el dependiente
der Verkäufer

la sección de zapatería
die Schuhabteilung

el servicio al cliente
der Kundendienst

el directorio
die Anzeigetafel

la sección de equipajes
die Gepäckabteilung

los probadores
die Anprobe

los aseos
die Toiletten

el cuarto para cambiar a los bebés
der Wickelraum

¿Cuánto cuesta esto?
Was kostet das?

¿Puedo cambiar esto?
Kann ich das umtauschen?

los grandes almacenes • das Kaufhaus

la ropa de caballero
die Herrenbekleidung

la ropa de señora
die Damenober-
bekleidung

la lencería
die Damenwäsche

la perfumería
die Parfümerie

los productos de belleza
die Schönheitspflege

la ropa de hogar
die Haushaltswäsche

el mobiliario para el hogar
die Möbel

la mercería
die Kurzwaren

el menaje de hogar
die Küchengeräte

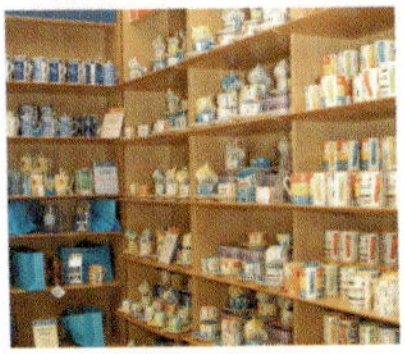

la porcelana
das Porzellan

los electrodomésticos
die Elektroartikel

la iluminación
die Lampen

los artículos deportivos
die Sportartikel

la juguetería
die Spielwaren

la papelería
die Schreibwaren

el supermercado
die Lebensmittelabteilung

el supermercado • der Supermarkt

el pasillo
der Gang

el estante
das Warenregal

la cinta transportadora
das Laufband

el cajero
der Kassierer

las ofertas
die Angebote

la caja | die Kasse

el cliente
der Kunde

la caja
die Kasse

la bolsa de la compra
die Einkaufstasche

la compra
die Lebensmittel

el carro
der Einkaufswagen

el asa
der Henkel

la cesta
der Einkaufskorb

780863 185779

el código de barras
der Strichkode

el escáner
der Scanner

la panadería
die Backwaren

los lácteos
die Milchprodukte

los cereales
die Getreideflocken

las conservas
die Konserven

los dulces
die Süßwaren

la verdura
das Gemüse

la fruta
das Obst

la carne y las aves
das Fleisch und das Geflügel

el pescado
der Fisch

los alimentos selectos
die Feinkost

los congelados
die Tiefkühlkost

los platos preparados
die Fertiggerichte

las bebidas
die Getränke

los productos de limpieza
die Haushaltswaren

los artículos de aseo
die Toilettenartikel

los artículos para el bebé
die Babyprodukte

los electrodomésticos
die Elektroartikel

la comida para animales
das Tierfutter

las revistas | die Zeitschriften

la farmacia • die Apotheke

el cuidado dental
die Zahnpflege

la higiene femenina
die Monatshygiene

los desodorantes
die Deos

las vitaminas
die Vitamintabletten

el dispensario
die Arzneiausgabe

el farmacéutico
der Apotheker

el jarabe para la tos
das Hustenmedikament

los remedios de herbolario
die Kräuterheilmittel

el cuidado de la piel
die Hautpflege

la loción para después del sol
die After-Sun-Lotion

la crema protectora
die Sonnenschutzcreme

la crema protectora total
der Sonnenblocker

el repelente de insectos
das Insektenschutzmittel

la toallita húmeda
das Reinigungstuch

el pañuelo de papel
das Papiertaschentuch

la compresa
die Damenbinde

el tampón
der Tampon

el salvaslip
die Slipeinlage

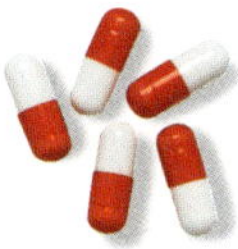

la cápsula
die Kapsel

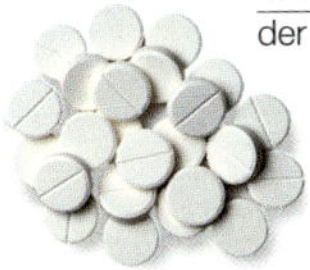

la píldora
die Pille

la cuchara medidora
der Messlöffel

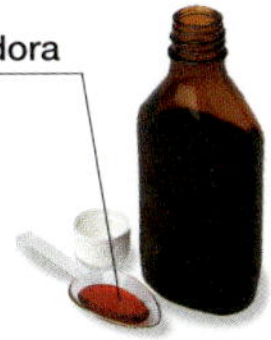

el jarabe
der Saft

el modo de empleo
die Gebrauchsanweisung

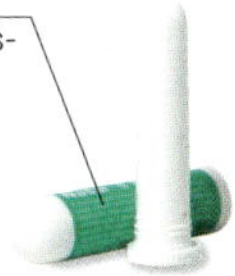

el inhalador
der Inhalierstift

la crema
die Creme

la pomada
die Salbe

el gel
das Gel

el supositorio
das Zäpfchen

el cuentagotas
der Tropfer

las gotas
die Tropfen

la aguja
die Nadel

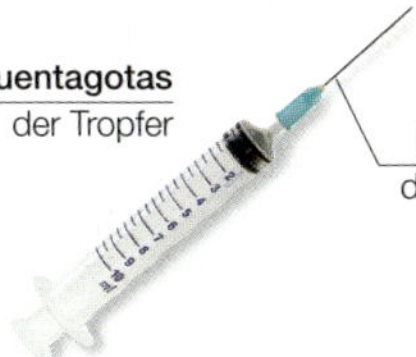

la jeringuilla
die Spritze

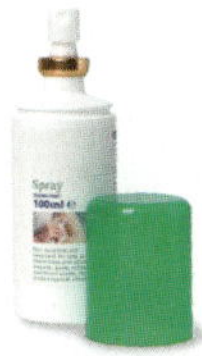

el spray
der Spray

los polvos
der Puder

vocabulario • Vokabular

el hierro
das Eisen

el calcio
das Kalzium

la insulina
das Insulin

el magnesio
das Magnesium

el complejo vitamínico
das Multivitaminmittel

los efectos secundarios
die Nebenwirkungen

la fecha de caducidad
das Verfallsdatum

las pastillas para el mareo
die Reisekrankheitstabletten

desechable
Wegwerf-

soluble
löslich

la dosis
die Dosierung

la medicación
die Verordnung

el medicamento
das Medikament

el laxante
das Abführmittel

la diarrea
der Durchfall

la pastilla para la garganta
die Halspastille

el analgésico
das Schmerzmittel

el tranquilizante
das Beruhigungsmittel

el somnífero
die Schlaftablette

el antiinflamatorio
der Entzündungshemmer

la floristería • das Blumengeschäft

las flores
die Blumen

la azucena
die Lilie

la acacia
die Akazie

el clavel
die Nelke

la maceta
die Topfpflanze

el gladiolo
die Gladiole

el iris
die Iris

la margarita
die Margerite

el crisantemo
die Chrysantheme

la gipsófila
das Schleierkraut

el alhelí
die Levkoje

la gerbera
die Gerbera

el follaje
die Blätter

la rosa
die Rose

la fresia
die Freesie

el jarrón
die Blumenvase

la orquídea
die Orchidee

la peonía
die Pfingstrose

el ramo
der Strauß

el tallo
der Stängel

el narciso
die Osterglocke

el capullo
die Knospe

el envoltorio
das Einwickelpapier

el tulipán | die Tulpe

los arreglos • die Blumenarrangements

la cinta
das Band

el ramo de flores
der Blumenstrauß

las flores secas
die Trockenblumen

el popurrí | das Potpourri

la coronal | der Kranz

la guirnalda
die Blumengirlande

¿Me da un ramo de... por favor?
Ich möchte einen Strauß..., bitte.

¿Me las puede envolver?
Können Sie die Blumen bitte einwickeln?

¿Puedo adjuntar un mensaje?
Kann ich eine Nachricht mitschicken?

¿Las puede enviar a...?
Können Sie die Blumen an... schicken?

¿Cuánto tiempo durarán éstas?
Wie lange halten sie?

¿Huelen?
Duften sie?

el vendedor de periódicos • der Zeitungshändler

los cigarrillos
die Zigaretten

el paquete de tabaco
das Päckchen Zigaretten

las cerillas
die Streichhölzer

los billetes de lotería
die Lottoscheine

los sellos
die Briefmarken

la tarjeta postal
die Postkarte

el tebeo
das Comicheft

la revista
die Zeitschrift

el periódico
die Zeitung

fumar • das Rauchen

el tabaco
der Tabak

el mechero
das Feuerzeug

el tubo
der Stiel

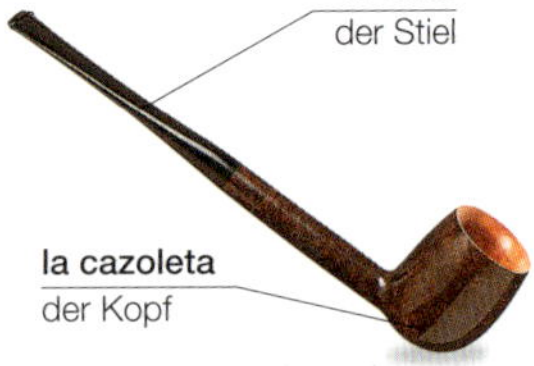

la cazoleta
der Kopf

la pipa
die Pfeife

el puro
die Zigarre

el quiosco • der Süßwarenladen

la caja de bombones
die Schachtel Pralinen

la barrita
die Nascherei

las patata fritas
die Chips

la tienda de golosinas | das Süßwarengeschäft

vocabulario • Vokabular

el chocolate con leche
die Milchschokolade

el chocolate negro
die bittere Schokolade

el chocolate blanco
die weiße Schokolade

las golosinas a granel
die bunte Mischung

el caramelo
der Karamell

la trufa
der Trüffel

la galleta
der Keks

los caramelos duros
die Bonbons

las golosinas • die Süßwaren

el bombón
die Praline

la tableta de chocolate
die Tafel Schokolade

los caramelos
die Bonbons

la piruleta
der Lutscher

el toffee
das Toffee

el turrón
der Nugat

la nube
das Marshmallow

la pastilla de menta
das Pfefferminz

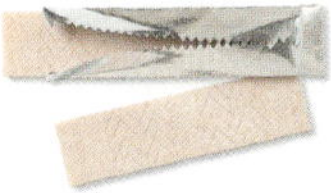

el chicle
der Kaugummi

las alubias
die Geleebohnen

la gominola
der Fruchtgummi

el regaliz
die Lakritze

las otras tiendas • andere Geschäfte

la panadería
die Bäckerei

la confitería
die Konditorei

la carnicería
die Metzgerei

la pescadería
das Fischgeschäft

la verdulería
der Gemüseladen

la tienda de alimentación
das Lebensmittelgeschäft

la zapatería
das Schuhgeschäft

la ferretería
die Eisenwarenhandlung

la tienda de antigüedades
der Antiquitätenladen

la tienda de regalos
der Geschenkartikelladen

la agencia de viajes
das Reisebüro

la joyería
das Juweliergeschäft

la librería
der Buchladen

la tienda de discos
der Musikladen

la tienda de vinos
die Weinhandlung

la pajarería
die Tierhandlung

la tienda de muebles
das Möbelgeschäft

la boutique
die Boutique

vocabulario • Vokabular

el vivero
das Gartencenter

la agencia inmobiliaria
der Immobilien-makler

la tintorería
die Reinigung

la lavandería
der Waschsalon

la tienda de fotografía
das Fotogeschäft

la tienda de segunda mano
der Second-Hand-Shop

la herboristería
das Reformhaus

la tienda de arte
die Kunsthandlung

la sastrería
die Schneiderei

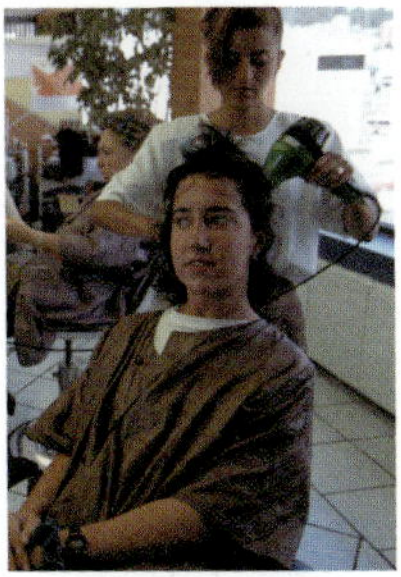

la peluquería
der Frisiersalon

el mercado | der Markt

los alimentos
die Nahrungsmittel

la carne • das Fleisch

vocabulario • Vokabular

la carne de cerdo
das Schweinefleisch

la carne de ternera
das Rindfleisch

la carne de ternera blanca
das Kalbfleisch

el venado
das Wild

el conejo
das Kaninchen

la lengua
die Zunge

las asaduras
die Innereien

salado
gepökelt

ahumado
geräuchert

de granja
aus Freilandhaltung

biológico
biologisch kontrolliert

la carne blanca
das weiße Fleisch

la carne roja
das rote Fleisch

la carne magra
das magere Fleisch

el fiambre
der Aufschnitt

los cortes • die Fleischsorten

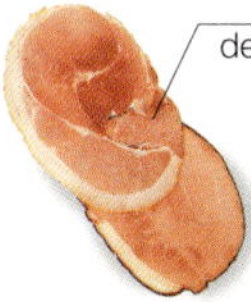

la loncha
die Scheibe

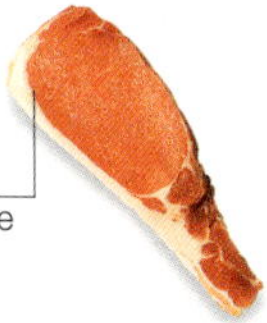

la loncha de panceta
die Speckscheibe

la carne picada
das Hackfleisch

el solomillo
das Filet

el filete de contra
das Rumpsteak

el entrecot
das Lendensteak

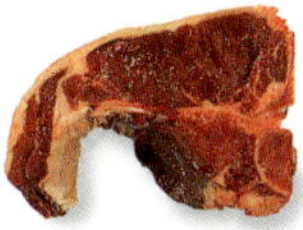

la chuleta
das Kotelett

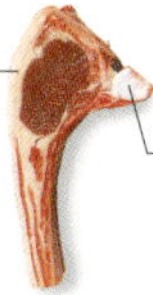

la costilla
das Rippchen

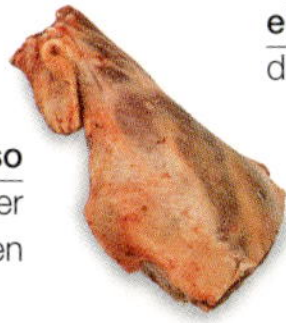

la pata de cordero
die Lammkeule

el corazón
das Herz

las aves • das Geflügel

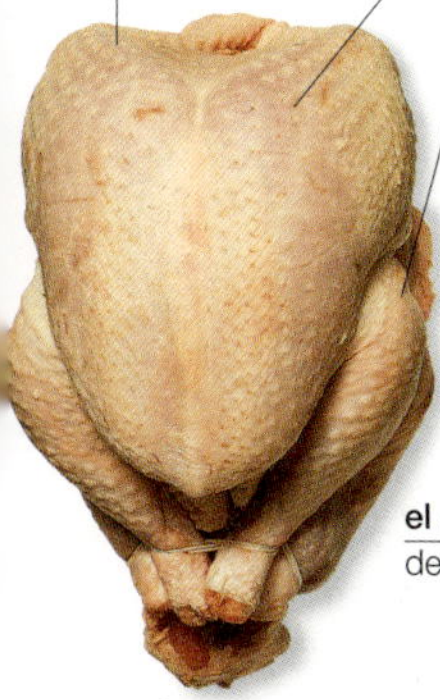

el pavo
die Pute

el faisán | der Fasan

la codorniz | die Wachtel

el pollo | das Hähnchen

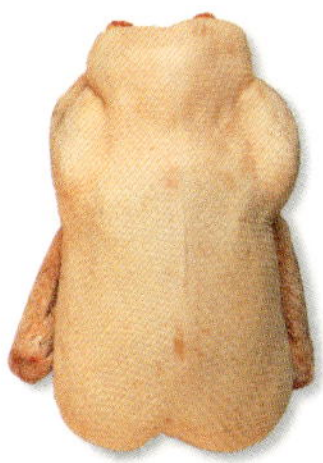

el pato | die Ente

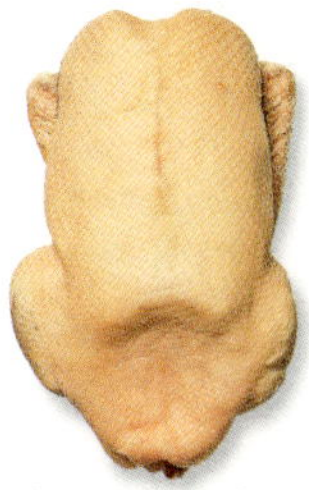

la oca | die Gans

el pescado • der Fisch

la pescadería
das Fischgeschäft

el rape
der Seeteufel

la caballa
die Makrele

la trucha
die Forelle

el pez espada
der Schwertfisch

el lenguado
die Seezunge

la platija
die Rotzunge

el abadejo
der Schellfisch

la sardina
die Sardine

la raya
der Rochen

la pescadilla
der Weißfisch

la lubina
der Seebarsch

el salmón | der Lachs

el bacalao
der Kabeljau

la dorada
die Goldbrasse

el atún
der Tunfisch

el marisco • die Meeresfrüchte

la vieira
die Jakobsmuschel

el cangrejo
die Krabbe

la langosta
der Hummer

el langostino
die Garnele

el mejillón
die Miesmuschel

la ostra
die Auster

el cangrejo de río
der Krebs

la navaja
die Scheidenmuschel

el berberecho
die Herzmuschel

el pulpo
der Krake

la sepia
die Sepie

el calamar
der Tintenfisch

la almeja
die Venusmuschel

vocabulario • Vokabular

congelado tiefgefroren	**limpio** zubereitet	**ahumado** geräuchert	**sin espinas** entgrätet	**el filete** das Filet	**la rodaja** die Scheibe	**fresco** frisch	**salado** gesalzen	**sin piel** enthäutet
la cola der Schwanz	**la espina** die Gräte	**la escama** die Schuppe	**sin escamas** entschuppt	**en filetes** filetiert				

¿Me lo puede limpiar?
Können Sie ihn mir zurechtmachen?

las verduras 1 • das Gemüse 1

la haba
die dicke Bohne

la judía verde
die grüne Bohne

la semilla
der Samen

la judía body
die Prinzessbohne

el guisante
die grüne Erbse

el maíz dulce
der Mais

los brotes de soja
die Sojabohnensprosse

el bambú
der Bambus

la vaina
die Schote

el quingombó
die Okra

la endibia
der Chicorée

el hinojo
der Fenchel

los palmitos
die Palmherzen

el apio en rama
der Stangensellerie

vocabulario • Vokabular

la hoja
das Blatt

el tallo
der Strunk

la cabezuela
das Röschen

el pipo
der Kern

la punta
die Spitze

el centro
das Herz

biológico
biodynamisch

la bolsa de plástico
die Plastiktüte

¿Vende verduras biológicas?
Verkaufen Sie Biogemüse?

¿Son productos locales?
Werden sie in dieser Gegend angebaut?

la rúcola
der Rucola

el berro
die Brunnenkresse

la achicoria
der Radicchio

las coles de bruselas
der Rosenkohl

la acelga
der Mangold

la col verde
der Grünkohl

la acedera
der Gartensauerampfer

la escarola
die Endivie

el diente de león
der Löwenzahn

las espinacas
der Spinat

el colinabo
der Kohlrabi

la col china
der Pak-Choi

la lechuga
der grüne Salat

el brócoli
der Brokkoli

la col de Milán
der Wirsing

el repollo
der Weißkohl

las verduras 2 • das Gemüse 2

vocabulario • Vokabular

el tomate cherry
die Kirschtomate

la zanahoria
die Karotte

el fruto del pan
die Brotfrucht

la patata nueva
die neue Kartoffel

el apio-nabo
der Sellerie

la raíz del taro
die Tarowurzel

la castaña de agua
die Wasserkastanie

la mandioca
der Maniok

congelado
tiefgefroren

crudo
roh

picante
scharf

dulce
süß

amargo
bitter

duro
fest

la pulpa
das Fleisch

la raíz
die Wurzel

¿Me da un kilo de patatas, por favor?
Könnte ich bitte ein Kilo Kartoffeln haben?

¿Cuánto vale el kilo?
Was kostet ein Kilo?

¿Cómo se llaman ésos?
Wie heißen diese?

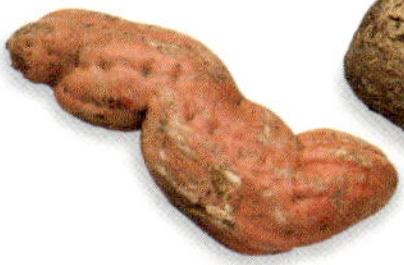

el boniato
die Süßkartoffel

el ñame
die Jamswurzel

la remolacha
die Rote Bete

el nabo sueco
die Kohlrübe

el topinambur
der Topinambur

el rábano
der Rettich

la chirivía
die Pastinake

el jengibre
der Ingwer

la berenjena
die Aubergine

el tomate
die Tomate

la cebolleta
die Frühlings-
zwiebel

el puerro
der Lauch

el chalote
die Schalotte

el diente
die Zehe

el ajo
der Knoblauch

la trufa
die Trüffel

la seta
der Pilz

el pepino
die Gurke

el calabacín
die Zucchini

la calabaza butternut
der Butternusskürbis

la calabaza bellota
der Eichelkürbis

la calabaza
der Kürbis

la fruta 1 • das Obst 1

los cítricos • die Zitrusfrüchte

la naranja
die Orange

la mandarina clementina
die Klementine

el ugli
die Tangelo

la médula
die weiße Haut

el pomelo
die Grapefruit

la mandarina
die Mandarine

el gajo
der Schnitz

la mandarina satsuma
die Satsuma

la cáscara
die Schale

la lima
die Limone

el limón
die Zitrone

el kumquat
die Kumquat

la fruta con hueso • das Steinobst

el melocotón
der Pfirsich

la nectarina
die Nektarine

el albaricoque
die Aprikose

la ciruela
die Pflaume

la cereza
die Kirsche

la pera
die Birne

la manzana
der Apfel

la cesta de fruta | der Obstkorb

las bayas y los melones • das Beerenobst und die Melonen

la fresa
die Erdbeere

la frambuesa
die Himbeere

el melón
die Melone

la uva
die Weintrauben

la mora
die Brombeere

la grosella
die Johannisbeere

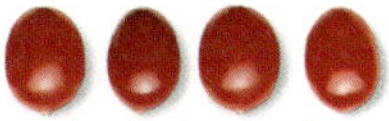

el arándano rojo
die Preiselbeere

la grosella negra
die schwarze Johannisbeere

la cáscara
die Schale

la pepita
der Kern

la pulpa
das Fruchtfleisch

la sandía
die Wassermelone

el arándano
die Heidelbeere

la grosella blanca
die weiße Johannisbeere

la frambuesa de Logan
die Loganbeere

la grosella espinosa
die Stachelbeere

vocabulario • Vokabular

la fibra die Ballaststoffe	**amargo** sauer	**fresco** knackig	**sin pepitas** kernlos
dulce süß	**fresco** frisch	**podrido** faul	**el zumo** der Saft
el ruibarbo der Rhabarber	**jugoso** saftig	**la pulpa** das Fruchtmark	**el corazón** das Kerngehäuse

¿Están maduros?
Sind sie reif?

¿Puedo probar uno?
Könnte ich eine probieren?

¿Hasta cuándo durarán?
Wie lange halten sie sich?

la fruta 2 • das Obst 2

el membrillo
die Quitte

el maracuyá
die Passionsfrucht

el plátano
die Banane

la guayaba
die Guave

la granada
der Granatapfel

el caqui
die Kaki

la feijoa
die Feijoa

el higo chumbo
die Kaktusfeige

la carambola
die Sternfrucht

el tamarillo
die Tamarillo

los frutos secos • die Nüsse und das Dörrobst

el piñón
die Piniennuss

el pistacho
die Pistazie

el anacardo
die Cashewnuss

el cacahuete
die Erdnuss

la avellana
die Haselnuss

la nuez de Brasil
die Paranuss

la pacana
die Pecannuss

la almendra
die Mandel

la nuez
die Walnuss

la castaña
die Esskastanie

la macadamia
die Macadamianuss

el higo
die Feige

el dátil
die Dattel

la ciruela pasa
die Backpflaume

la pasa sultana
die Sultanine

la pasa
die Rosine

la pasa de Corinto
die Korinthe

el coco
die Kokosnuss

vocabulario • Vokabular

verde grün	**duro** hart	**la almendra** der Kern	**salado** gesalzen	**tostado** geröstet	**las frutas tropicales** die Südfrüchte	**pelado** geschält
maduro reif	**blando** weich	**seco** getrocknet	**crudo** roh	**de temporada** saisonal	**la fruta escarchada** die kandierten Früchte	**entero** ganz

los cereales y las legumbres • die Getreidearten und die Hülsenfrüchte

los granos • das Getreide

el trigo
der Weizen

la avena
der Hafer

la cebada
die Gerste

el mijo
die Hirse

el maíz
der Mais

la quinoa
die Reismelde

vocabulario • Vokabular

el grano der Kern	**fresco** frisch	**integral** Vollkorn
seco trocken	**perfumado** aromatisch	**largo** Langkorn
la cáscara die Hülse	**los cereales** die Getreideflocken	**corto** Rundkorn
la semilla der Samen	**poner a remojo** einweichen	**de fácil cocción** leicht zu kochen

el arroz • der Reis

el arroz largo
der weiße Reis

el arroz integral
der Naturreis

el arroz salvaje
der Wildreis

el arroz bomba
der Milchreis

los granos procesados • die verarbeiteten Getreidearten

el cuscús
der Kuskus

el trigo partido
der Weizenschrot

la sémola
der Grieß

el salvado
die Kleie

las alubias y los guisantes • die Bohnen und die Erbsen

las alubias blancas
die Mondbohnen

las alubias blancas pequeñas
die weißen Bohnen

las alubias rojas
die roten Bohnen

las alubias moradas
die Adzukibohnen

las habas
die Saubohnen

la semilla de soja
die Sojabohnen

las alubias de ojo negro
die Pintobohnen

las alubias pintas
die Pintobohnen

las alubias mung
die Mungbohnen

las alubias flageolet
die französischen Bohnen

las lentejas castellanas
die braunen Linsen

las lentejas rojas
die roten Linsen

los guisantes tiernos
die grünen Erbsen

los garbanzos
die Kichererbsen

los guisantes secos
die getrockneten Erbsen

las semillas • die Körner

la pipa de calabaza
der Kürbiskern

la mostaza en grano
das Senfkorn

la alcaravea
der Wiesenkümmel

la semilla de sésamo
das Sesamkorn

la pipa de girasol
der Sonnenblumenkern

las hierbas y las especias • die Kräuter und Gewürze

las especias • die Gewürze

la vainilla
die Vanille

la nuez moscada
die Muskatnuss

el macís
die Muskatblüte

la cúrcuma
die Kurkuma

el comino
der Kreuzkümmel

el bouquet garni
die Kräutermischung

la pimienta de Jamaica
der Piment

la pimienta en grano
das Pfefferkorn

la alholva
der Bockshornklee

la guindilla
der Chili

el azafrán
der Safran

el cardamono
der Kardamom

el curry en polvo
das Currypulver

el pimentón
der Paprika

el ajo
der Knoblauch

las ramas
die Stangen

la canela
der Zimt

la hierba de limón
das Zitronengras

los clavos
die Gewürznelke

el anís estrellado
der Sternanis

el jengibre
der Ingwer

las hierbas • die Kräuter

el hinojo
der Fenchel

las semillas de hinojo
die Fenchelsamen

el laurel
der Lorbeer

el perejil
die Petersilie

el cebollino
der Schnittlauch

la menta
die Minze

el tomillo
der Thymian

la salvia
der Salbei

el estragón
der Estragon

la mejorana
der Majoran

la albahaca
das Basilikum

el orégano
der Oregano

el cilantro
der Koriander

el eneldo
der Dill

el romero
der Rosmarin

los alimentos embotellados • die Nahrungsmittel in Flaschen und Gläsern

el aceite de nueces
das Walnussöl

el aceite de almendras
das Mandelöl

el aceite de semillas de uva
das Traubenkernöl

el corcho
der Korken

el aceite de girasol
das Sonnenblumenöl

el aceite de sésamo
das Sesamöl

el aceite de avellanas
das Haselnussöl

el aceite de oliva
das Olivenöl

las hierbas
die Kräuter

el aceite aromatizado
das aromatisierte Öl

los aceites
die Öle

las confituras • der süße Aufstrich

el tarro
das Glas

el panal
der Wabenhonig

la miel compacta
der feste Honig

la crema de limón
der Zitronenaufstrich

la mermelada de frambuesa
die Himbeerkonfitüre

la mermelada de naranja
die Orangenmarmelade

la miel líquida
der flüssige Honig

el jarabe de arce
der Ahornsirup

los condimentos • die Würzmittel

la mahonesa
die Majonäse

el vinagre de sidra
der Apfelweinessig

el vinagre balsámico
der Gewürzessig

el vinagre de malta
der Malzessig

el vinagre de vino
der Weinessig

el vinagre
der Essig

la botella
die Flasche

el kétchup
der Ketschup

la mostaza inglesa
der englische Senf

la mostaza francesa
der französische Senf

el chutney
das Chutney

la salsa
die Soße

la mostaza en grano
der grobe Senf

la manteca de cacahuetes
die Erdnussbutter

el chocolate para untar
der Schokoladenaufstrich

el tarro hermético
das Einmachglas

la fruta en conserva
das eingemachte Obst

vocabulario • Vokabular

el aceite vegetal
das Pflanzenöl

el aceite de maíz
das Maiskeimöl

el aceite de cacahuete
das Erdnussöl

el aceite de colza
das Rapsöl

el aceite virgen extra
das kaltgepresste Öl

los productos lácteos • die Milchprodukte

el queso • der Käse

la corteza
die Rinde

el queso semicurado
der mittelharte Käse

el queso de cabra
der Ziegenkäse

el queso azul
der Blauschimmelkäse

el queso cremoso
der Weichkäse

el queso rallado
der geriebene Käse

el queso curado
der Hartkäse

el queso fresco
der Frischkäse

el queso cottage
der Hüttenkäse

el queso fresco | der Frischkäse

la leche • die Milch

la leche entera
die Vollmilch

la leche semidesnatada
die Halbfettmilch

la leche desnatada
die Magermilch

la leche de vaca | die Kuhmilch

el cartón de leche
die Milchtüte

la leche de cabra
die Ziegenmilch

la leche condensada
die Kondensmilch

la mantequilla
die Butter

la margarina
die Margarine

la nata
die Sahne

la nata lígera
die fettarme Sahne

la nata para montar
die süße Sahne

la nata montada
die Schlagsahne

la nata agria
die saure Sahne

el yogur
der Jogurt

el helado
das Eis

los huevos • die Eier

la yema
das Eigelb

la clara
das Eiweiß

la cáscara
die Eierschale

la huevera
der Eier-
becher

el huevo pasado por agua
das gekochte Ei

el huevo de gallina
das Hühnerei

el huevo de pato
das Entenei

el huevo de oca
das Gänseei

el huevo de codorniz
das Wachtelei

vocabulario • Vokabular

pasteurizado
pasteurisiert

sin grasa
fettfrei

salado
gesalzen

la lactosa
die Laktose

homogeneizado
homogenisiert

el batido
der Milchshake

sin pasteurizar
unpasteurisiert

la leche en polvo
das Milchpulver

sin sal
ungesalzen

el suero de la leche
die Buttermilch

la leche de oveja
die Schafmilch

el yogur helado
der gefrorene Jogurt

el pan y las harinas • das Brot und das Mehl

la panadería | die Bäckerei

hacer pan • Brot backen

la harina blanca
das Weizenmehl

la harina morena
das Roggenmehl

la harina integral
das Vollkornmehl

la levadura de panadería
die Hefe

cribar | sieben

mezclar | verrühren

amasar | kneten

hornear | backen

la corteza
die Kruste

el pan blanco
das Weißbrot

la hogaza
der Laib

el pan moreno
das Graubrot

la rebanada
die Scheibe

el pan integral
das Vollkornbrot

el pan multicereales
das Mehrkornbrot

el pan de maíz
das Maisbrot

el pan al bicarbonato sódico
das Sodabrot

el pan de masa madre
das Sauerteigbrot

el pan sin levadura
das Fladenbrot

la rosca
das Hefebrötchen

el bollo
das weiche Brötchen

el panecillo
das Brötchen

el plumcake
das Rosinenbrot

el pan con semillas
das Körnerbrot

el naan
das Naanbrot

el pan de pita
das Pitabrot

el pan crujiente
das Knäckebrot

vocabulario • Vokabular

la harina con levadura das Mehl mit Backpulver	**subir** aufgehen	**levar** gehen lassen	**el pan rallado** das Paniermehl	**el rebanador** der Brotschneider
la harina para pan das angereicherte Mehl	**la harina sin levadura** das Mehl ohne Backpulver	**glasear** glasieren	**la barra** das Stangen-weißbrot	**el panadero** der Bäcker

la repostería • die Kuchen und die Nachspeisen

los pasteles | das Gebäck

vocabulario • Vokabular

la crema pastelera
die Konditorcreme

el pastel de chocolate
die Schokoladentorte

el bollo
das Teilchen

las natillas
der Vanillepudding

la masa
der Teig

el trozo
das Stück

el arroz con leche
der Milchreis

la celebración
die Feier

¿Puedo tomar un trozo?
Könnte ich bitte ein Stück haben?

las pepitas de chocolate
der Keks mit Schokoladenstückchen

las soletillas
die Löffelbiskuits

la florentina
der Florentiner

el trifle
das Trifle

las galletas | die Kekse

la mousse
die Mousse

el sorbete
das Sorbet

el pastel de nata
die Sahnetorte

el flan
der Karamellpudding

las tartas para celebraciones • die festlichen Kuchen

el último piso
der obere Kuchenteil

la cinta
das Band

el primer piso
der untere Kuchenteil

la alcorza
der Zuckerguss

el mazapán
das Marzipan

la tarta nupcial | die Hochzeitstorte

la decoración
die Dekoration

las velas de cumpleaños
die Geburtstagskerzen

apagar
ausblasen

la tarta de cumpleaños | der Geburtstagskuchen

la charcutería • die Feinkost

el embutido
die Wurst

el aceite
das Öl

el vinagre
der Essig

el salami
die Salami

el salchichón
die Peperoni-wurst

la quiche
die Quiche

la carne fresca
das frische Fleisch

el mostrador
die Theke

el paté
die Pastete

la mozzarella
der Mozzarella

el brie
der Brie

el queso de cabra
der Ziegenkäse

el cheddar
der Cheddar

el parmesano
der Parmesan

el camembert
der Camembert

rind
die Rinde

el queso de bola
der Edamer

el queso manchego
der Manchego-Käse

el mostrador de bocadillos
die Sandwichtheke

el pescado ahumado
der Räucherfisch

las alcaparras
die Kapern

el jamón serrano
der luftgetrocknete Schinken

la aceituna rellena
die gefüllte Olive

vocabulario • Vokabular

en aceite in Öl	**adobado** mariniert	**ahumado** geräuchert
en salmuera in Lake	**salado** gepökelt	**curado** getrocknet

Coja un número, por favor.
Nehmen Sie bitte eine Nummer.

¿Puedo probar un poco de eso?
Kann ich bitte etwas davon probieren?

¿Me pone seis lonchas de aquél?
Ich hätte gerne sechs Scheiben davon, bitte.

las bebidas • die Getränke

el agua • das Wasser

el agua embotellada
das Flaschenwasser

con gas
mit Kohlensäure

sin gas
ohne Kohlensäure

el agua mineral
das Mineralwasser

el agua del grifo
das Leitungswasser

la tónica
das Tonicwater

la soda
das Sodawasser

las bebidas calientes • die heißen Getränke

la bolsita de té
der Teebeutel

el té en hoja
die Teeblätter

el té
der Tee

los granos
die Bohnen

el café molido
der gemahlene Kaffee

el café
der Kaffee

el chocolate caliente
die heiße Schokolade

la bebida malteada
das Malzgetränk

los refrescos • die alkoholfreien Getränke

el zumo de tomate
der Tomatensaft

la pajita
der Strohhalm

el mosto
der Traubensaft

la limonada
die Limonade

la naranjada
die Orangeade

la cola
die Cola

las bebidas alcohólicas • die alkoholischen Getränke

la ginebra
der Gin

la lata
die Dose

la cerveza
das Bier

la sidra
der Apfelwein

la cerveza amarga
das halbdunkle Bier

la cerveza negra
das Schwarzbier

el vodka
der Wodka

el whisky
der Whisky

el ron
der Rum

el brandy
der Weinbrand

el vino de Oporto
der Portwein

seco
trocken

el vino de jerez
der Sherry

el campari
der Campari

el licor
der Likör

el tequila
der Tequila

el champán
der Champagner

rosado
rosé

blanco
weiß

tinto
rot

el vino
der Wein

comer fuera
auswärts essen

la cafetería • das Café

el toldo
die Markise

la carta
die Speisekarte

la cafetería con terraza | das Straßencafé

la sombrilla
der Sonnenschirm

la terraza
das Terrassencafé

el camarero
der Kellner

la cafetera
die Kaffeemaschine

la mesa
der Tisch

el bar | die Snackbar

el café • der Kaffee

el café con leche
der Milchkaffee

el café solo
der schwarze Kaffee

el cacao en polvo
das Kakaopulver

la espuma
der Schaum

el café americano
der Filterkaffee

el café solo
der Espresso

el cappuccino
der Cappuccino

el café helado
der Eiskaffee

el té • der Tee

la infusión
der Kräutertee

el té con leche
der Tee mit Milch

el té
der schwarze Tee

la manzanilla
der Kamillentee

el té verde
der grüne Tee

el té con limón
der Tee mit Zitrone

la menta poleo
der Pfefferminztee

el té con hielo
der Eistee

los zumos y los batidos • die Säfte und Milchshakes

el zumo de naranja
der Orangensaft

el zumo de manzana
der Apfelsaft

el zumo de piña
der Ananassaft

el zumo de tomate
der Tomatensaft

el batido de chocolate
der Schokoladenmilchshake

el batido de fresa
der Erdbeermilchshake

el batido de café
der Kaffeemilchshake

la comida • das Essen

el pan integral
das Graubrot

el sandwich tostado
das getoastete Sandwich

la ensalada
der Salat

la bola
die Kugel

el helado
das Eis

el bollo
das Gebäck

el bar • die Bar

el sacacorchos | der Korkenzieher

la coctelera | der Cocktailshaker

el gin tonic
der Gin Tonic

el whiskey escocés con agua
der Scotch mit Wasser

el cuba-libre
der Rum mit Cola

el vodka con naranja
der Wodka mit Orangensaft

el martini
der Martini

el cóctel
der Cocktail

el vino
der Wein

la cerveza | das Bier

un chupito
ein Schuss

la medida
das Maß

sin hielo
ohne Eis

con hielo
mit Eis

los aperitivos • die Knabbereien

las patatas fritas | die Kartoffelchips

los frutos secos | die Nüsse

las aceitunas | die Oliven

el restaurante • das Restaurant

la zona de no fumadores
der Nichtraucherbereich

la servilleta
die Serviette

el ayudante del chef
der Hilfskoch

el cubierto
das Gedeck

el chef
der Küchenchef

la cocina
die Küche

la copa
das Glas

la bandeja
das Tablett

el camarero
der Kellner

vocabulario • Vokabular

el bufet das Buffet	**los platos del día** die Spezialitäten	**el precio** der Preis	**servicio incluido** Bedienung inbegriffen	**el menú de la comida** das Mittagsmenü
a la carta à la carte	**la carta de vinos** die Weinkarte	**la pimienta** der Pfeffer	**servicio no incluido** ohne Bedienung	**el menú de la cena** das Abendmenü
la barra die Bar	**la propina** das Trinkgeld	**la factura** die Quittung	**la zona de fumadores** der Raucherbereich	**el carrito de los postres** der Dessertwagen
el cliente der Kunde	**la cuenta** die Rechnung	**la sal** das Salz		

la carta
die Speisekarte

el menú para niños
die Kinderportion

pedir
bestellen

pagar
bezahlen

los platos • die Gänge

el aperitivo
der Aperitif

el entrante
die Vorspeise

la sopa
die Suppe

el plato principal
das Hauptgericht

el acompañamiento
die Beilage

el tenedor
die Gabel

el postre | der Nachtisch

la cucharilla de café
der Kaffeelöffel

el café | der Kaffee

Una mesa para dos, por favor.
Ein Tisch für zwei Personen bitte.

¿Podría ver la carta/lista de vinos, por favor?
Könnte ich bitte die Speisekarte/Weinliste sehen?

¿Hay menú del día?
Gibt es ein Festpreismenü?

¿Tiene platos vegetarianos?
Haben Sie vegetarische Gerichte?

¿Me podría traer la cuenta/un recibo?
Könnte ich die Rechnung/Quittung haben?

¿Podemos pagar por separado?
Könnten wir getrennt zahlen?

¿Dónde están los servicios, por favor?
Wo sind die Toiletten bitte ?

la comida rápida • der Schnellimbiss

la hamburguesa con patatas fritas
der Hamburger mit Pommes frites

la entrega a domicilio
die Lieferung ins Haus

el puesto callejero
der Imbissstand

vocabulario • Vokabular

la pizzería
die Pizzeria

la hamburguesería
die Imbissstube

la carta
die Speisekarte

para comer en el local
hier essen

para llevar
zum Mitnehmen

recalentar
aufwärmen

el kétchup
der Tomatenketschup

¿Me lo pone para llevar?
Ich möchte das mitnehmen.

¿Entregan a domicilio?
Liefern Sie ins Haus?

la hamburguesa
der Hamburger

la hamburguesa de pollo
der Chickenburger

la hamburguesa vegetariana
der vegetarische Hamburger

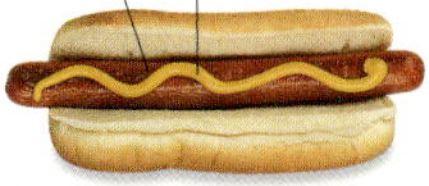

el perrito caliente
das Hot Dog

el bocadillo
das belegte Baguette

el club sandwich
das Sandwich

el canapé
das belegte Brot

el taco
der Taco

el pincho moruno
der Fleischspieß

los nuggets de pollo
die Hähnchen-Nuggets

el crepe | die Crêpe

el pescado y las patatas fritas
der Bratfisch mit Pommes frites

las costillas
die Rippchen

el pollo frito
das gebratene Hähnchen

la pizza
die Pizza

el desayuno • das Frühstück

los cereales
die Getreideflocken

la leche
die Milch

la mermelada
die Konfitüre

la fruta pasa
das Dörrobst

el queso
der Käse

el jamón
der Schinken

la galleta de centeno
das Knäckebrot

el bufet de desayuno
das Frühstücksbuffet

la mermelada de naranja
die Orangenmarmelade

el paté
die Pastete

la mantequilla
die Butter

el zumo de frutas
der Obstsaft

el café
der Kaffee

el croissant
das Croissant

la mesa del desayuno | der Frühstückstisch

el chocolate caliente
die heiße Schokolade

el té
der Tee

las bebidas | die Getränke

el pan dulce francés
die Brioche

el pan
das Brot

el desayuno inglés
das englische Frühstück

los arenques ahumados
die Räucherheringe

las torrijas
die Armen Ritter

el huevo pasado por agua
das gekochte Ei

los huevos revueltos
das Rührei

los crepes
die Pfannkuchen

los gofres
die Waffeln

las gachas de avena
der Haferbrei

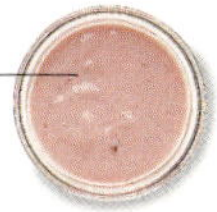

la fruta fresca
das frische Obst

la comida principal • die Hauptmahlzeit

la sopa | die Suppe

el caldo | die Brühe

el guiso | der Eintopf

el curry | das Curry

el asado
der Braten

el pastel
die Pastete

el soufflé
das Soufflé

el pincho
der Schaschlik

las albóndigas
die Fleischklöße

la tortilla
das Omelett

los tallarines
die Nudeln

el salteado
das Pfannengericht

la pasta | die Nudeln

el arroz
der Reis

la ensalada mixta
der gemischte Salat

la ensalada de lechuga
der grüne Salat

el aliño
die Salatsoße

las técnicas • die Zubereitung

relleno | gefüllt

en salsa | in Soße

a la plancha | gegrillt

adobado | mariniert

escalfado | pochiert

en puré | püriert

cocido en el horno
gebacken

a la plancha
kurzgebraten

frito
gebraten

en vinagre
eingelegt

ahumado
geräuchert

frito
frittiert

en almíbar
in Saft

aliñado
angemacht

al vapor
gedämpft

curado
getrocknet

el estudio
das Lernen

el colegio • die Schule

la profesora
die Lehrerin

la pizarra
die Tafel

el aula | das Klassenzimmer

el alumno
der Schüler

el pupitre
das Pult

la tiza
die Kreide

el colegial
der Schuljunge

el uniforme
die Schuluniform

la cartera
die Schultasche

la colegiala
das Schulmädchen

vocabulario • Vokabular

la geografía die Erdkunde	**el arte** die Kunst	**la física** die Physik
la literatura die Literatur	**la música** die Musik	**la química** die Chemie
los idiomas die Sprachen	**las matemáticas** die Mathematik	**la biología** die Biologie
la historia die Geschichte	**las ciencias** die Naturwissenschaft	**la educación física** der Sport

las actividades • die Aktivitäten

leer | lesen

escribir | schreiben

deletrear
buchstabieren

dibujar
zeichnen

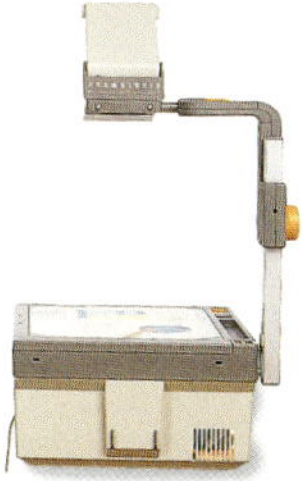

el proyector
der Overheadprojektor

el plumín
die Feder

la pluma
der Füller

el lápiz de colores
der Buntstift

el sacapuntas
der Spitzer

el lápiz
der Bleistift

la goma de borrar
der Radiergummi

el cuaderno
das Heft

el libro de texto | das Schulbuch

el estuche
das Federmäppchen

la regla
das Lineal

preguntar
fragen

contestar
antworten

hablar
diskutieren

aprender
lernen

vocabulario • Vokabular

el director der Schulleiter	**la respuesta** die Antwort	**la nota** die Note
la lección die Stunde	**la redacción** der Aufsatz	**el curso** die Klasse
la pregunta die Frage	**el examen** die Prüfung	**el diccionario** das Wörterbuch
tomar apuntes Notizen machen	**los deberes** die Hausaufgabe	**la enciclopedia** das Lexikon

las matemáticas • die Mathematik

las formas • die Formen

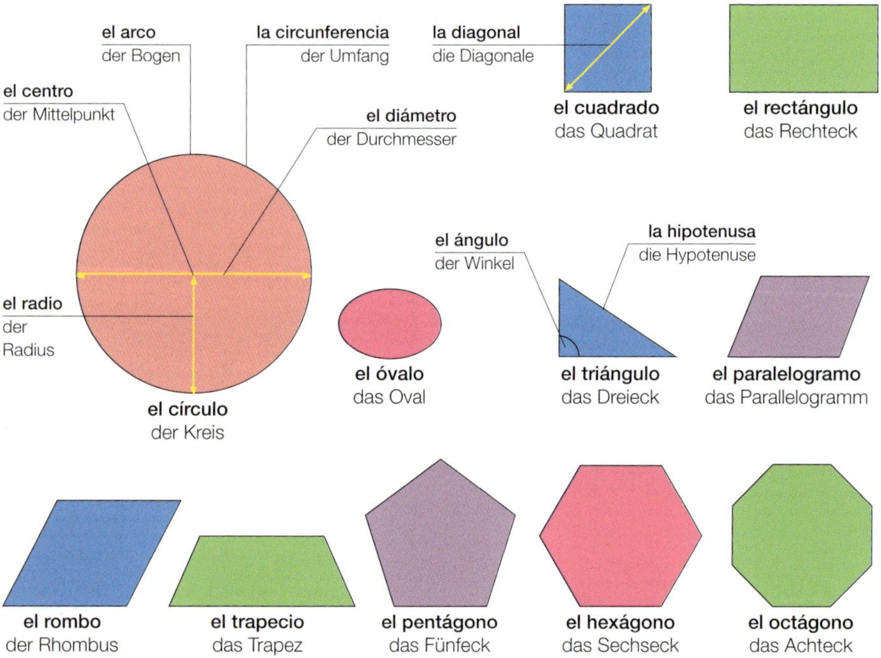

los cuerpos geométricos • die Körper

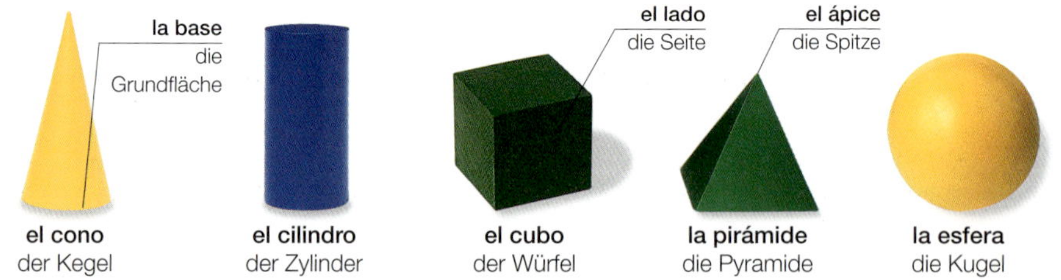

las líneas • die Linien

recto
gerade

paralelo
parallel

perpendicular
senkrecht

curvo
gekrümmt

las medidas • die Maße

el volumen
das Volumen

el numerador
der Zähler

el denominador
der Nenner

el quebrado
der Bruch

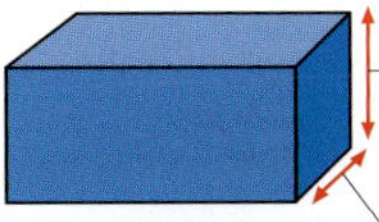

la altura
die Höhe

la profundidad
die Tiefe

las dimensiones
die Abmessungen

la anchura
die Breite

la longitud
die Länge

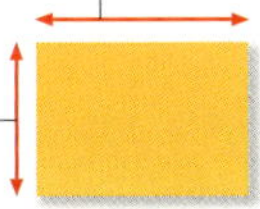

el área
die Fläche

los materiales • die Ausrüstung

la escuadra
das Zeichendreieck

el transportador
der Winkelmesser

la regla
das Lineal

el compás
der Zirkel

la calculadora
der Taschenrechner

vocabulario • Vokabular

la geometría die Geometrie	**más** plus	**multiplicado por** mal	**igual a** gleich	**sumar** addieren	**multiplicar** multiplizieren	**la ecuación** die Gleichung
la aritmética die Arithmetik	**menos** minus	**dividido por** geteilt durch	**contar** zählen	**restar** subtrahieren	**dividir** dividieren	**el porcentaje** der Prozentsatz

las ciencias • die Naturwissenschaften

el laboratorio
das Labor

la báscula
die Laborwaage

la pesa
das Gewicht

la balanza de muelle
die Federwaage

el crisol
der Tiegel

el mechero Bunsen
der Bunsenbrenner

el trípode
der Dreifuß

el frasco de cristal
die Glasflasche

el soporte de la agarradera
das Stativ

la agarradera
die Klammer

el embudo
der Trichter

el tapón
der Stöpsel

el matraz
der Kolben

el experimento | der Versuch

el tubo de ensayo
das Reagenzglas

el soporte
das Gestell

el cronómetro
der Zeitmesser

la cápsula de Petri
die Petrischale

el termómetro
das Thermometer

la jeringuilla
die Spritze

las pinzas
die Pinzette

el bisturí
das Skalpell

el cuentagotas
der Tropfer

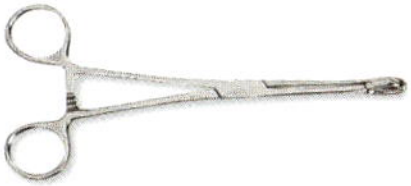

el fórceps | die Zange

las tenazas
die Greifzange

la espátula
der Spatel

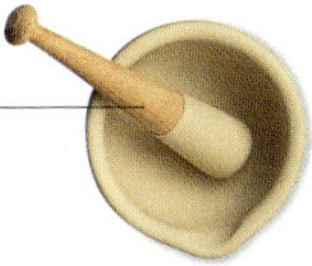

el mortero
der Mörser

el filtro de papel
das Filterpapier

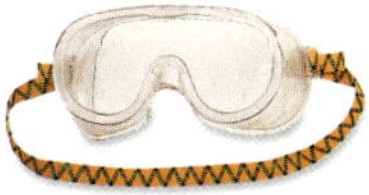

las gafas protectoras
die Schutzbrille

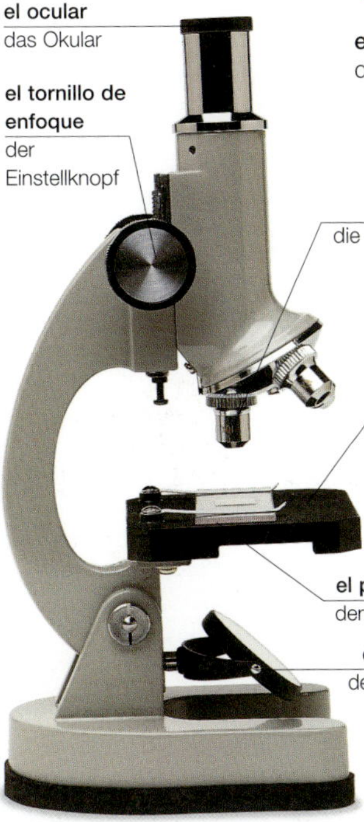

el microscopio | das Mikroskop

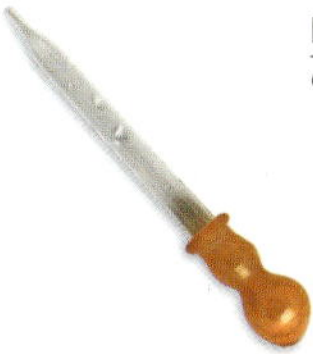

la pipeta
die Pipette

el vaso de precipitados
das Becherglas

el imán
der Magnet

la pinza
die Krokodilklemme

la pila | die Batterie

la enseñanza superior • die Hochschule

el campus | der Campus

vocabulario • Vokabular

el carnet de la biblioteca
der Leserausweis

la fecha de devolución
das Rückgabedatum

la información
die Auskunft

la lista de lecturas
die Literaturliste

la sala de lecturas
der Lesesaal

coger prestado
ausleihen

reservar
vorbestellen

el préstamo
die Ausleihe

renovar
verlängern

el libro
das Buch

el título
der Titel

el pasillo
der Gang

la biblioteca | die Bibliothek

el anfiteatro
der Hörsaal

la ceremonia de graduación
die Graduierungsfeier

las escuelas universitarias • die Fachhochschulen

la escuela de Bellas Artes
die Kunsthochschule

el conservatorio superior
die Musikhochschule

la academia de danza
die Tanzakademie

vocabulario • Vokabular

la beca das Stipendium	**la investigación** die Forschung	**el trabajo de fin de carrera** die Examensarbeit	**la medicina** die Medizin	**las ciencias políticas** die Politologie
el diploma das Diplom	**el máster** der Magister	**el departamento** der Fachbereich	**la zoología** die Zoologie	**la literatura** die Literatur-wissenschaft
de posgrado postgraduiert	**el doctorado** die Promotion	**la ingeniería** das Ingenieurwesen	**la física** die Physik	**la historia del arte** die Kunstgeschichte
la carrera der akademische Grad	**la tesis doctoral** die Dissertation	**el derecho** die Rechtswissenschaft	**la filosofía** die Philosophie	**las ciencias económicas** die Wirtschafts-wissenschaft

el trabajo
die Arbeit

la oficina 1 • das Büro 1

la oficina • das Büro

la pantalla
der Bildschirm

el portabolígrafos
der Stifthalter

la carpeta
der Ordner

la bandeja de entrada
die Ablage für Eingänge

el ordenador
der Computer

la bandeja de salida
die Ablage für Ausgänge

el teclado
die Tastatur

el teléfono
das Telefon

el cuaderno
das Notizbuch

el escritorio
der Schreibtisch

la etiqueta
das Schild

el cajón
die Schublade

el archivador
der Aktenschrank

la papelera
der Papierkorb

la silla giratoria
der Drehstuhl

la cajonera
das Schreibtischschränkchen

el equipo de oficina • die Büroausstattung

la bandeja para el papel
der Papierbehälter

la impresora | der Drucker

la guía
die Papierführung

el fax
das Fax

el fax | das Faxgerät

vocabulario • Vokabular

imprimir drucken	**ampliar** vergrößern
fotocopiar kopieren	**reducir** verkleinern

Necesito hacer unas fotocopias.
Ich möchte fotokopieren.

los materiales de oficina • der Bürobedarf

la nota con saludos
der Empfehlungszettel

el papel con membrete
das Briefpapier

el sobre
der Briefumschlag

el archivador
der Aktenordner

la carpeta de anillas
der Ringordner

la tablilla con sujetapapeles
das Klemmbrett

el bloc de apuntes
der Notizblock

el rótulo
der Kartenreiter

el archivador suspendido
der Hängeordner

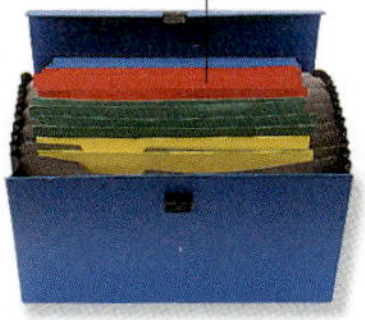

el divisor
der Teiler

la carpeta de acordeón
der Fächerordner

la agenda
der Terminkalender

las grapas
die Klammern

la grapadora
der Hefter

el papel celo
der Tesafilm

el soporte del papel celo
der Tesafilmhalter

la perforadora
der Locher

la almohadilla de la tinta
das Stempelkissen

el sello
der Stempel

la goma elástica
das Gummiband

el sujetapapeles
die Papierklammer

el clip
die Büroklammer

la chincheta
die Reißzwecke

el corcho | die Pinnwand

la oficina 2 • das Büro 2

la reunión | die Sitzung

vocabulario • Vokabular

la sala de reuniones der Sitzungsraum	**asistir** teilnehmen
el orden del día die Tagesordnung	**presidir** den Vorsitz führen

¿A qué hora es la reunión?
Um wieviel Uhr ist die Sitzung?

¿Cuál es su horario de oficina?
Welche sind Ihre Geschäftszeiten?

la presentación | die Präsentation

los negocios • das Geschäft

el ordenador portátil
der Laptop

los apuntes
die Notizen

la comida de negocios
das Arbeitsessen

el hombre de negocios
der Geschäftsmann

la mujer de negocios
die Geschäftsfrau

el viaje de negocios
die Geschäftsreise

la cita
der Termin

el PDA
der Palmtop

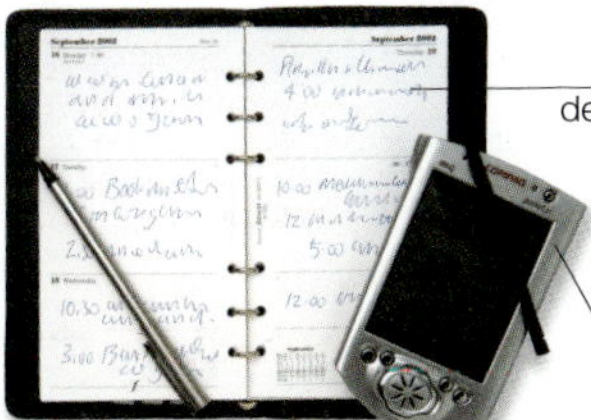

la agenda | der Terminkalender

el cliente
der Kunde

el director general
der Generaldirektor

el acuerdo de negocios
das Geschäftsabkommen

vocabulario • Vokabular

el personal
das Personal

la nómina
die Lohnliste

el sueldo
das Gehalt

la empresa
die Firma

el departamento de ventas
die Verkaufsabteilung

el departamento legal
die Rechtsabteilung

la sucursal
die Zweigstelle

la oficina central
die Zentrale

el departamento de atención al cliente
die Kundendienstabteilung

el departamento de recursos humanos
die Personalabteilung

el departamento de contabilidad
die Buchhaltung

el departamento de márketing
die Marketingabteilung

el ordenador • der Computer

la impresora
der Drucker

el monitor
der Monitor

la pantalla
der Bildschirm

la CPU
die Zentraleinheit

el escáner
der Scanner

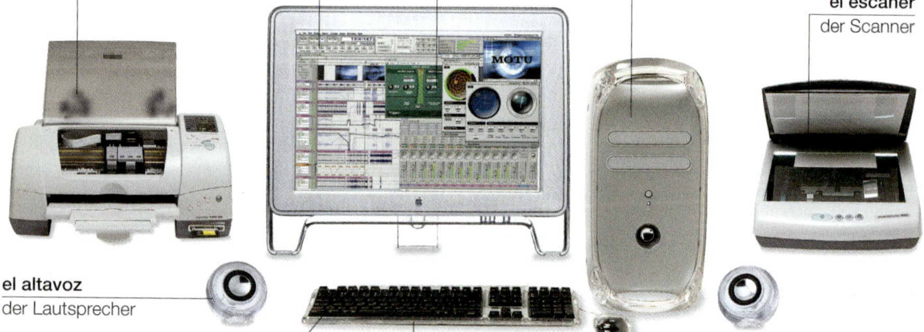

el altavoz
der Lautsprecher

la tecla
die Taste

el teclado
die Tastatur

el ratón
die Maus

el hardware
die Hardware

el disquete
die Diskette

el ordenador portátil
der Laptop

vocabulario • Vokabular

la memoria der Speicher	**el software** die Software	**el servidor** der Server
la memoria RAM das RAM	**la aplicación** die Anwendung	**el puerto** der Port
los bytes die Bytes	**el programa** das Programm	**el procesador** der Prozessor
el sistema das System	**la red** das Netzwerk	**el cable de alimentación** das Stromkabel

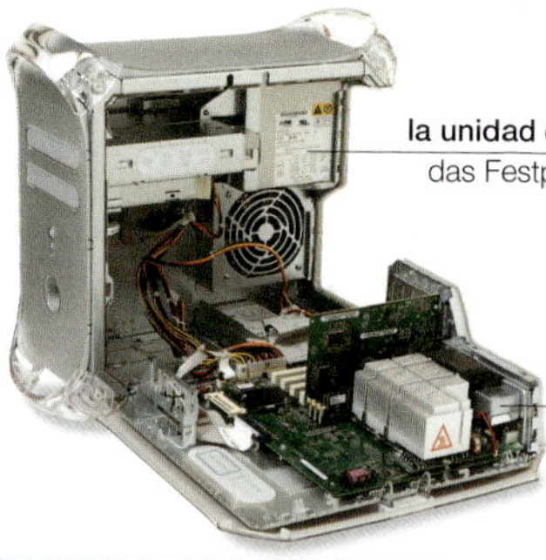

la unidad de disco duro
das Festplattenlaufwerk

el módem
das Modem

el escritorio • der Desktop

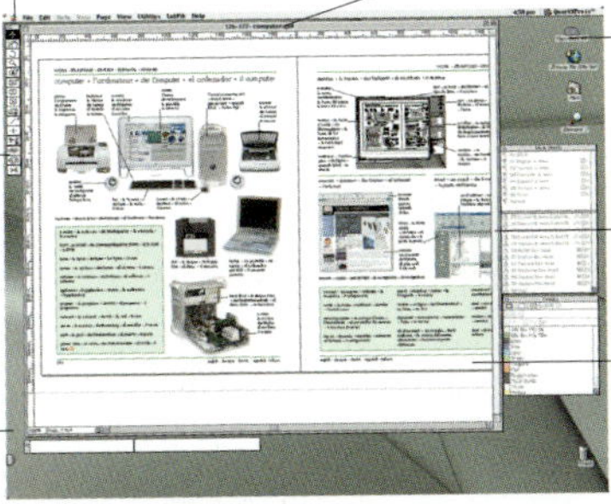

la barra del menú
die Menüleiste

la barra de herramientas
die Werkzeugleiste

el protector de pantalla
der Bildschirm-hintergrund

la fuente
die Schriftart

el icono
das Symbol

la barra de desplazamiento
der Scrollbalken

la ventana
das Fenster

el fichero
die Datei

la carpeta
der Ordner

la papelera
der Papierkorb

el internet • das Internet

el navegador
der Browser

la bandeja de entrada
der Posteingng

el sitio web
die Website

navegar
browsen

el correo electrónico • die E-Mail

la dirección de correo electrónico
die E-Mail-Adresse

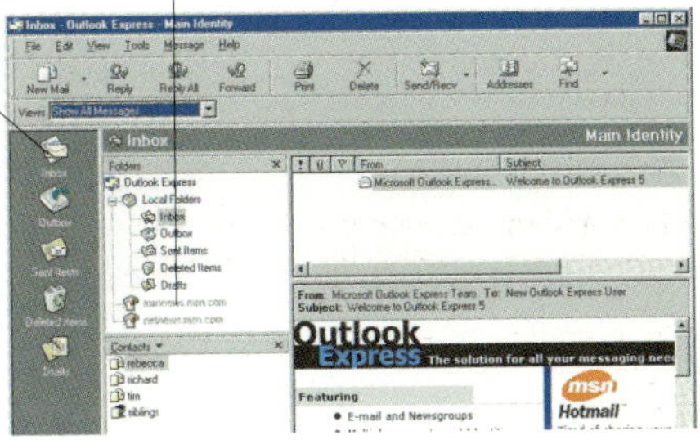

vocabulario • Vokabular

conectar verbinden	**la cuenta de correo** das E-Mail-Konto	**en línea** online	**bajar** herunterladen	**enviar** senden	**guardar** sichern
instalar installieren	**el proveedor de servicios** der Serviceprovider	**entrar** einloggen	**el documento adjunto** der Anhang	**recibir** erhalten	**buscar** suchen

los medios de comunicación • die Medien

el estudio de televisión • das Fernsehstudio

vocabulario • Vokabular

el canal der Kanal	**las noticias** die Nachrichten	**la prensa** die Presse	**el concurso** die Spielshow	**en diferido** vorher aufgezeichnet	**emitir** senden
la programación die Programm-gestaltung	**el documental** der Dokumentarfilm	**la serie televisiva** die Fernsehserie	**la telenovela** die Seifenoper	**los dibujos animados** der Zeichentrickfilm	**en directo** live

la entrevista
das Interview

la reportera
die Reporterin

el autocue
der Teleprompter

la presentadora de las noticias
die Nachrichtensprecherin

los actores
die Schauspieler

la jirafa
der Mikrofongalgen

la claqueta
die Klappe

el plató de rodaje
das Set

la radio • das Radio

la mesa de mezclas
das Mischpult

el micrófono
das Mikrofon

el técnico de sonido
der Tonmeister

el estudio de grabación | das Tonstudio

vocabulario • Vokabular

el DJ
der DJ

la emisión
die Sendung

sintonizar
einstellen

la onda larga
die Langwelle

la estación de radio
die Rundfunkstation

la onda corta
die Kurzwelle

la onda media
die Mittelwelle

la frecuencia
die Frequenz

el volumen
die Lautstärke

la longitud de onda
die Wellenlänge

el derecho • das Recht

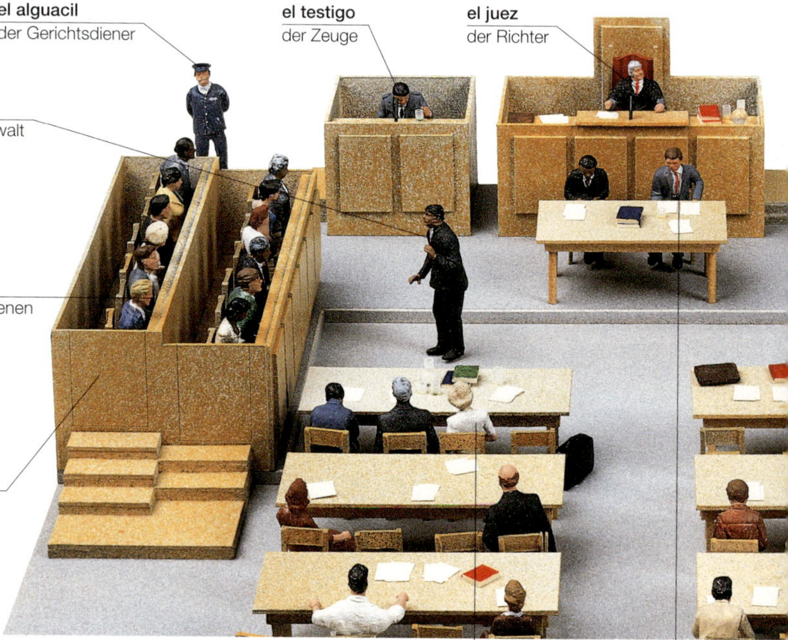

la sala del tribunal | der Gerichtssaal

vocabulario • Vokabular

el bufete
das Anwaltsbüro

la asesoría jurídica
die Rechtsberatung

el cliente
der Klient

la citación
die Vorladung

la declaración
die Aussage

la orden de arresto
der Haftbefehl

la orden judicial
die Verfügung

la fecha del juicio
der Gerichtstermin

el alegato
das Plädoyer

el juicio
der Rechtsfall

el cargo
die Anklage

el acusado
der Angeklagte

la taquígrafa
der Gerichtsstenograf

el acusado
der Angeklagte

la defensa
die Verteidigung

el sospechoso
der Verdächtige

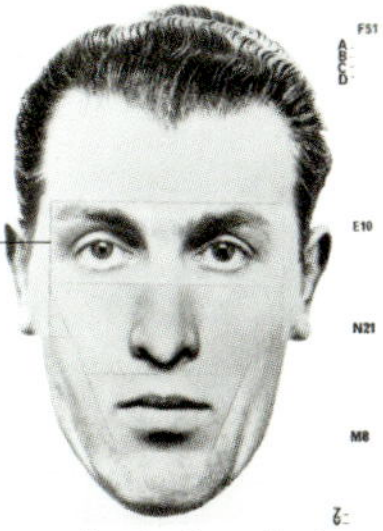

el retrato robot
das Phantombild

el criminal
der Straftäter

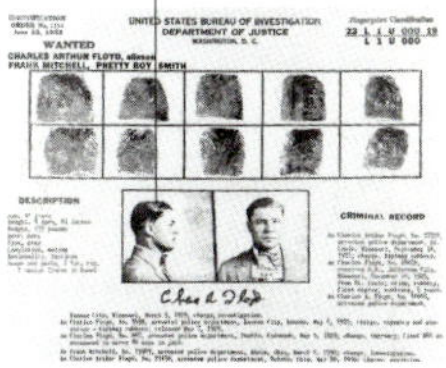

los antecedentes
das Strafregister

el funcionario de prisiones
der Gefängniswärter

la celda
die Gefängniszelle

la cárcel
das Gefängnis

vocabulario • Vokabular

la prueba
das Beweismittel

el veredicto
das Urteil

inocente
unschuldig

culpable
schuldig

absuelto
freigesprochen

la sentencia
das Strafmaß

la fianza
die Kaution

la apelación
die Berufung

la libertad condicional
die Haftentlassung auf Bewährung

Quiero ver a un abogado.
Ich möchte mit einem Anwalt sprechen.

¿Dónde está el juzgado?
Wo ist das Gericht?

¿Puedo pagar la fianza?
Kann ich die Kaution leisten?

la granja 1 • der Bauernhof 1

el agricultor
der Landwirt

las tierras de labranza
das Ackerland

el corral
der Hof

el cobertizo
das Nebengebäude

la casa de labranza
das Bauernhaus

el campo
das Feld

el granero
die Scheune

el huerto
der Gemüsegarten

el seto
die Hecke

la puerta
das Tor

la cerca
der Zaun

el pasto
die Weide

el ganado
das Vieh

el cultivador
der Kultivator

el tractor | der Traktor

la cosechadora | der Mähdrescher

los tipos de granja • die landwirtschaftlichen Betriebe

la granja agrícola
der Ackerbaubetrieb

la vaquería
der Betrieb für Milchproduktion

la granja de ganado ovino
die Schaffarm

la granja avícola
die Hühnerfarm

la granja de ganado porcino
die Schweinefarm

la piscifactoría
der Fischzuchtbetrieb

la granja de frutales
der Obstanbau

el viñedo
der Weinberg

las actividades • die Tätigkeiten

arar
pflügen

sembrar
säen

ordeñar
melken

dar de comer
füttern

regar | bewässern

cosechar | ernten

vocabulario • Vokabular

el herbicida das Herbizid	**la manada** die Herde	**el comedero** der Trog
el pesticida das Pestizid	**el silo** der Silo	**plantar** pflanzen

la granja 2 • der Bauernhof 2

las cosechas • die Feldfrüchte

el trigo
der Weizen

el maíz
der Mais

la cebada
die Gerste

la colza
der Raps

el girasol
die Sonnenblume

el heno
das Heu

la alfalfa
die Luzerne

el tabaco
der Tabak

el arroz
der Reis

el té
der Tee

el café
der Kaffee

el lino
der Flachs

la caña de azúcar
das Zuckerrohr

el algodón
die Baumwolle

el espantapájaros
die Vogelscheuche

el ganado • das Vieh

el cerdo
das Schwein

la vaca
die Kuh

el toro
der Stier

la oveja
das Schaf

el cordero
das Lamm

la cabra
die Ziege

el caballo
das Pferd

el burro
der Esel

la gallina
das Huhn

el gallo
der Hahn

el pavo
der Truthahn

el pato
die Ente

el establo
der Stall

el redil
der Pferch

el gallinero
der Hühnerstall

la pocilga
der Schweinestall

la construcción • der Bau

el andamio
das Gerüst

el palet
die Palette

la escalera
die Leiter

la ventana
das Fenster

la viga del tejado
der Dachsparren

la carretilla elevadora
der Gabelstapler

la obra
die Baustelle

el dintel
der Sturz

la pared
die Mauer

la viga de acero
der Träger

el casco
der Schutzhelm

el cinturón de las herramientas
der Werkzeuggürtel

la viga de madera
der Balken

el cemento
der Zement

construir
bauen

el albañil
der Bauarbeiter

la hormigonera
die Betonmischmaschine

los materiales • das Material

el ladrillo
der Ziegelstein

la madera de construcción
das Bauholz

la teja
der Dachziegel

el bloque de hormigón
der Betonblock

las herramientas • die Werkzeuge

la paleta
die Kelle

el nivel
die Wasserwaage

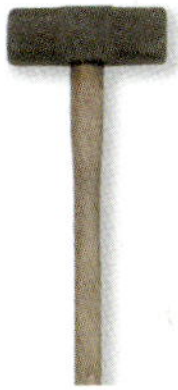

el mazo
der Vorschlaghammer

el pico
die Spitzhacke

la pala
die Schaufel

la maquinaria • die Maschinen

la apisonadora
die Walze

el camión volquete
der Kipper

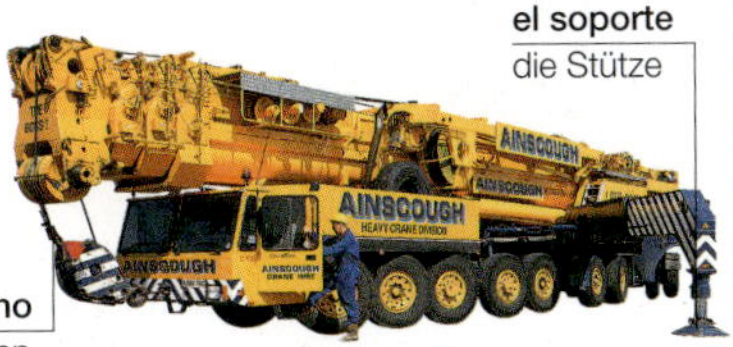

la grúa | der Kran

las obras • die Straßenarbeiten

el taladro neumático
der Pressluftbohrer

Bilanzbuchhalterin

las profesiones 1 • die Berufe 1

el carpintero
der Schreiner

el electricista
der Elektriker

el fontanero
der Klempner

el albañil
der Bauhandwerker

el jardinero
der Gärtner

el empleado de la limpieza
der Gebäudereiniger

el mecánico
der Mechaniker

el carnicero
der Metzger

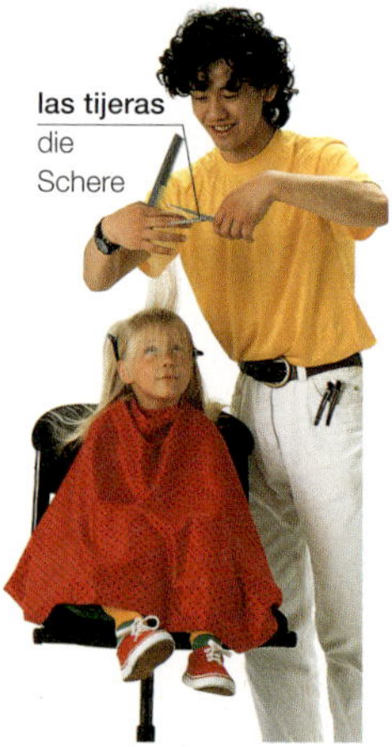

el peluquero
der Friseur

la pescadera
die Fischhändlerin

el frutero
der Gemüsehändler

la florista
die Floristin

el peluquero de caballeros
der Herrenfriseur

el joyero
der Juwelier

la dependienta
die Verkäuferin

Balanza Contador

la agente inmobiliaria
die Immobilienmaklerin

el óptico
der Optiker

la mascarilla
der Mundschutz

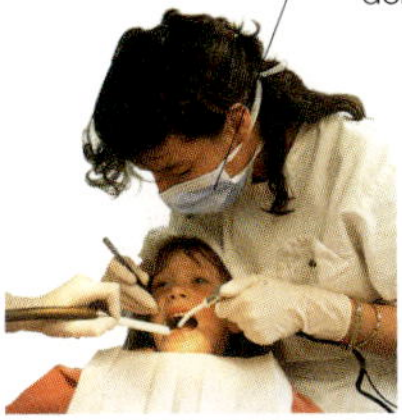

la dentista
die Zahnärztin

el médico
der Arzt

la farmacéutica
die Apothekerin

la enfermera
die Krankenschwester

la veterinaria
die Tierärztin

el agricultor
der Bauer

el pescador
der Fischer

el marinero
der Seemann

la metralleta
das Maschinengewehr

el soldado
der Soldat

la placa de identificación
das Abzeichen

el uniforme
die Uniform

el policía
der Polizist

el guardia de seguridad
der Wächter

el bombero
der Feuerwehrmann

las profesiones 2 • die Berufe 2

el abogado
der Rechtsanwalt

el contable
der Wirtschaftsprüfer

el arquitecto
der Architekt

el científico
der Wissenschaftler

la profesora
die Lehrerin

el bibliotecario
der Bibliothekar

la recepcionista
die Empfangsdame

el cartero
der Briefträger

el conductor de autobús
der Busfahrer

el camionero
der Lastwagenfahrer

el taxista
der Taxifahrer

el piloto
der Pilot

la azafata
die Flugbegleiterin

la agente de viajes
die Reisebürokauffrau

el cocinero
der Koch

el músico
der Musiker

la bailarina
die Tänzerin

el actor
der Schauspieler

la cantante
die Sängerin

la camarera
die Kellnerin

el camarero
der Barkeeper

el deportista
der Sportler

el escultor
der Bildhauer

la pintora
die Malerin

el fotógrafo
der Fotograf

el presentador de noticias
der Nachrichtensprecher

el periodista
der Journalist

la redactora
die Redakteurin

la diseñadora
die Designerin

la modista
die Damenschneiderin

el sastre
der Schneider

el transporte
der Verkehr

las carreteras • die Straßen

la autopista
die Autobahn

la estación de peaje
die Mautstelle

las señales horizontales
die Straßenmarkierungen

la vía de acceso
die Zufahrtsstraße

la calle de sentido único
die Einbahnstraße

la línea divisoria
die Trennlinie

la entrada
der Zubringer

el semáforo
die Verkehrsampel

el camión
der Lastwagen

la mediana
der Mittelstreifen

el paso subterráneo
die Unterführung

el arcén
der Seitenstreifen

el paso elevado
die Überführung

el tráfico
der Verkehr

la vía de salida
die Ausfahrt

el carril de adelantamiento
die Überholspur

el carril central
die mittlere Spur

el carril derecho
die rechte Spur

el paso de peatones
der Fußgänger-überweg

el teléfono de emergencia
die Notrufsäule

el aparcamiento para discapacitados
der Behinderten-parkplatz

el atasco
der Verkehrsstau

el mapa
die Landkarte

el policía de tráfico
der Verkehrspolizist

el parquímetro
die Parkuhr

vocabulario • Vokabular

el desvío die Umleitung	**adelantar** überholen	**remolcar** abschleppen
aparcar parken	**conducir** fahren	**las obras** die Straßenbaustelle
dar marcha atrás rückwärts fahren	**la autovía** die Schnellstraße	**¿Es ésta la carretera que va a ...?** Ist dies die Straße nach...?
la rotonda der Kreisverkehr	**la valla protectora** die Leitplanke	**¿Dónde se puede aparcar?** Wo kann ich parken?

las señales de tráfico • die Verkehrsschilder

prohibido el paso
keine Einfahrt

el límite de velocidad
die Geschwindig-keitsbegrenzung

peligro
Gefahr

prohibido parar
Halten verboten

no torcer a la derecha
rechts abbiegen verboten

el autobús • der Bus

el asiento del conductor
der Fahrersitz

la barandilla
der Haltegriff

la puerta automática
die Automatiktür

la rueda delantera
das Vorderrad

el maletero
das Gepäckfach

la puerta | die Tür

el autocar | der Reisebus

los tipos de autobuses • die Bustypen

el número de ruta
die Liniennummer

el conductor
der Fahrer

el autobús de dos pisos
der Doppeldecker

el tranvía
die Straßenbahn

el trolebús
der Obus/ der Trolleybus

el autobús escolar | der Schulbus

la rueda trasera
das Hinterrad

la ventanilla
das Fenster

el botón de parada
der Halteknopf

el billete de autobús
der Fahrschein

el timbre
die Klingel

la estación de autobuses
der Busbahnhof

la parada de autobús
die Bushaltestelle

vocabulario • Vokabular

la tarifa der Fahrpreis	**la rampa para sillas de ruedas** der Rollstuhlzugang
el horario der Fahrplan	**la marquesina** das Wartehäuschen

¿Para usted en...?
Halten Sie am...?

¿Qué autobús va a...?
Welcher Bus fährt nach...?

el microbús
der Kleinbus

el autobús turístico | der Touristenbus

el autobús de enlace | der Zubringer

el coche 1 • das Auto 1

el exterior • das Äußere

la baca
der Dachgepäckträger

la puerta del maletero
die Hecktür

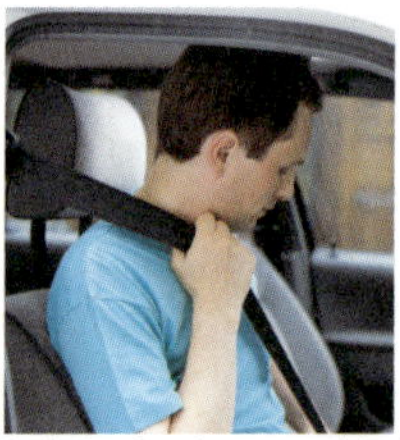

el cinturón de seguridad
der Sicherheitsgurt

la silla para niños
der Kindersitz

los modelos • die Wagentypen

el compacto
der Kleinwagen

el coche con la parte trasera aerodinámica
die Fließhecklimousine

la berlina
die Limousine

el coche ranchera
der Kombiwagen

el coche descapotable
das Cabrio

el coche deportivo
der Sportwagen

el monovolumen
die Großraumlimousine

el todoterreno
der Geländewagen

el coche de época
der Oldtimer

la limusina
die Stretchlimousine

la gasolinera • die Tankstelle

el surtidor
die Zapfsäule

el precio
der Benzinpreis

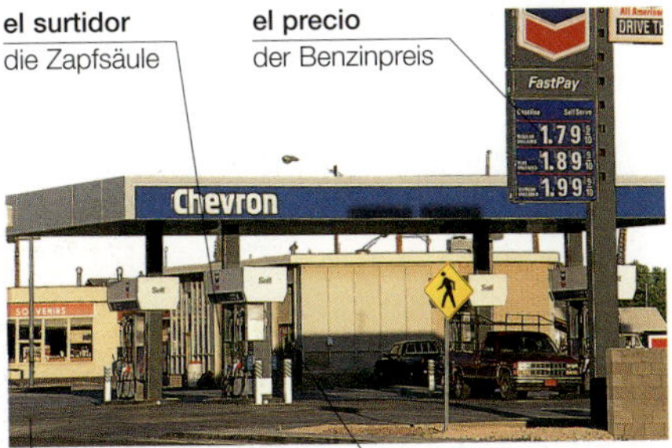

la zona de abastecimiento
der Tankstellenplatz

la bomba del aire
das Druckluftgerät

vocabulario • Vokabular

el aceite das Öl	**el lavadero de coches** die Autowaschanlage
la gasolina das Benzin	**el anticongelante** das Frostschutzmittel
sin plomo bleifrei	**el limpiaparabrisas** die Scheibenwaschanlage
el diesel der Diesel	**el taller** die Werkstatt
con plomo verbleit	**Lleno, por favor.** Voll tanken, bitte.

el coche 2 • das Auto 2

el interior • die Innenausstattung

vocabulario • Vokabular

de dos puertas zweitürig	**de cuatro puertas** viertürig	**automático** mit Automatik	**el freno** die Bremse	**el acelerador** das Gaspedal
de tres puertas dreitürig	**con cambio manual** mit Handschaltung	**el encendido** die Zündung	**el embrague** die Kupplung	**el aire acondicionado** die Klimaanlage

¿Me puede decir cómo se va a...?
Wie komme ich nach...?

¿Dónde hay un parking?
Wo ist hier ein Parkplatz?

¿Se puede aparcar aquí?
Kann ich hier parken?

los controles • die Armaturen

el volante
das Lenkrad

el claxon
die Hupe

el salpicadero
das Armaturenbrett

las luces de emergencia
die Warnlichter

la navegación por satélite
das GPS-System

el volante a la izquierda | die Linkssteuerung

el indicador de temperatura
die Temperaturanzeige

el cuentarrevoluciones
der Drehzahlmesser

el velocímetro
der Tachometer

el testigo de nivel de la gasolina
die Kraftstoffanzeige

el equipo de estéreo del coche
die Autostereoanlage

el mando de luces
der Lichtschalter

el cuentakilómetros
der Kilometerzähler

los mandos de la calefacción
der Heizungsregler

la palanca de cambios
der Schalthebel

el airbag
der Airbag

el volante a la derecha | die Rechtssteuerung

el coche 3 • das Auto 3

la mecánica • die Mechanik

el depósito del limpiaparabrisas
der Scheibenputzmittelbehälter

la varilla del nivel del aceite
der Ölmessstab

el filtro del aire
der Luftfilter

el depósito del líquido de frenos
der Bremsflüssigkeitsbehälter

la batería
die Batterie

la chapa
die Karosserie

el depósito del líquido refrigerante
der Kühlmittelbehälter

la culata
der Zylinderkopf

el tubo
das Rohr

el techo solar
das Schiebedach

el radiador
der Kühler

el motor
der Motor

el ventilador
der Ventilator

el tapacubos
die Radkappe

la caja de cambios
das Getriebe

la transmisión
die Transmission

el eje de la transmisión
die Kardanwelle

el pinchazo • die Reifenpanne

cambiar una rueda
ein Rad wechseln

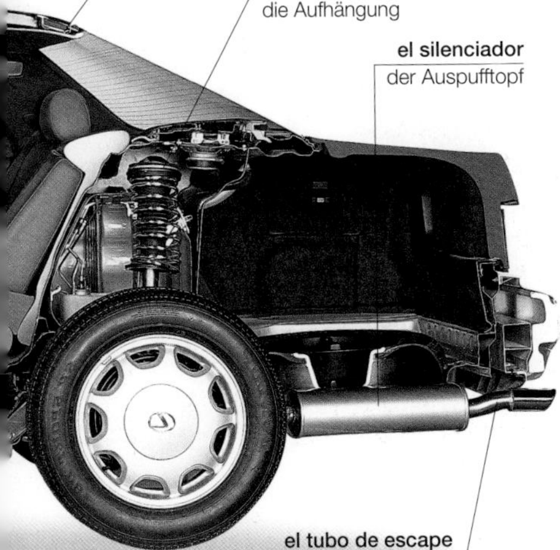

vocabulario • Vokabular

el accidente de coche
der Autounfall

la avería
die Panne

el seguro
die Versicherung

la grúa
der Abschleppwagen

el mecánico
der Mechaniker

la bujía
die Zündkerze

la caja de fusibles
der Sicherungskasten

la presión del neumático
der Reifendruck

la correa del ventilador
der Keilriemen

el depósito de gasolina
der Benzintank

a correa de distribución
der Nockenriemen

el turboalimentador
der Turbolader

el distribuidor
der Verteiler

el ralentí
der Leerlauf

el chasis
das Chassis

el freno de mano
die Handbremse

el alternador
die Lichtmaschine

Mi coche se ha averiado.
Ich habe eine Panne.

Mi coche no arranca.
Mein Auto springt nicht an.

la motocicleta • das Motorrad

los controles
die Steuerung

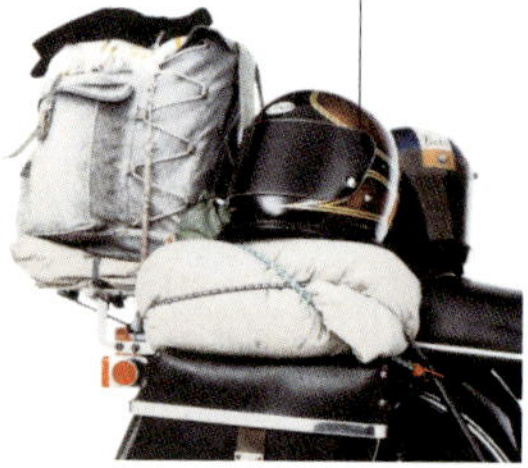

el portaequipaje
der Gepäckträger

el equipo | die Kleidung

los tipos • die Typen

la moto de carreras | die Rennmaschine

la moto de carretera | der Tourer

la moto de cross | das Geländemotorrad

el escúter | der Motorroller

la bicicleta • das Fahrrad

el tándem
das Tandem

la bicicleta de carreras
das Rennrad

la bicicleta de montaña
das Mountainbike

la bicicleta de paseo
das Tourenfahrrad

la bicicleta de carretera
das Straßenrad

el carril de bicicletas | der Fahrradweg

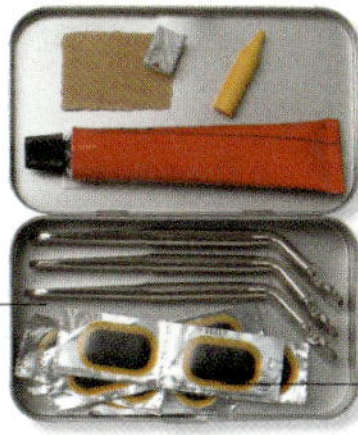

el kit de reparaciones | der Reparaturkasten

la bomba
die Luftpumpe

el candado
das Fahrradschloss

la cámara
der Schlauch

la silla de niño
der Kindersitz

vocabulario • Vokabular

la patilla de apoyo der Fahrradständer	**el taco del freno** die Bremsbacke	**el faro** die Fahrradlampe	**el calzapié** der Rennbügel	**la cesta** der Korb
las ruedas de apoyo die Stützräder	**el piñón** das Kettenzahnrad	**el reflectante** der Rückstrahler	**la dinamo** der Dynamo	**el cable** das Kabel
el porta-bicicletas der Gepäckträger	**el pinchazo** die Reifenpanne	**ir en bicicleta** Rad fahren	**pedalear** treten	**frenar** bremsen
la correa del calzapié der Riemen	**cambiar de marcha (v)** schalten	**el faro trasero** das Rücklicht		

el tren • der Zug

el vagón
der Wagen

el andén
der Bahnsteig

el carrito
der Kofferkuli

el número de andén
die Gleisnummer

el viajero de cercanías
der Pendler

la estación de tren | der Bahnhof

los tipos de tren • die Zugtypen

la locomotora
die Lokomotive

el tren de vapor
die Dampflokomotive

la cabina del conductor
der Führerstand

el raíl
die Schiene

el tren diésel | die Diesellokomotive

el tren eléctrico
die Elektrolokomotive

el tren de alta velocidad
der Hochgeschwindigkeitszug

el monorraíl
die Einschienenbahn

el metro
die U-Bahn

el tranvía
die Straßenbahn

el tren de mercancías
der Güterzug

el portaequipajes
die Gepäckablage

la ventanilla
das Zugfenster

la vía
das Gleis

la puerta
die Tür

el asiento
der Sitz

el vagón
das Abteil

la barrera
die Eingangssperre

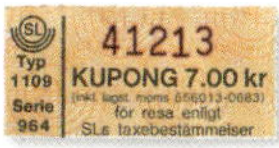

el billete
die Fahrkarte

la megafonía
die Lautsprecheranlage

el horario
der Fahrplan

el vestíbulo de la estación | die Bahnhofshalle

el vagón restaurante | der Speisewagen

el compartimento de coche-cama
das Schlafwagenabteil

vocabulario • Vokabular

la red ferroviaria
das Bahnnetz

el tren intercity
der Intercity

la hora punta
die Stoßzeit

el plano del metro
der U-Bahnplan

el retraso
die Verspätung

el precio
der Fahrpreis

la taquilla
der Fahrkartenschalter

el revisor
der Schaffner

el raíl electrificado
die Strom führende Schiene

hacer transbordo
umsteigen

la señal
das Signal

el freno de emergencia
die Notbremse

el avión • das Flugzeug

el avión de pasajeros • das Verkehrsflugzeug

la cabina • die Kabine

el globo aerostático
der Heißluftballon

el ultraligero
das Ultraleicht-flugzeug

el planeador
das Segelflugzeug

el biplano
der Doppeldecker

la hélice
der Propeller

la avioneta
das Leichtflugzeug

el hidroavión
das Wasserflugzeug

el jet privado
der Privatjet

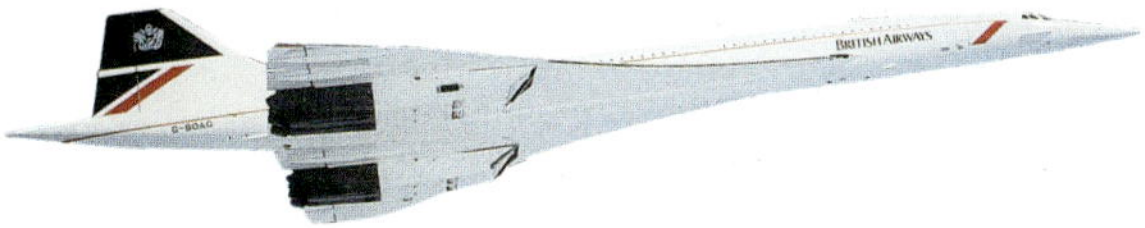

el avión supersónico
das Überschallflugzeug

el aspa
das Rotorblatt

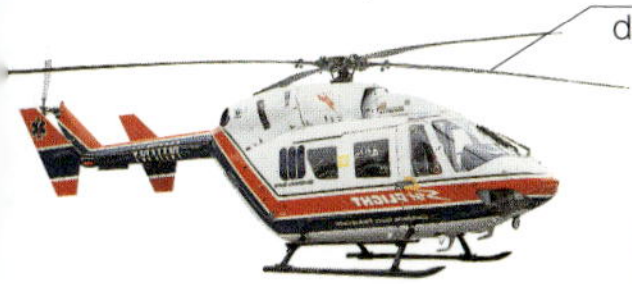

el helicóptero
der Hubschrauber

el avión de bombardeo
das Bombenflugzeug

el misil
die Rakete

el caza
das Jagdflugzeug

vocabulario • Vokabular

el piloto
der Pilot

el copiloto
der Kopilot

despegar
starten

volar
fliegen

aterrizar
landen

la altitud
die Höhe

la clase turista
die Economyclass

el equipaje de mano
das Handgepäck

la clase preferente
die Businessclass

el cinturón de seguridad
der Sicherheitsgurt

el aeropuerto • der Flughafen

vocabulario • Vokabular

la pista die Start- und Landebahn	**el número de vuelo** die Flugnummer	**la cinta de equipajes** das Gepäckband	**las vacaciones** der Urlaub
el vuelo internacional der Auslandsflug	**el control de pasaportes** die Passkontrolle	**la seguridad** die Sicherheitsvorkehrungen	**reservar un vuelo** einen Flug buchen
el vuelo nacional der Inlandsflug	**la aduana** der Zoll	**la máquina de rayos x** die Gepäckröntgenmaschine	**facturar** einchecken
la conexión die Flugverbindung	**el exceso de equipaje** das Übergepäck	**el folleto de viajes** der Urlaubsprospekt	**la torre de control** der Kontrollturm

el equipaje de mano
das Handgepäck

el equipaje
das Gepäck

el carro
der Kofferkuli

el mostrador de facturación
der Abfertigungsschalter

el visado
das Visum

el pasaporte | der Pass

el control de pasaportes
die Passkontrolle

la tarjeta de embarque
die Bordkarte

el billete
das Flugticket

el número de puerta de embarque
die Gatenummer

la sala de embarque
die Abflughalle

el destino
das Reiseziel

las llegadas
die Ankunft

las salidas
der Abflug

la pantalla de información
die Fluginformationsanzeige

la tienda libre de impuestos
der Duty-free-Shop

la recogida de equipajes
die Gepäckausgabe

la parada de taxis
der Taxistand

el alquiler de coches
der Autoverleih

el barco • das Schiff

el transatlántico
der Ozeandampfer

el puente
die Kommandobrücke

la sala de máquinas
der Maschinenraum

el camarote
die Kabine

la cocina
die Kombüse

vocabulario • Vokabular

el muelle
das Dock

el puerto
der Hafen

la pasarela
die Landungsbrücke

el ancla
der Anker

el noray
der Poller

el cabrestante
die Ankerwinde

el capitán
der Kapitän

la lancha motora
das Rennboot

la barca de remos
das Ruderboot

la piragua
das Kanu

otras embarcaciones • andere Schiffe

el ferry
die Fähre

el motor fueraborda
der Außenbordmotor

la zodiac
das Schlauchboot

el hidrodeslizador
das Tragflügelboot

el yate
die Jacht

el catamarán
der Katamaran

el remolcador
der Schleppdampfer

el aerodeslizador
das Luftkissenboot

el buque portacontenedores
das Containerschiff

las jarcias
die Takelung

el velero
das Segelschiff

la bodega
der Frachtraum

el buque de carga
das Frachtschiff

el barco petrolero
der Öltanker

el portaviones
der Flugzeugträger

el barco de guerra
das Kriegsschiff

la falsa torre
der Kommando-
turm

el submarino
das U-Boot

el puerto • der Hafen

el almacén das Warenlager

la grúa der Kran

la carretilla elevadora der Gabelstapler

la carretera de acceso die Zufahrtsstraße

la oficina de Aduanas das Zollamt

la dársena das Dock

el muelle der Kai

la carga die Fracht

el contenedor der Container

el muelle comercial | der Containerhafen

la terminal del ferry der Fährterminal

el ferry die Fähre

la ventanilla de pasajes der Fahrkartenschalter

el pasajero der Passagier

el muelle de pasajeros | der Passagierhafen

la red
das Netz

el barco de pesca
das Fischerboot

el puerto de pesca
der Fischereihafen

el punto de amarre
die Verankerung

el puerto deportivo
der Jachthafen

el puerto
der Hafen

el embarcadero
der Pier

el espigón
der Landungssteg

el astillero
die Werft

la lámpara
die Laterne

el faro
der Leuchtturm

la boya
die Boje

vocabulario • Vokabular

el guardacostas
die Küstenwache

el dique seco
das Trockendock

embarcar
an Bord gehen

fondear
den Anker werfen

amarrar
festmachen

desembarcar
von Bord gehen

el capitán del puerto
der Hafenmeister

atracar
anlegen

zarpar
auslaufen

ULTRA
3
DUNLOP
DDH III
4
DUNLOP
MOLITOR
TOUR EDITION
1
ProStaff
4
BANFF SPRINGS
GOLF CLUB
TOP-FLITE
Hot XL
4
ProStaff
4
RAM TOUR
1
MAXFLI
TOP-FLITE
STRATA
3
DISTANCE

los deportes
der Sport

el fútbol americano • der Football

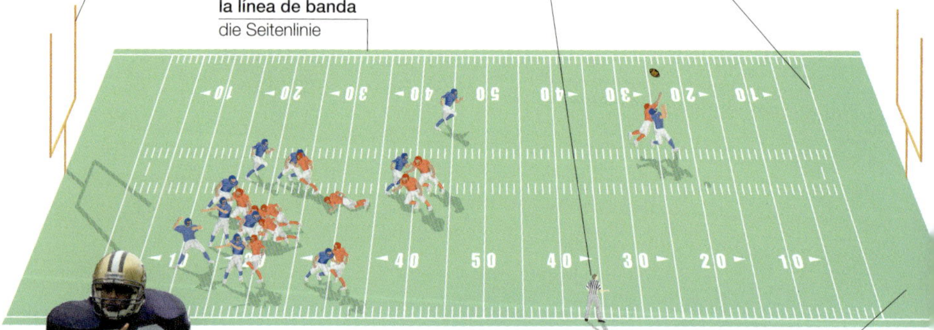

el jugador
der Footballspieler

placar
angreifen

pasar
einen Pass spielen

coger
fangen

vocabulario • Vokabular

el tiempo muerto
die Auszeit

el mal pase de balón
der Fumble

el equipo
die Mannschaft

el ataque
der Angriff

la defensa
die Verteidigung

la puntuación
der Spielstand

la animadora
der Cheerleader

el ensayo
der Touchdown

¿Cómo van?
Wie ist der Stand?

¿Quién va ganando?
Wer gewinnt?

el rugby • das Rugby

la portería
das Tor

la línea de banda
die Seitenlinie

la bandera
die Fahne

la línea de fondo
die Feldauslinie

la zona de marca
der Torraum

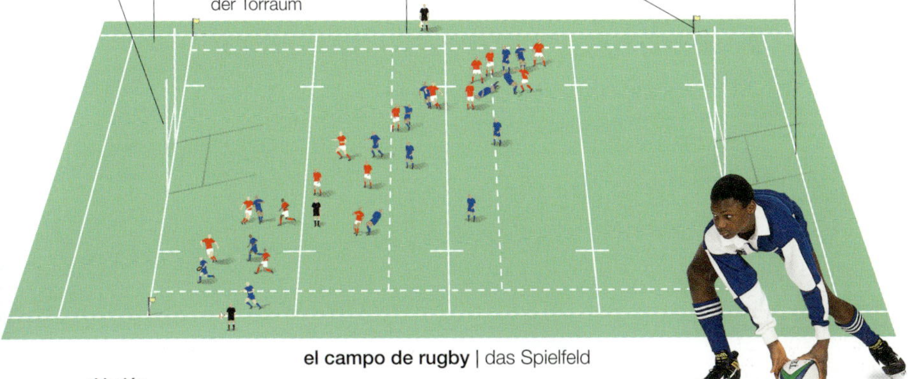

el campo de rugby | das Spielfeld

lanzar
werfen

el balón
der Rugbyball

a equipación de rugby
das Rugbytrikot

chutar
kicken

pasar
den Ball abgeben

placar
angreifen

el ensayo
der Versuch

el jugador
der Rugbyspieler

la abierta | das offene Gedränge

la melée | das Gedränge

el fútbol • der Fußball

el futbolista
der Fußballspieler

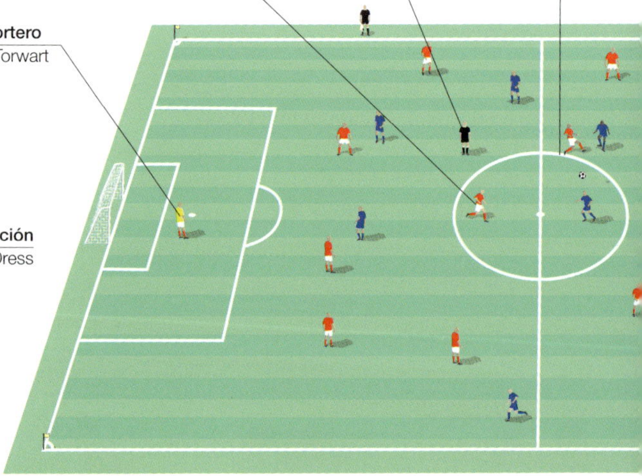

el campo de fútbol
das Fußballfeld

el gol | das Tor

regatear | dribbeln

rematar de cabeza
köpfen

tirar una falta | der Freistoß

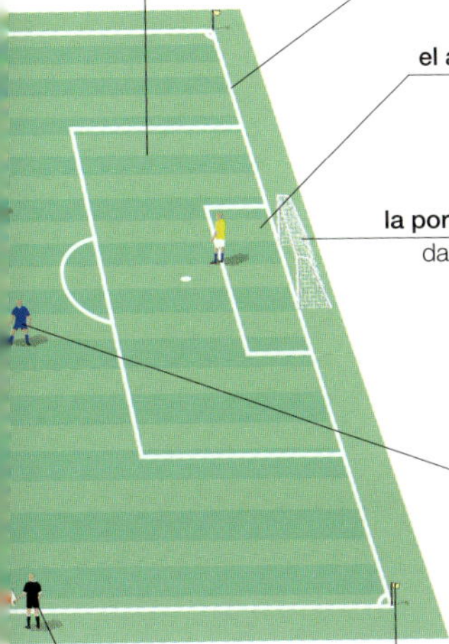

el área grande
der Strafraum

la línea de fondo
die Torlinie

el área pequeña
der Torraum

la portería
das Tor

el defensa
der Verteidiger

el juez de línea
der Linienrichter

la bandera de esquina
die Eckfahne

el saque de banda
der Einwurf

chutar
kicken

la bota
der Fußballschuh

hacer un pase
den Ball abgeben

tirar
schießen

hacer una parada
halten

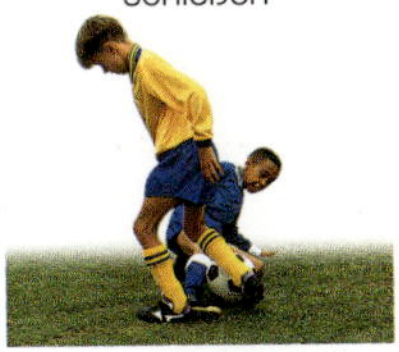

hacer una entrada
angreifen

vocabulario • Vokabular

el estadio
das Stadion

el penalti
der Elfmeter

marcar un gol
ein Tor schießen

la falta
das Foul

el córner
der Eckball

la tarjeta roja
die rote Karte

la tarjeta amarilla
die gelbe Karte

el fuera de juego
das Abseits

send off
der Platzverweis

la liga
die Liga

el empate
das Unentschieden

el descanso
die Halbzeit

la prórroga
die Verlängerung

el suplente
der Ersatzspieler

la sustitución
die Auswechslung

el hockey • das Hockey

el hockey sobre hielo • das Eishockey

la pista de hockey sobre hielo
die Eisfläche

el jugador de hockey sobre hielo | der Eishockeyspieler

patinar
Schlittschuh laufen

golpear
schlagen

el hockey sobre hierba • das Feldhockey

el críquet • das Kricket

vocabulario • Vokabular

eliminado aus	**el marcador** die Anzeigetafel	**el árbitro** der Schiedsrichter

el baloncesto • der Basketball

el jugador de baloncesto | der Basketballspieler

la canasta
der Korb

vocabulario • Vokabular

el rebote der Rebound	**la falta** das Foul
fuera de banda aus	**el pase** der Pass
el saque de banda der Einwurf	
el salto entre dos der Sprungball	

las acciones • die Aktionen

lanzar
werfen

coger
fangen

tirar
zielen

saltar
springen

marcar
decken

bloquear
blocken

botar
dribbeln

hacer un mate
einen Dunk spielen

el voleibol • der Volleyball

bloquear
blocken

la red
das Netz

recibir
baggern

el árbitro
der Schiedsrichter

la rodillera
der Knieschützer

la cancha | das Spielfeld

el béisbol • der Baseball

el campo • das Spielfeld

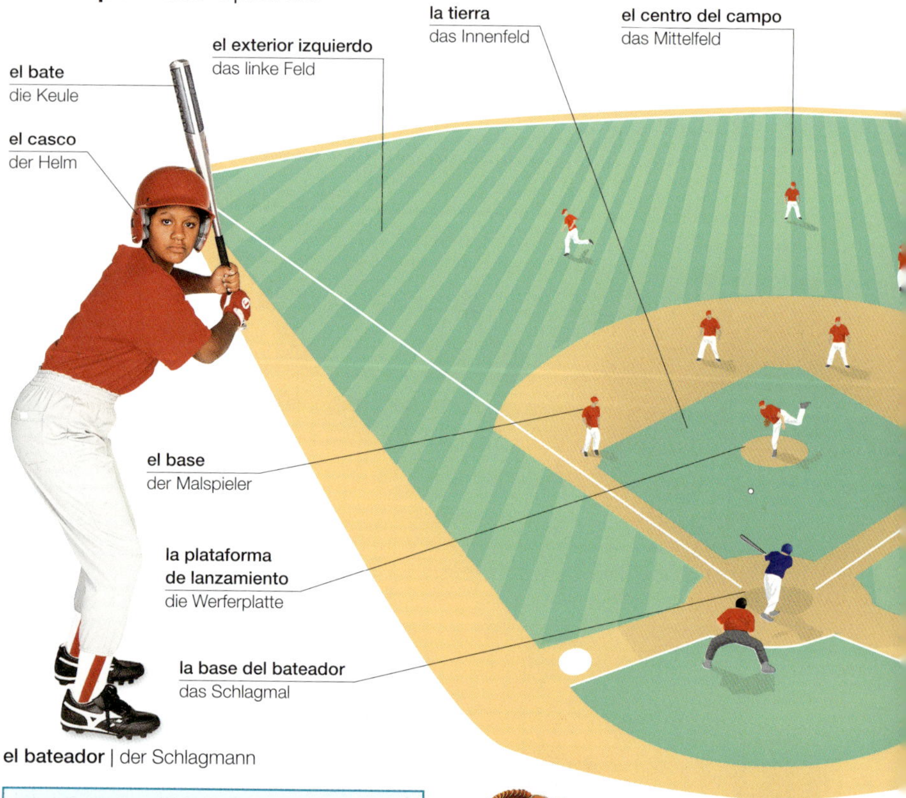

el bateador | der Schlagmann

vocabulario • Vokabular

la entrada das Inning	**a salvo** in Sicherheit	**el strike** der Schlagfehler
la carrera der Lauf	**fuera** aus	**el fallo** der ungültige Schlag

el guante
der Handschuh

la máscara
die Schutzmaske

el exterior das Außenfeld

el exterior derecho das rechte Feld

la línea de falta die Foullinie

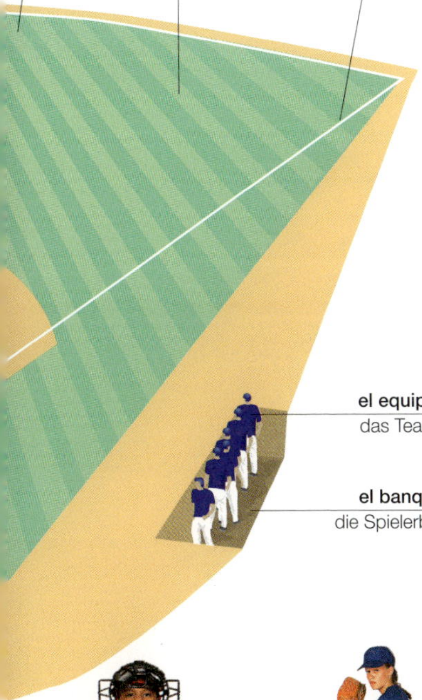

el equipo das Team

el banquillo die Spielerbank

el cátcher der Catcher

el pítcher der Pitcher

las acciones • die Aktionen

lanzar | werfen

coger | fangen

correr rennen

defender als Fänger spielen

lanzarse rutschen

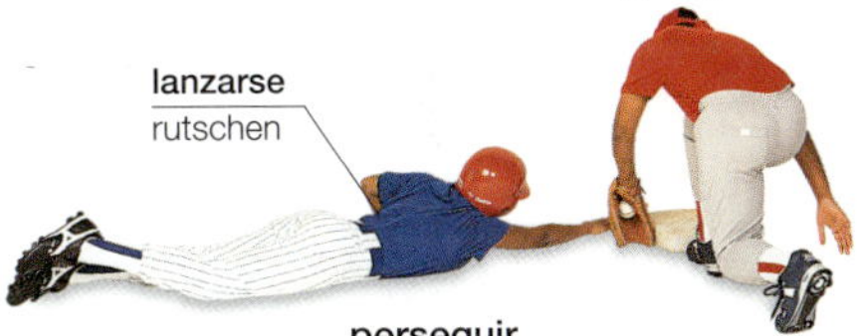

perseguir taggen

lanzar werfen

batear schlagen

el árbitro der Schiedsrichter

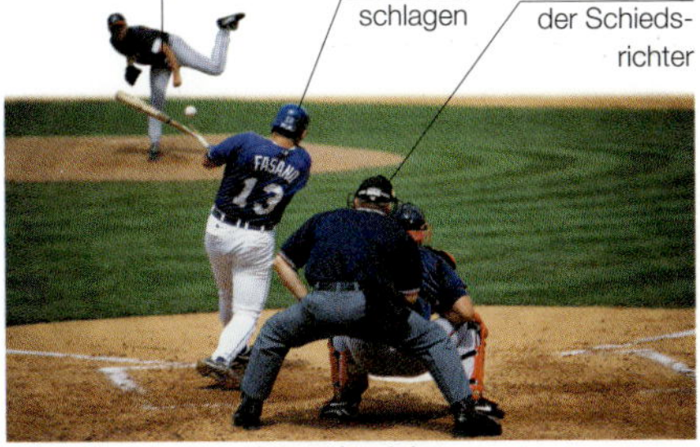

jugar | spielen

el tenis • das Tennis

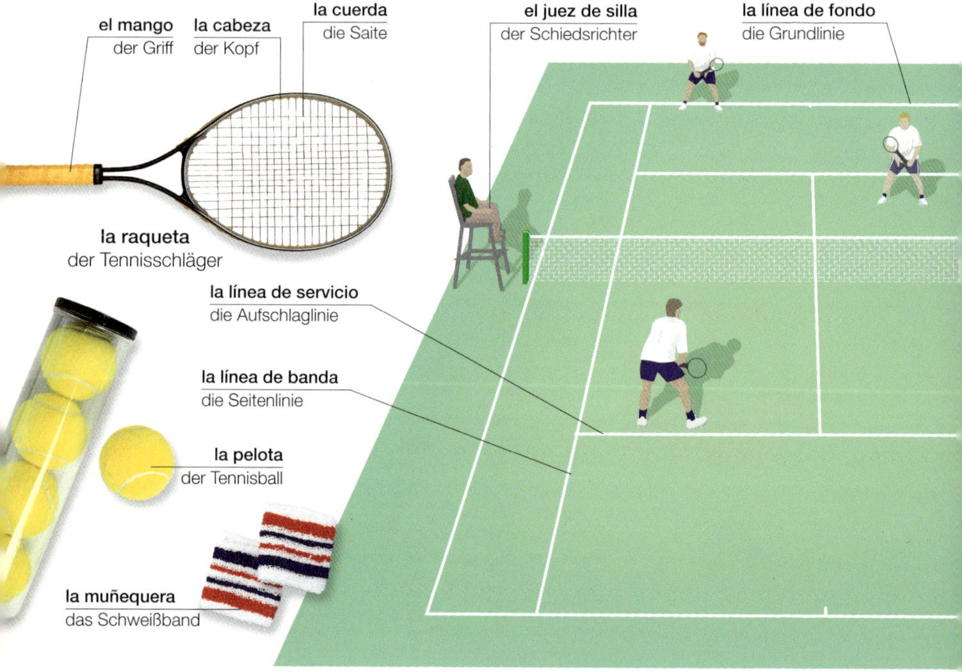

la pista de tenis | der Tennisplatz

vocabulario • Vokabular

el individual das Einzel	**el set** der Satz	**¡red!** Netz!	**la falta** der Fehler	**el golpe cortado** der Slice	**el efecto** der Spin
los dobles das Doppel	**el partido** das Match	**la ventaja** der Vorteil	**el saque directo** das Ass	**el peloteo** der Ballwechsel	**el juez de línea** der Linienrichter
el juego das Spiel	**el tiebreak** der Tiebreak	**nada** null	**la dejada** der Stoppball	**cuarenta iguales** der Einstand	**el campeonato** die Meisterschaft

los golpes • die Schläge

el servicio
der Aufschlag

la volea
der Volley

el resto
der Return

el globo
der Lob

el derecho
die Vorhand

el revés
die Rückhand

los juegos de raqueta • die Schlägerspiele

el bádminton
das Badminton

el ping-pong
das Tischtennis

el squash
das Squash

el racketball
das Racquetball

el golf • das Golf

el campo de golf
der Golfplatz

la jugadora de golf | die Golfspielerin

el club | das Klubhaus

el equipo • die Ausrüstung

la pelota de golf
der Golfball

el tee
das Tee

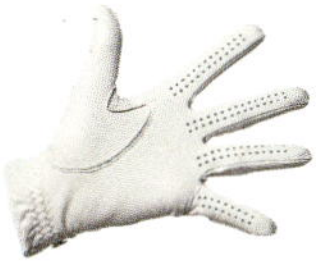

el guante
der Handschuh

el paraguas
der Schirm

la bolsa de golf
die Golftasche

el carrito de golf
der Trolley

los clavos
die Spikes

el zapato de golf
der Golfschuh

las acciones • die Aktionen

salir
vom Abschlag spielen

hacer un drive
driven

tirar al hoyo con un putter
einlochen

hacer un chip
chippen

los palos de golf • die Golfschläger

el palo de madera
das Holz

el putter
der Putter

el hierro
das Eisen

el wedge
das Wedge

vocabulario • Vokabular

el par das Par	**el sobre par** über Par	**el caddy** das Golfturnier	**el cádi** der Caddie	**el golpe** der Schlag	**el bajo par** unter Par
la línea de juego die Spielbahn	**el hoyo en uno** das Hole-in-One	**el handicap** das Handicap	**los espectadores** die Zuschauer	**el swing de práctica** der Übungsschwung	**el backswing** der Durchschwung

el atletismo • die Leichtathletik

la calle
die Bahn

la pista
die Rennbahn

la línea de meta
die Ziellinie

la línea de salida
die Startlinie

las pistas
der Sportplatz

el taco de salida
der Startblock

el esprinter
der Sprinter

el lanzamiento de disco
das Diskuswerfen

la atleta
die Leichtathletin

el lanzamiento de peso
das Kugelstoßen

el lanzamiento de jabalina
das Speerwerfen

vocabulario • Vokabular

la carrera das Rennen	**el récord** der Rekord	**la fotofinish** das Fotofinish	**el salto con pértiga** der Stabhochsprung
el tiempo die Zeit	**batir un récord** einen Rekord brechen	**la maratón** der Marathon	**la marca personal** die persönliche Bestleistung

el cronómetro
die Stoppuhr

el testigo
der Stab

la carrera de relevos
der Staffellauf

el listón
die Latte

el salto de altura
der Hochsprung

el salto de longitud
der Weitsprung

la carrera de vallas
der Hürdenlauf

la gimnasia • das Turnen

el caballo
das Pferd

el salto
der Sprung

el trampolín
das Sprungbrett

el salto mortal
der Salto

la colchoneta
die Matte

los ejercicios de suelo
das Bodenturnen

la gimnasta
die Turnerin

la barra de equilibrio
der Schwebebalken

la voltereta
die Bodenakrobatik

la cinta
das Gymnastikband

la gimnasia rítmica
die rhythmische Gymnastik

vocabulary • Vokabular

la barra fija
das Reck

las paralelas
der Barren

el caballo con arcos
das Seitpferd

las paralelas asimétricas
der Stufenbarren

las anillas
die Ringe

el podio
das Siegerpodium

las medallas
die Medaillen

el oro
das Gold

la plata
das Silber

el bronce
die Bronze

los deportes de combate • der Kampfsport

el taekwondo
das Taekwondo

el cárate
das Karate

el yudo
das Judo

el aikido
das Aikido

el kendo
das Kendo

el kung fu
das Kung-Fu

el full contact
das Kickboxen

la lucha libre
das Ringen

el boxeo
das Boxen

los movimientos • die Techniken

la caída
das Fallen

el agarre
der Griff

el derribo
der Wurf

la inmovilización
das Fesseln

la patada
der Seitfußstoß

el puñetazo
der Stoß

el golpe
der Angriff

el salto
der Sprung

la parada
der Block

el golpe
der Hieb

vocabulario • Vokabular

el ring
der Boxring

el protector dental
der Mundschutz

los guantes de boxeo
die Boxhandschuhe

el asalto
die Runde

el combate
der Kampf

el entrenamiento
das Sparren

el puño
die Faust

el K.O.
der Knock-out

el saco de arena
der Sandsack

el cinturón negro
der schwarze Gürtel

la defensa personal
die Selbstverteidigung

las artes marciales
die Kampfsportarten

la capoeira
das Capoeira

el sumo
das Sumo

el tai-chi
das Tai Chi

la natación • der Schwimmsport

el equipo • die Ausrüstung

los manguitos
die Schwimmflügel

la pinza para la nariz
die Nasenklemme

las gafas de agua
die Schwimmbrille

la tabla
das Schwimmbrett

el traje de baño
der Badeanzug

la calle
die Bahn

el agua
das Wasser

el podio de salida
der Startblock

la piscina
das Schwimmbecken

el gorro de baño
die Badekappe

el bañador
die Badehose

el nadador | der Schwimmer

el trampolín
das Sprungbrett

el saltador
der Springer

saltar | springen

nadar | schwimmen

el giro | die Kehre

les styles • die Schwimmstile

el crol
das Kraulen

la braza
das Brustschwimmen

la espalda | das Rückenschwimmen

la mariposa | der Schmetterling

el buceo • das Tauchen

vocabulario • Vokabular

el salto der Sprung	**el socorrista** der Bademeister	**las taquillas** die Schließfächer	**el waterpolo** der Wasserball	**el salto alto** der Turmsprung	**el calambre** der Krampf
hacer la bicicleta Wasser treten	**el salto de salida** der Startsprung	**la zona poco profunda** das flache Ende	**la zona profunda** das tiefe Ende	**la natación sincronizada** das Synchron-schwimmen	**ahogarse** ertrinken

la vela • der Segelsport

la brújula
der Kompass

el ancla
der Anker

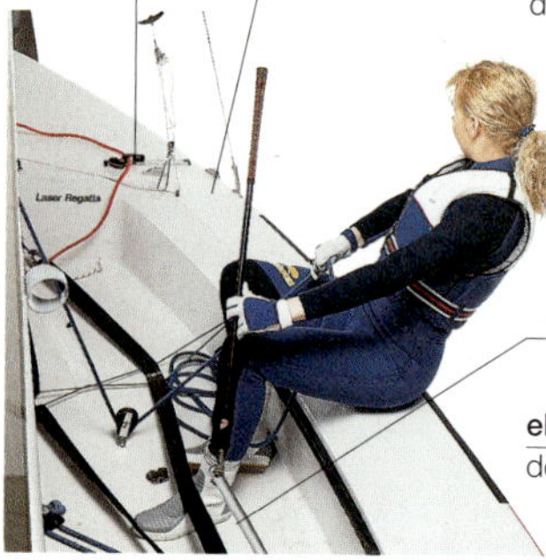

la escotera
die Klampe

la cubierta
das Seitendeck

la caña del timón
die Pinne

navegar | navigieren

el mástil
der Mast

las jarcias
die Takelung

la vela mayor
das Großsegel

el foque
die Fock

la botavara
der Baum

la proa
der Bug

la popa
das Heck

el casco
der Rumpf

el yate de vela | die Segeljacht

la seguridad • die Sicherheit

la bengala
die Leuchtrakete

el salvavidas
der Rettungsring

el chaleco salvavidas
die Schwimmweste

la balsa salvavidas
das Rettungsboot

los deportes acuáticos • der Wassersport

remar | rudern

el piragüismo
der Kanusport

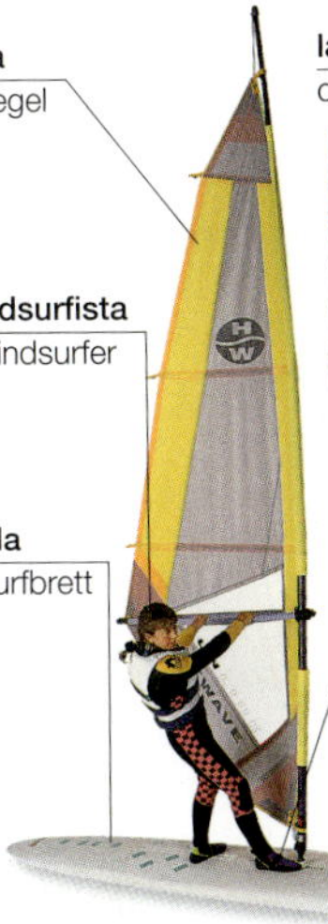

el windsurf | das Windsurfing

el surfing
das Wellenreiten

el esquí acuático
das Wasserski

la carrera de motoras
der Motorbootsport

el rafting
das Rafting

la moto acuática
der Jet-Ski

vocabulario • Vokabular

el surfista
der Surfer

la tripulación
die Crew

el viento
der Wind

el embate de las olas
die Brandung

la escota
die Schot

la orza
das Schwert

el esquiador acuático
der Wasserskifahrer

hacer una bordada
aufkreuzen

la ola
die Welle

los rápidos
das Wildwasser

el timón
das Ruder

zozobrar
kentern

la equitación • der Reitsport

la herradura
das Hufeisen

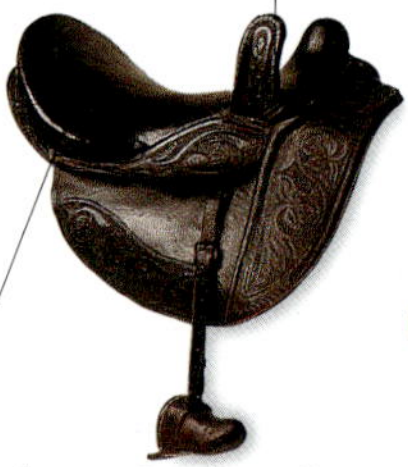

la silla de montar de señora
der Damensattel

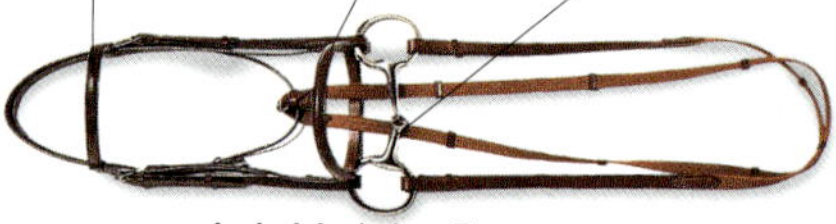

la brida | das Zaumzeug

la fusta | die Reitgerte

las modalidades • die Veranstaltungen

el caballo de carreras
das Rennpferd

la carrera de caballos
das Pferderennen

la valla
das Hindernis

la carrera de obstáculos
das Jagdrennen

la carrera al trote
das Trabrennen

el rodeo
das Rodeo

el concurso de saltos
das Springreiten

la carrera de carrozas
das Zweispännerrennen

el paseo
das Trekking

la doma
das Dressurreiten

el polo
das Polo

vocabulario • Vokabular

el paso
der Schritt

el trote
der Trab

el galope
der Galopp

el medio galope
der Kanter

el salto
der Sprung

el mozo de cuadra
der Stallbursche

el cabestro
das Halfter

la cuadra
der Pferdestall

el cercado
die Koppel

el ruedo
der Turnierplatz

el hipódromo
die Rennbahn

la carrera plana
das Flachrennen

la pesca • der Angelsport

el plomo | das Gewicht

el anzuelo
der Angelhaken

el cebo | der Köder

la red para recoger
der Kescher

el flotador
die Pose

el señuelo
der Köderhaken

la mosca
die Fliege

la caja de aparejos
der Spinnerkasten

la nasa
der Setzkescher

el pescador de caña | der Angler

los tipos de pesca • die Fischfangarten

la pesca en agua dulce
das Süßwasserangeln

la pesca con mosca
das Fliegenangeln

la pesca en la orilla
das Brandungsangeln

la pesca deportiva
das Sportangeln

la pesca de altura
die Hochseefischerei

las acciones • die Aktivitäten

lanzar
auswerfen

coger
fangen

recoger
einholen

coger con la red
mit dem Netz fangen

soltar
loslassen

vocabulario • Vokabular

cebar
ködern

picar
anbeißen

los aparejos
die Angelgeräte

el carrete
die Rolle

la pértiga
die Stake

la ropa impermeable
die Regenhaut

la licencia de pesca
der Angelschein

la pesca marítima
die Seefischerei

la nasa
der Fischkorb

la pesca con arpón
das Speerfischen

el esquí • der Skisport

las modalidades • die Disziplinen

el descenso
der Abfahrtslauf

el eslalon
der Slalom

el salto de esquí
der Skisprung

el esquí de fondo
der Langlauf

los deportes de invierno • der Wintersport

la escalada en hielo
das Eisklettern

el patinaje sobre hielo
das Eislaufen

el patinaje artístico
der Eiskunstlauf

el snowboard
das Snowboarding

el bobsleigh
der Bobsport

el luge
das Rennrodeln

la moto de nieve
das Schneemobil

ir en trineo
Schlittenfahren

vocabulario • Vokabular

el eslalon gigante der Riesenslalom	**el trineo con perros** das Hundeschlittenfahren
fuera de pista abseits der Piste	**el biatlón** das Biathlon
el curling das Curling	**el alud** die Lawine
el esquí alpino die alpine Kombination	**el patinaje de velocidad** der Eisschnelllauf

los otros deportes • die anderen Sportarten

el vuelo sin motor
das Segelfliegen

el vuelo con ala delta
das Drachenfliegen

la escalada
das Klettern

el paracaidismo
das Fallschirmspringen

el parapente
das Gleitschirmfliegen

el paracaidismo en caída libre
das Fallschirmspringen

el rápel
das Abseilen

el puenting
das Bungeejumping

el rally
das Rallyefahren

el piloto de carreras
der Rennfahrer

el automovilismo
der Rennsport

el motocross
das Motocross

el motociclismo
das Motorradrennen

el monopatín
das Skateboard

montar en monopatín
das Skateboardfahren

el patín de ruedas
der Rollschuh

el patinaje sobre ruedas
das Rollschuhfahren

el palo
der Lacrosseschläger

el lacrosse
das Lacrosse

el florete
das Florett

la máscara
die Maske

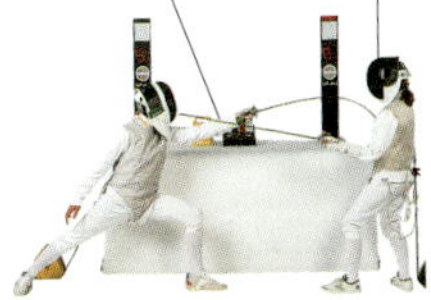

el esgrima
das Fechten

el bolo
der Kegel

la bola de bowling
die Bowlingkugel

la bolera
die Bowlingbahn

el arco
der Bogen

la flecha
der Pfeil

el carcaj
der Köcher

el tiro con arco
das Bogenschießen

la diana
die Zielscheibe

el tiro al blanco
das Scheibenschießen

el billar americano
das Poolbillard

el snooker
das Snooker

la forma física • die Fitness

la bicleta estática
das Ergometer

la máquina de ejercicios
das Fitnessgerät

el banco
die Bank

las pesas
die Gewichte

la barra
die Stange

el gimasio
das Fitnesscenter

la máquina de remos
die Rudermaschine

la cinta de correr
das Laufband

la escaladora
der Crosstrainer

la entrenadora personal
die private Fitnesstrainerin

la máquina de step
der Stepper

la piscina
das Schwimmbecken

la sauna
die Sauna

los ejercicios • die Übungen

el estiramiento
das Strecken

la flexión con estiramiento
der Ausfall

los leotardos
die Gymnastikhose

la flexión
der Liegestütz

ponerse en cuclillas
die Kniebeuge

el abdominal
das Rumpfheben

la pesa
die Hantel

el ejercicio de bíceps
die Bizepsübung

el empuje de piernas
der Beinstütz

los ejercicios pectorales
die Brustübung

las zapatillas
die Sportschuhe

la barra de pesas
die Gewichtstange

el levantamiento de pesas
das Krafttraining

la camiseta
das Hemd

el footing
das Jogging

el aeróbic
das Aerobic

vocabulario • Vokabular

entrenar trainieren	**correr en el sitio** auf der Stelle joggen	**estirar** ausstrecken	**el pilates** die Pilates-Übungen	**saltar a la comba** das Seilspringen
calentar sich aufwärmen	**flexionar** beugen	**levantar** hochziehen	**la gimnasia prepugilística** die Boxgymnastik	**el entrenamiento en circuito** das Zirkeltraining

el ocio
die Freizeit

el teatro • das Theater

el escenario | die Bühne

las butacas | die Bestuhlung

vocabulario • Vokabular

la obra de teatro
das Theaterstück

el reparto
die Besetzung

el actor
der Schauspieler

el foso de la orquesta
der Orchestergraben

el director
der Regisseur

el director artístico
der Regisseur

el guión
das Rollenheft

el telón de fondo
der Prospekt

el estreno
die Premiere

el descanso
die Pause

el programa
das Programm

la actriz
die Schauspielerin

el concierto
das Konzert

el musical
das Musical

el traje
das Theaterkostüm

el ballet
das Ballett

la ópera
die Oper

vocabulario • Vokabular

el acomodador
der Platzanweiser

la música clásica
die klassische Musik

la partitura
die Noten

la banda sonora
die Tonspur

aplaudir
applaudieren

el bis
die Zugabe

Quisiera dos entradas para la sesión de esta noche.
Ich möchte zwei Karten für die Aufführung heute Abend.

¿A qué hora empieza?
Um wie viel Uhr beginnt die Aufführung?

el cine • das Kino

las palomitas
das Popcorn

el vestíbulo
das Foyer

la taquilla
die Kasse

el cartel
das Plakat

el cine
der Kinosaal

la pantalla
die Leinwand

vocabulario • Vokabular

la comedia
die Komödie

la película de suspense
der Thriller

la película de terror
der Horrorfilm

la película del oeste
der Western

la película romántica
der Liebesfilm

la película de ciencia ficción
der Science-Fiction-Film

la película de aventuras
der Abenteuerfilm

la película de dibujos animados
der Zeichentrickfilm

la orquesta • das Orchester

la cuerda • die Saiteninstrumente

el piano | das Klavier

la notación | die Notation

vocabulario • Vokabular

la obertura
die Ouvertüre

la sonata
die Sonate

la altura del tono
die Tonhöhe

sostenido
das Kreuz

la línea divisoria
der Taktstrich

la escala
die Tonleiter

la sinfonía
die Symphonie

los instrumentos
die Musikinstrumente

el silencio
das Pausenzeichen

bemol
das B

el becuadro
das Auflösungszeichen

la batuta
der Taktstock

el viento-madera • die Holzblasinstrumente

el flautín
die Pikkoloflöte

la flauta travesera
die Querflöte

el oboe
die Oboe

el corno inglés
das Englischhorn

el clarinete
die Klarinette

el clarinete bajo
die Bassklarinette

el fagot
das Fagott

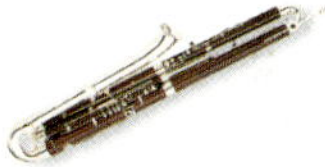

el contrafagot
das Kontrafagott

el saxofón
das Saxophon

la percusión • die Schlaginstrumente

el timbal
die Kesselpauke

el gong
der Gong

los bongos
die Bongos

la caja
die Kleine Trommel

los platillos
das Becken

la pandereta
das Tamburin

el vibráfono
das Vibraphon

el triángulo
der Triangel

las maracas
die Maracas

el viento-metal • die Blechblasinstrumente

la trompeta
die Trompete

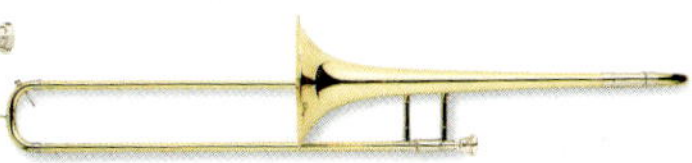

el trombón de varas
die Posaune

la trompa
das Horn

la tuba
die Tuba

el concierto • das Konzert

el micrófono das Mikrofon

el batería der Schlagzeuger

el altavoz der Lautsprecher

el bajo der Bassgitarrist

el cantante der Leadsänger

el guitarrista der Gitarrist

los fans die Fans

el concierto de rock | das Rockkonzert

los instrumentos • die Instrumente

la pastilla der Tonabnehmer

el mástil der Hals

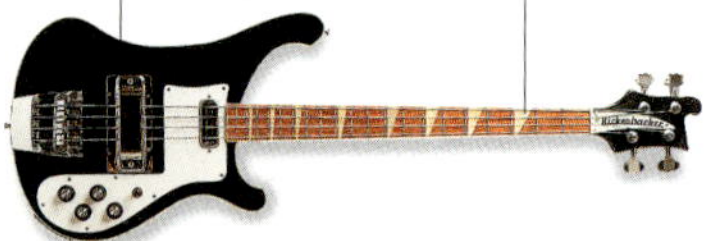

el bajo
die Bassgitarre

el teclado
das Keyboard

la clavija der Wirbel

el traste der Bund

la cuerda die Saite

el puente der Steg

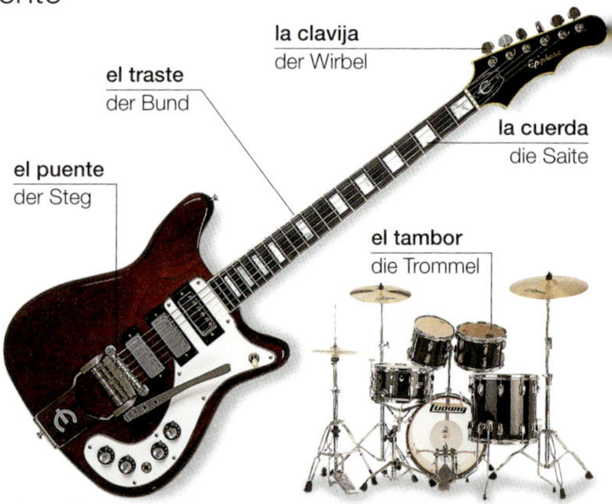

la guitarra eléctrica
die elektrische Gitarre

el tambor die Trommel

la batería
das Schlagzeug

los estilos musicales • die Musikstile

el jazz
der Jazz

el blues
der Blues

la música punk
der Punk

a música folk
der Folk

la música pop
die Popmusik

la música de baile
die Tanzmusik

el rap
der Rap

el heavy metal
das Heavy Metal

la música clásica
die klassische Musik

vocabulario • Vokabular

la canción	**la letra**	**la melodía**	**el ritmo**	**el reggae**	**la música country**	**el foco**
das Lied	der Text	die Melodie	der Beat	der Reggae	die Countrymusik	der Scheinwerfer

el turismo • die Besichtigungstour

el turista
der Tourist

la atracción turística | die Touristenattraktion

el itinerario
die Route

panorámico
mit offenem Oberdeck

el autobús turístico | der Stadtrundfahrtbus

la guía turística
die Fremdenführerin

la visita guiada
die Führung

la estatuilla
die Figur

los recuerdos
die Andenken

vocabulario • Vokabular

abierto geöffnet	**el carrete** der Film	**la cámara de vídeo** der Camcorder	**la izquierda** links	**¿Dónde está...?** Wo ist...?
cerrado geschlossen	**las pilas** die Batterien	**la máquina fotográfica** die Kamera	**la derecha** rechts	**Me he perdido.** Ich habe mich verlaufen.
el precio de entrada das Eintrittsgeld	**la guía** der Reiseführer	**las indicaciones** die Richtungsangaben	**recto** geradeaus	**¿Podría decirme cómo se va a...?** Können Sie mir sagen, wie ich nach... komme?

los lugares de interés • die Sehenswürdigkeiten

el cuadro
das Gemälde

la muestra
das Ausstellungsstück

la galería de arte
die Kunstgalerie

el monumento
das Monument

la exposición
die Ausstellung

el museo
das Museum

la ruina famosa
die berühmte Ruine

el edificio histórico
das historische Gebäude

el casino
das Kasino

los jardines
der Park

el parque nacional
der Nationalpark

la información • die Information

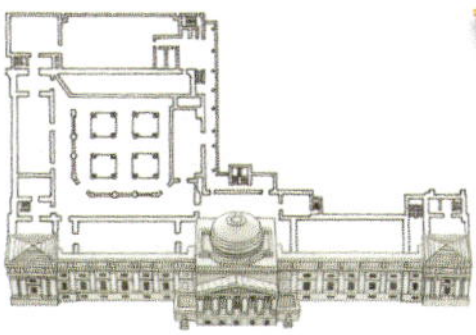

la planta
der Grundriss

el plano
der Stadtplan

las horas
die Zeiten

el horario
der Fahrplan

la oficina de turismo
die Touristeninformation

las actividades al aire libre • die Aktivitäten im Freien

el parque | der Park

la feria
der Jahrmarkt

el parque de atracciones
der Vergnügungspark

el safari park
der Safaripark

el zoo
der Zoo

las actividades • die Aktivitäten

el ciclismo
das Radfahren

el footing
das Jogging

montar en monopatín
das Skateboardfahren

el patinaje
das Inlinerfahren

el sendero para caballos
der Reitweg

la ornitología
die Vogelbeobachtung

la equitación
das Reiten

el senderismo
das Wandern

la cesta de picnic
der Picknickkorb

el picnic
das Picknick

el área de juegos • der Spielplatz

la caja de arena
der Sandkasten

la piscina para niños
das Planschbecken

los columpios
die Schaukel

el subibaja | die Wippe

el tobogán
die Rutsche

la estructura para escalar
das Klettergerüst

la playa • der Strand

la sombrilla
der Sonnenschirm

el hotel
das Hotel

la caseta
das Strandhäuschen

la arena
der Sand

la ola
die Welle

el mar
das Meer

la bolsa de playa
die Strandtasche

el bikini
der Bikini

tomar el sol | sonnenbaden

el socorrista
der Rettungsschwimmer

la torre del socorrista
der Rettungsturm

la cortina cortaviento
der Windschutz

el paseo marítimo
die Promenade

la hamaca
der Liegestuhl

las gafas de sol
die Sonnenbrille

el sombrero de paja
der Strohhut

la crema bronceadora
die Sonnencreme

el protector total
der Sonnenblocker

el balón de playa
der Wasserball

el flotador
der Schwimmreifen

la toalla de playa
das Strandtuch

el bañador
der Badeanzug

la pala
die Schaufel

el cubo
der Eimer

el castillo de arena
die Sandburg

la concha
die Muschel

el camping • das Camping

el camping
der Campingplatz

vocabulario • Vokabular

acampar
zelten

la oficina del director
die Campingplatzverwaltung

hay plazas libres
Zeltplätze frei

completo
voll

la parcela
der Zeltplatz

montar una tienda
ein Zelt aufschlagen

el mástil
die Zeltstange

el catre de campaña
das Faltbett

la hamaca
die Hängematte

la autocaravana
das Wohnmobil

el remolque
der Anhänger

la mesa de picnic
die Picknickbank

el carbón vegetal
die Holzkohle

encender una hoguera
ein Feuer machen

la hoguera
das Lagerfeuer

la pastilla para encender
der Feueranzünder

la estructura
das Gestänge

el suelo aislante
der Zeltboden

la mochila
der Rucksack

el termo
die Thermosflasche

la cantimplora
die Wasserflasche

la tienda de campaña | das Zelt

el repelente
der Insektenspray

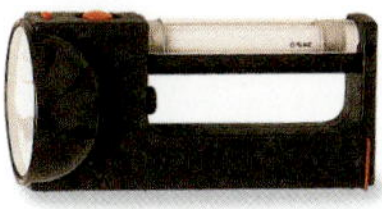

la linterna
die Taschenlampe

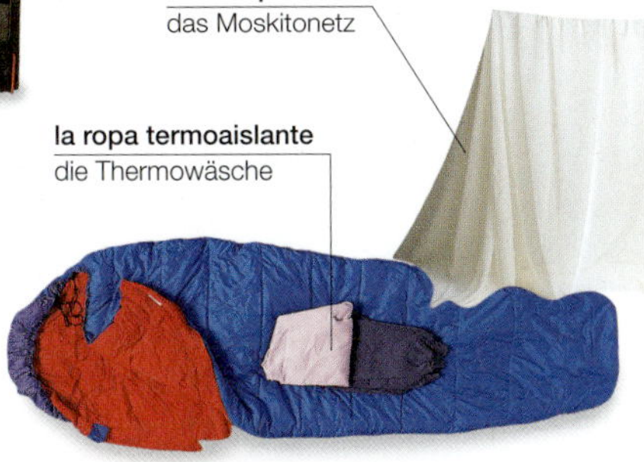

la mosquitera
das Moskitonetz

la ropa termoaislante
die Thermowäsche

el saco de dormir
der Schlafsack

las botas de montaña
die Wanderschuhe

la ropa impermeable
die Regenhaut

el hornillo
der Gasbrenner

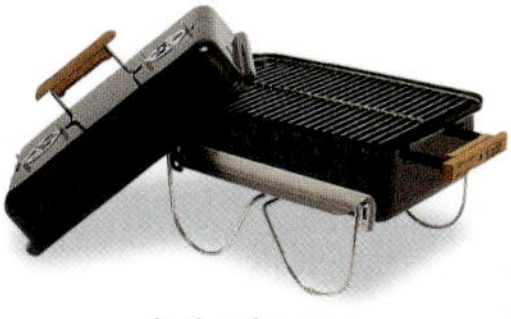

la barbacoa
der Grill

la esterilla
die Schlafmatte

la colchoneta hinchable | die Luftmatratze

la electrónica de consumo • die Unterhaltungselektronik

el discman
der Discman

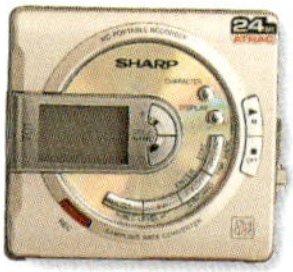

la grabadora de minidisks
der Minidiskrekorder

el lector de MP3
der MP3-Spieler

el disco de DVD
die DVD

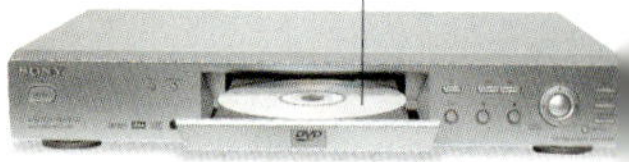

el reproductor de DVD
der DVD-Spieler

el tocadiscos
der Plattenspieler

el lector de compact discs
der CD-Spieler

la radio
das Radio

el amplificador
der Verstärker

los auriculares
die Kopfhörer

el mueble
das Regal

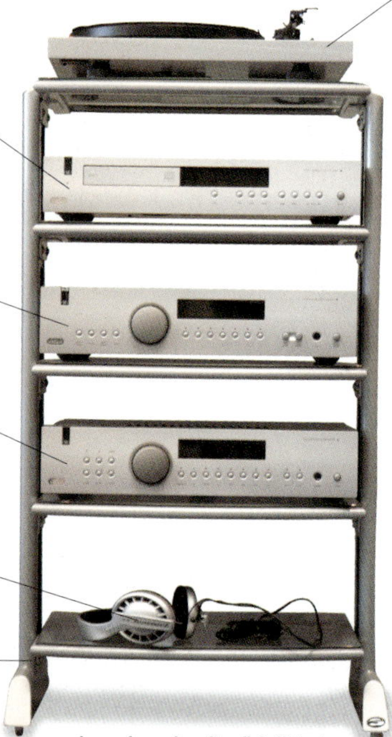

el equipo de alta fidelidad
die Hi-Fi-Anlage

el altavoz
die Lautsprecherbox

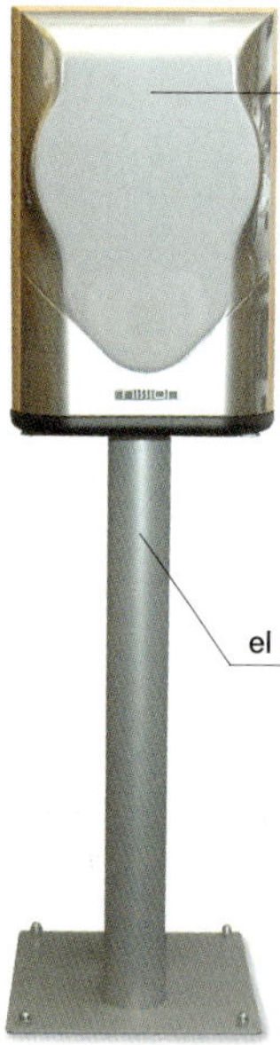

el pie del altavoz
der Ständer

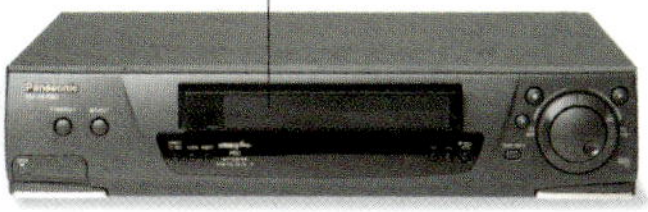

el aparato de vídeo
der Videorekorder

la cámara de vídeo
der Camcorder

la antena parabólica
die Satellitenschüssel

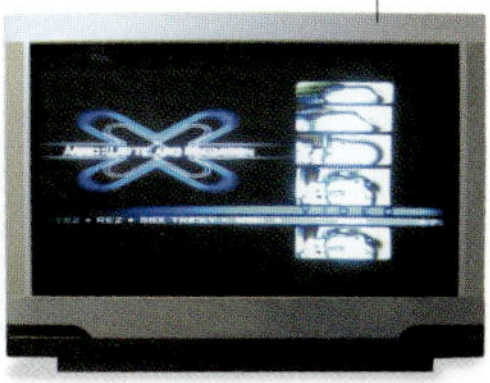

el videojuego | das Videospiel

el mando a distancia
die Fernbedienung

vocabulario • Vokabular

el compact disc
die CD

la casete
die Kassette

el radiocasete
der Kassettenrekorder

el anuncio
die Werbung

digital
digital

el canal de pago
der Pay-Kanal

el programa
das Programm

cambiar de canal
den Kanal wechseln

la televisión por cable
das Kabelfernsehen

ver la televisión
fernsehen

el largometraje
der Spielfilm

encender la televisión
den Fernseher einschalten

sintonizar la radio
das Radio einstellen

estéreo
stereo

apagar la televisión
den Fernseher abschalten

la fotografía • die Fotografie

el flash
der Blitz

el indicador de fotos
der Zähler

la rueda del diafragma
der Blendenregler

el disparador
der Auslöser

la rueda de la velocidad
die Zeiteinstellscheibe

el objetivo
die Linse

la cámara réflex | die Spiegelreflexkamera

el filtro
der Filter

la tapa del objetivo
die Schutzkappe

el flash electrónico
der Elektronenblitz

el fotómetro
der Belichtungsmesser

el objetivo de zoom
das Zoom

el trípode
das Stativ

los tipos de cámara • die Fotoapparattypen

la cámara digital
die Digitalkamera

la cámara APS
die Kamera für APS-Film

la cámara Polaroid
die Sofortbildkamera

la cámara desechable
die Einwegkamera

fotografiar • fotografieren

el carrete
die Filmspule

la película
der Film

enfocar
einstellen

revelar
entwickeln

el negativo
das Negativ

apaisado
quer

en formato vertical
hoch

la fotografía | das Foto

el álbum de fotos
das Fotoalbum

el portarretratos
der Fotorahmen

los problemas • die Probleme

subexpuesto
unterbelichtet

sobreexpuesto
überbelichtet

desenfocado
unscharf

los ojos rojos
rote Augen

vocabulario • Vokabular

el visor
der Bildsucher

la funda de la cámara
die Kameratasche

la exposición
die Belichtung

el cuarto oscuro
die Dunkelkammer

la copia
der Abzug

mate
matt

con brillo
hochglanz

la ampliación
die Vergrößerung

Me gustaría revelar este carrete.
Könnten Sie diesen Film entwickeln lassen?

los juegos • die Spiele

el tablero de ajedrez das Schachbrett
negro schwarz
blanco weiß
la reina die Dame
el rey der König
el alfil der Läufer
el peón der Bauer
la torre der Turm
el caballo der Springer

el ajedrez
das Schach

la casilla das Feld
la ficha der Stein

las damas
das Damespiel

la ficha der Stein

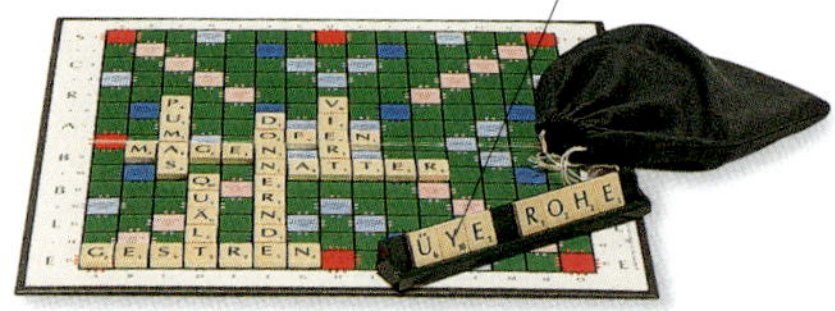

el scrabble
das Scrabble

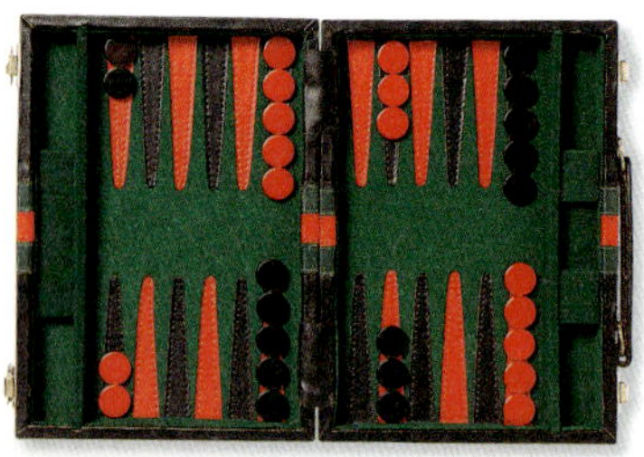

el backgammon | das Backgammon

el dado der Würfel
la ficha die Spielmarke
el monopoly das Monopoly

los juegos de mesa | die Brettspiele

la filatelia
das Briefmarkensammeln

el puzzle
das Puzzle

el dominó
das Domino

la diana
die Dartscheibe

el centro
das Bull's Eye

los dardos
das Darts

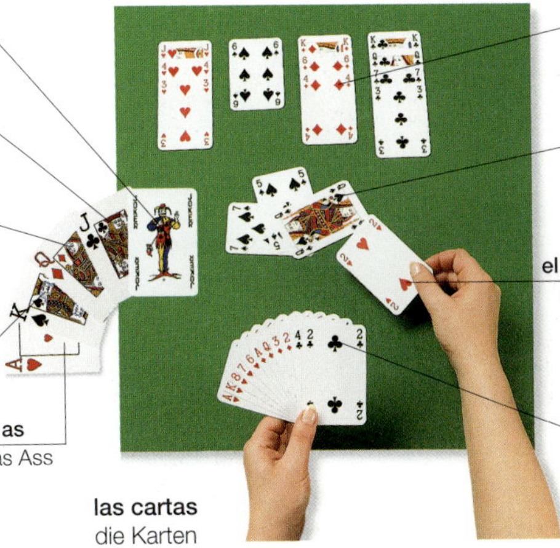

el comodín
der Joker

la sota
der Bube

la reina
die Dame

el rey
der König

el as
das Ass

el diamante
das Karo

la pica
das Pik

el corazón
das Herz

el trébol
das Kreuz

las cartas
die Karten

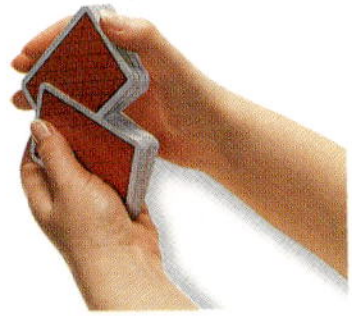

barajar | mischen

dar | geben

vocabulario • Vokabular

el turno der Zug	**ganar** gewinnen	**el perdedor** der Verlierer	**el punto** der Punkt	**el bridge** das Bridge
jugar spielen	**el ganador** der Gewinner	**la partida** das Spiel	**la puntuación** das Spielergebnis	**la baraja** das Kartenspiel
el jugador der Spieler	**perder** verlieren	**la apuesta** die Wette	**el póquer** das Poker	**el palo** die Farbe

¿A quién le toca?
Wer ist dran?

Te toca a ti.
Du bist dran.

Tira los dados.
Würfle.

las manualidades 1 • das Kunsthandwerk 1

la pintura | die Malerei

los colores • die Farben

rojo rot	**azul** blau	**amarillo** gelb	**verde** grün
naranja orange	**morado** lila	**blanco** weiß	**negro** schwarz
gris grau	**rosa** rosa	**marrón** braun	**añil** indigoblau

las pinturas • die Farben

las pinturas al óleo
die Ölfarben

las acuarelas
die Aquarellfarbe

los pasteles
die Pastellstifte

la pintura acrílica
die Acrylfarbe

la témpera
die Plakatfarbe

las otras manualidades • andere Kunstfertigkeiten

el dibujo | das Zeichnen

la impresión
das Drucken

el grabado
das Gravieren

la escultura
die Bildhauerei

la talla en madera
die Holzarbeit

la alfarería
die Töpferei

el collage | die Collage

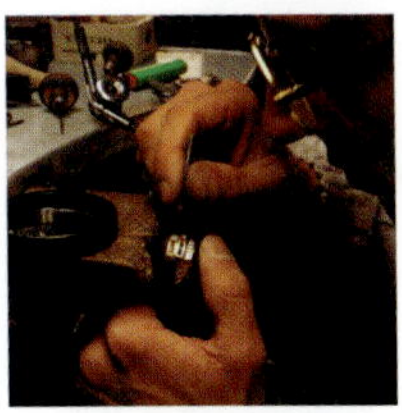

la orfebrería
die Juwelierarbeit

el papel maché
das Pappmaschee

la papiroflexia
das Origami

el modelismo
der Modellbau

las manualidades 2 • das Kunsthandwerk 2

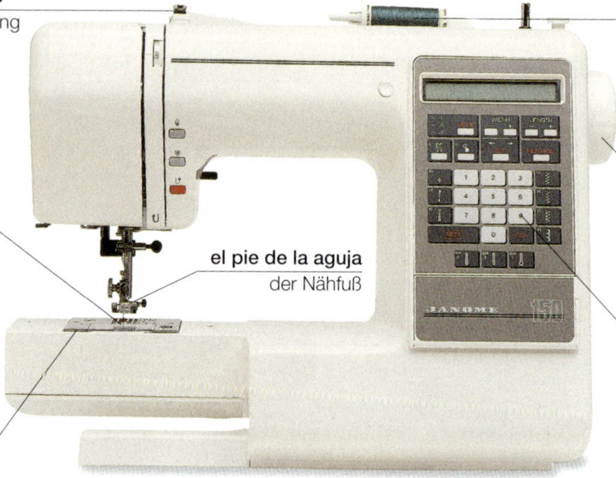

la máquina de coser | die Nähmaschine

las tijeras
die Schere

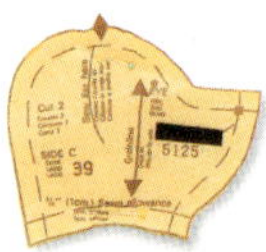

el patrón
das Schnittmuster

la cinta métrica
das Zentimetermaß

la tela
der Stoff

el costurero | der Nähkorb

la bobina
die Spule

la bobina
der Haken

el dedal
der Fingerhut

el jaboncillo
die Schneiderkreide

el maniquí
die Schneiderpuppe

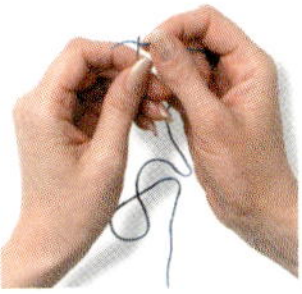

enhebrar
einfädeln

la puntada
der Stich

coser
nähen

zurcir
stopfen

hilvanar
heften

cortar
schneiden

el bordado en cañamazo
die Tapisserie

el bordado
die Stickerei

la aguja de ganchillo
der Häkelhaken

el ganchillo
das Häkeln

el macramé
das Makramee

la labor de retales
das Patchwork

el acolchado
das Wattieren

el bolillo
der Klöppel

el encaje de bolillos
die Spitzen-klöppelei

el telar
der Webstuhl

tejer
die Weberei

la aguja de tejer
die Stricknadel

la labor de punto | das Stricken

la lana
die Wolle

la madeja | der Strang

vocabulario • Vokabular

descoser auftrennen	**el nailon** das Nylon
la tela der Stoff	**la seda** die Seide
el algodón die Baumwolle	**el diseñador** der Modedesigner
el lino das Leinen	**la moda** die Mode
el poliéster das Polyester	**la cremallera** der Reißverschluss

el medio ambiente
die Umwelt

el espacio • der Weltraum

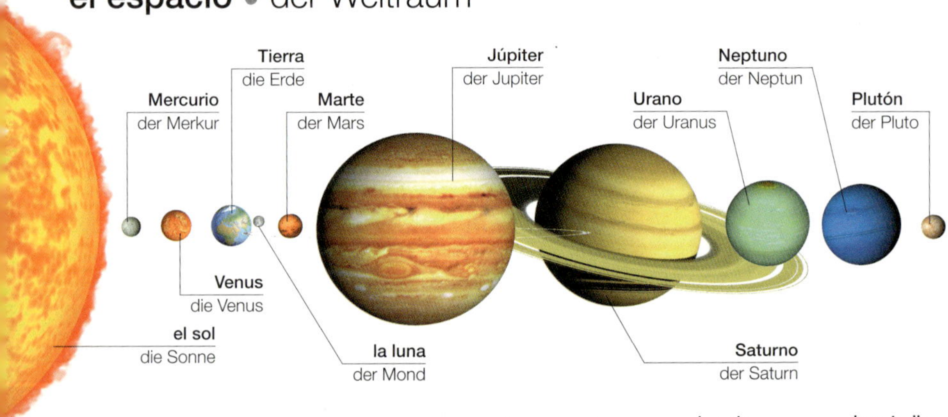

el sistema solar | das Sonnensystem

la galaxia
die Galaxie

la nebulosa
der Nebelfleck

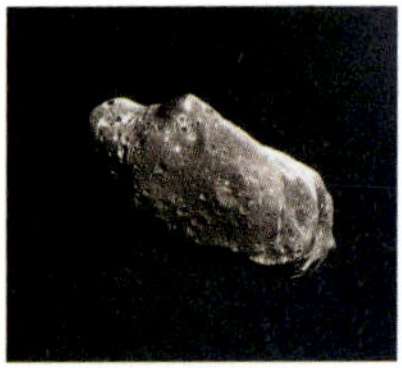

el asteroide
der Asteroid

el cometa
der Komet

vocabulario • Vokabular

el universo
das Universum

el planeta
der Planet

la luna llena
der Vollmond

la gravedad
die Schwerkraft

el meteorito
der Meteor

la media luna
die Mondsichel

el agujero negro
das schwarze Loch

la luna nueva
der Neumond

la órbita
die Umlaufbahn

el eclipse | die Finsternis

la exploración espacial • die Raumforschung

el lanzamiento
der Abschuss

el astronauta | der Astronaut

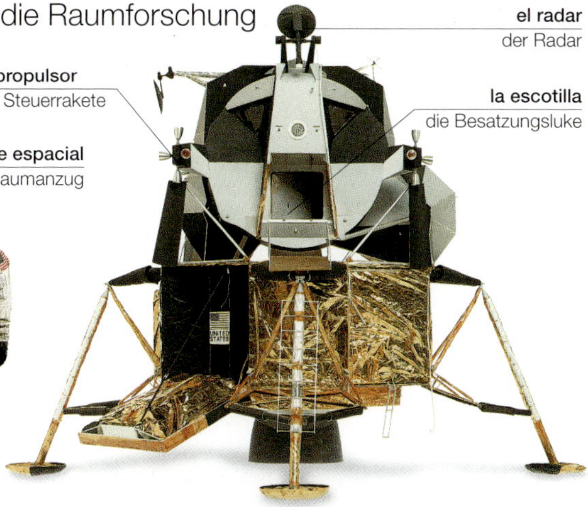

el módulo lunar | die Mondfähre

el satélite
der Satellit

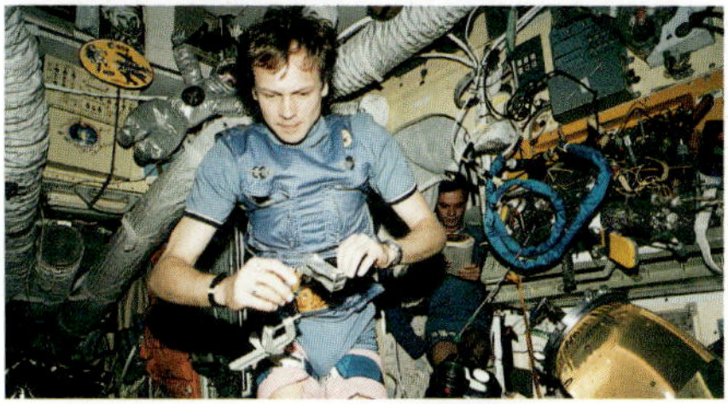

la estación espacial
die Raumstation

la astronomía • die Astronomie

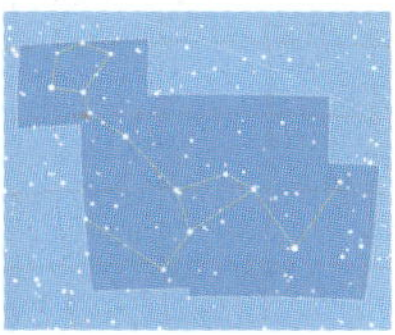

la constelación
das Sternbild

los prismáticos
das Fernglas

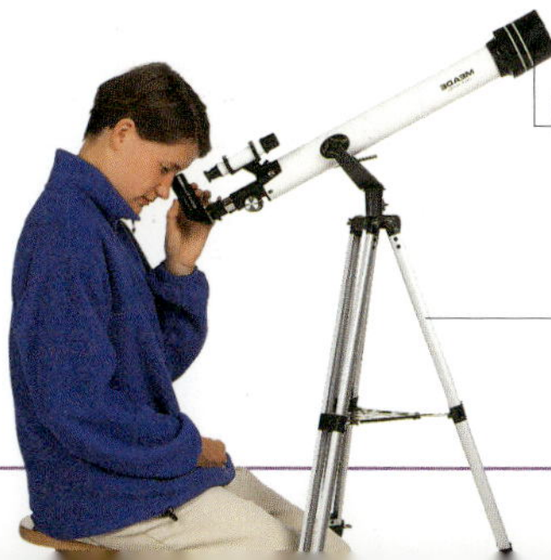

la Tierra • die Erde

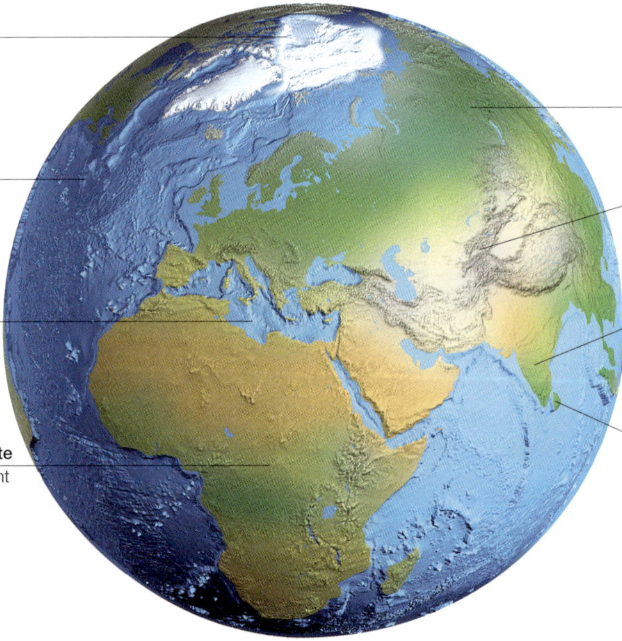

el planeta | der Planet

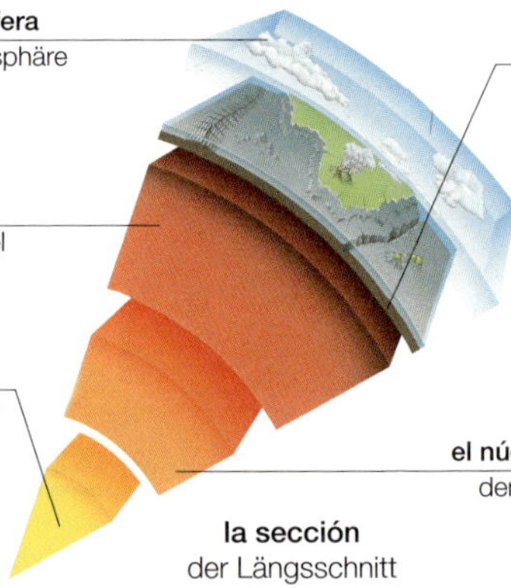

la sección
der Längsschnitt

el círculo polar ártico
der nördliche Polarkreis

el trópico de Cáncer
der Wendekreis des Krebses

los trópicos
die Tropen

el trópico de Capricornio
der Wendekreis des Steinbocks

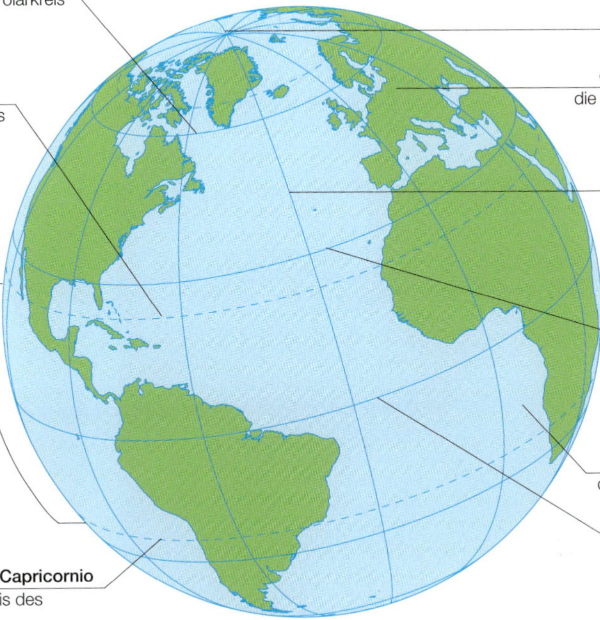

el Polo Norte
der Nordpol

el hemisferio norte
die nördliche Halbkugel

la longitud
der Längengrad

la latitud
der Breitengrad

el hemisferio sur
die südliche Halbkugel

el Ecuador
der Äquator

las zonas | die Erdzonen

la lava
die Lava

la ceniza
die Asche

la chimenea
der Schlot

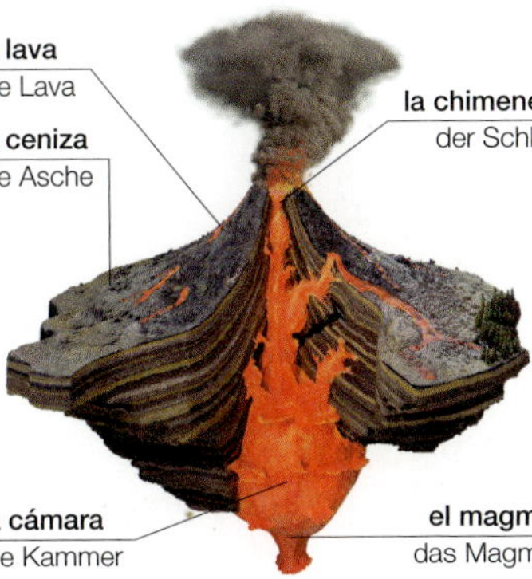

la cámara
die Kammer

el magma
das Magma

el volcán | der Vulkan

el cráter | der Krater

vocabulario • Vokabular

el terremoto
das Erdbeben

la placa
die Platte

entrar en erupción
ausbrechen

el temblor
das Beben

el paisaje • die Landschaft

el glaciar
der Gletscher

el valle | das Tal

la colina
der Hügel

la meseta
das Plateau

el desfiladero
die Schlucht

la cueva
die Höhle

la llanura | die Ebene

el desierto | die Wüste

el bosque | der Wald

el bosque | der Wald

la selva tropical
der Regenwald

el pantano
der Sumpf

el prado
die Wiese

la pradera
das Grasland

la cascada
der Wasserfall

el arroyo
der Bach

el lago
der See

el géiser
der Geysir

la costa
die Küste

el acantilado
die Klippe

el arrecife de coral
das Korallenriff

el estuario
die Flussmündung

el tiempo • das Wetter

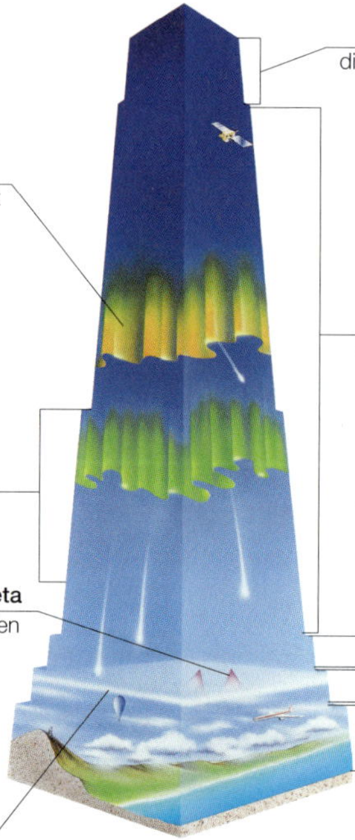

la atmósfera | die Atmosphäre

el sol
der Sonnenschein

el viento
der Wind

vocabulario • Vokabular

el aguanieve der Schneeregen	**el chubasco** der Schauer	**caluroso** heiß	**seco** trocken	**ventoso** windig	**Tengo calor/frío.** Mir ist heiß/kalt.
el granizo der Hagel	**soleado** sonnig	**frío** kalt	**lluvioso** nass	**el temporal** der Sturm	**Está lloviendo.** Es regnet.
el trueno der Donner	**nublado** bewölkt	**cálido** warm	**húmedo** feucht	**la temperatura** die Temperatur	**Estamos a … grados.** Es sind … Grad.

la nube
die Wolke

la lluvia
der Regen

el relámpago
der Blitz

la tormenta
das Gewitter

la neblina
der feine Nebel

la niebla
der dichte Nebel

el arcoiris
der Regenbogen

la nieve
der Schnee

la escarcha
der Raureif

el carámbano
der Eiszapfen

el hielo
das Eis

la helada
der Frost

el huracán
der Hurrikan

el tornado
der Tornado

el monzón
der Monsun

la inundación
die Überschwemmung

las rocas • das Gestein

ígneo • eruptiv

el granito
der Granit

la obsidiana
der Obsidian

el basalto
der Basalt

la piedra pómez
der Bimsstein

sedimentario • sedimentär

la piedra arenisca
der Sandstein

la piedra caliza
der Kalkstein

la tiza
die Kreide

el pedernal
der Feuerstein

el conglomerado
das Konglomerat

el carbón
die Kohle

metamórfico • metamorph

la pizarra
der Schiefer

el esquisto
der Glimmerschiefer

el gneis
der Gneis

el mármol
der Marmor

las gemas • die Schmucksteine

los minerales • die Mineralien

el cuarzo
der Quarz

la mica
der Glimmer

el azufre
der Schwefel

el hematites
der Hämatit

la calcita
der Kalzit

la malaquita
der Malachit

la turquesa
der Türkis

el ónice
der Onyx

el ágata
der Achat

el grafito
der Graphit

los metales • die Metalle

el oro
das Gold

la plata
das Silber

el platino
das Platin

el níquel
das Nickel

el hierro
das Eisen

el cobre
das Kupfer

el estaño
das Zinn

el aluminio
das Aluminium

el mercurio
das Quecksilber

el zinc
das Zink

los animales 1 • die Tiere 1

los mamíferos • die Säugetiere

el conejo
das Kaninchen

el hámster
der Hamster

los bigotes
die Schnurrhaare

el ratón
die Maus

la cola
der Schwanz

la rata
die Ratte

el erizo
der Igel

la ardilla
das Eichhörnchen

el murciélago
die Fledermaus

el mapache
der Waschbär

el zorro
der Fuchs

el lobo
der Wolf

el cachorro
der Welpe

el perro
der Hund

el gatito
das Kätzchen

el gato
die Katze

la nutria
der Otter

la cría
das Junge

la foca
die Robbe

el león marino
der Seelöwe

la aleta
die Flosse

la morsa
das Walross

el orificio nasal
das Atemloch

la ballena
der Wal

el delfín
der Delfin

el ciervo
der Hirsch

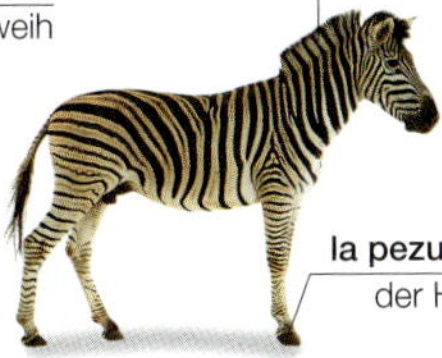

la cebra
das Zebra

la jirafa
die Giraffe

el dromedario
das Dromedar

el hipopótamo
das Nilpferd

el elefante
der Elefant

el rinoceronte
das Nashorn

el tigre
der Tiger

el león
der Löwe

el mono
der Affe

el gorila
der Gorilla

el koala
der Koalabär

el canguro
das Känguru

el oso
der Bär

el oso polar
der Eisbär

el oso panda
der Pandabär

los animales 2 • die Tiere 2

las aves • die Vögel

el canario
der Kanarienvogel

el gorrión
der Spatz

el colibrí
der Kolibri

la golondrina
die Schwalbe

el grajo
die Krähe

la paloma
die Taube

el pájaro carpintero
der Specht

el halcón
der Falke

la lechuza
die Eule

la gaviota
die Möwe

el águila
der Adler

el pelícano
der Pelikan

el flamenco
der Flamingo

la cigüeña
der Storch

la grulla
der Kranich

el pingüino
der Pinguin

el avestruz
der Strauß

la oca | die Gans

el cisne
der Schwan

el pavo real
der Pfau

el faisán
der Fasan

el pavo
der Truthahn

la cacatúa
der Kakadu

el loro
der Papagei

los reptiles • die Reptilien

el caimán
der Alligator

el lagarto
die Eidechse

la iguana
der Leguan

el galápago
die Wasserschildkröte

la tortuga
die Schildkröte

la serpiente
die Schlange

el cocodrilo
das Krokodil

los animales 3 • die Tiere 3

los anfibios • die Amphibien

la rana
der Frosch

el sapo
die Kröte

el renacuajo
die Kaulquappe

la salamandra
der Salamander

los peces • die Fische

la anguila
der Aal

el tiburón
der Haifisch

el caballito de mar
das Seepferd

la raya noriega
der Glattrochen

la raya noriega
der Rochen

el pez rojo
der Goldfisch

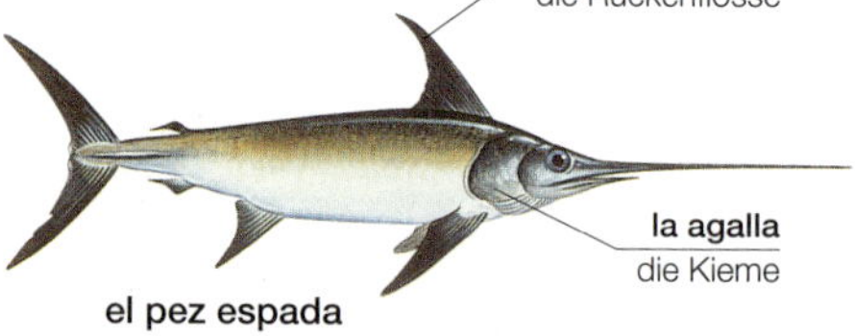

el pez espada
der Schwertfisch

koi carp
der Koikarpfen

los invertebrados • die Wirbellosen

la hormiga
die Ameise

la termita
die Termite

la abeja
die Biene

la avispa
die Wespe

el escarabajo
der Käfer

la cucaracha
die Schabe

la polilla
der Nachtfalter

la mariposa
der Schmetterling

el capullo
der Kokon

la oruga
die Raupe

el grillo
die Grille

el saltamontes
die Heuschrecke

la mantis religiosa
die Gottesanbeterin

el escorpión
der Skorpion

el ciempiés
der Tausendfüßer

la libélula
die Libelle

la mosca
die Fliege

el mosquito
die Stechmücke

la mariquita
der Marienkäfer

la araña
die Spinne

la babosa
die Wegschnecke

el caracol
die Schnecke

el gusano
der Wurm

la estrella de mar
der Seestern

el mejillón
die Muschel

el cangrejo
der Krebs

la langosta
der Hummer

el pulpo
der Krake

el calamar
der Tintenfisch

la medusa
die Qualle

las plantas • die Pflanzen

el árbol • der Baum

el sauce
die Weide

el roble
die Eiche

el álamo
die Pappel

el eucalipto
der Eukalyptus

el alerce
die Lärche

la haya
die Buche

el abedul
die Birke

el pino
die Kiefer

el cedro
die Zeder

el arce
der Ahorn

el olmo
die Ulme

el tilo
die Linde

el acebo
die Stechpalme

la palmera
die Palme

la planta de flor • die blühende Pflanze

el ranúnculo
der Hahnenfuß

la margarita
das Gänse-
blümchen

el cardo
die Distel

el diente de león
der Löwenzahn

el brezo
das Heidekraut

la amapola
der Klatschmohn

la dedalera
der Fingerhut

la madreselva
das Geißblatt

el girasol
die Sonnenblume

el trébol
der Klee

las campanillas
die Glockenblumen

la prímula
die
Schlüsselblume

el altramuz
die Lupine

la ortiga
die Nessel

la ciudad • die Stadt

la calle
die Straße

el bordillo
die Bordkante

la esquina
die Straßenecke

la tienda
der Laden

el cruce
die Kreuzung

la calle de sentido único
die Einbahnstraße

la acera
der Bürgersteig

el edificio de oficinas
das Bürogebäude

el bloque de viviendas
der Wohnblock

el callejón
die Gasse

el aparcamiento
der Parkplatz

la señal de tráfico
das Straßenschild

la baliza
der Poller

la farola
die Straßenlaterne

los edificios • die Gebäude

el ayuntamiento
das Rathaus

la biblioteca
die Bibliothek

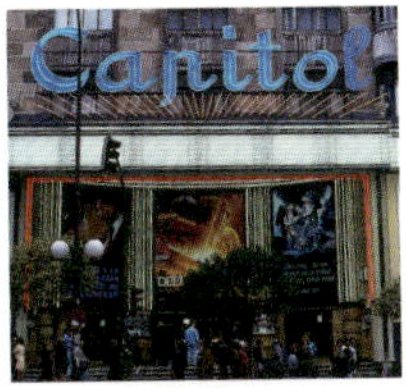

el cine
das Kino

el teatro
das Theater

la universidad
die Universität

el colegio
die Schule

el rascacielos
der Wolkenkratzer

las zonas • die Gebiete

la zona industrial
das Industriegebiet

la ciudad
die Innenstadt

la periferia
die Vorstadt

el pueblo
das Dorf

vocabulario • Vokabular

la zona peatonal
die Fußgängerzone

la avenida
die Allee

la bocacalle
die Seitenstraße

la plaza
der Platz

el pozo de entrada
der Kanalschacht

la parada de autobús
die Bushaltestelle

la alcantarilla
der Rinnstein

la fábrica
die Fabrik

la iglesia
die Kirche

el sumidero
der Gully

la arquitectura • die Architektur

los edificios y las estructuras • die Gebäude und Strukturen

el rascacielos
der Wolkenkratzer

el castillo
die Burg

la iglesia
die Kirche

la mezquita
die Moschee

el templo
der Tempel

la sinagoga
die Synagoge

la presa
der Staudamm

el puente
die Brücke

la catedral | die Kathedrale

los estilos • die Baustile

gótico
gotisch

el arquitrabe
der Architrav

el Renacimiento
Renaissance

barroco
barock

el coro
der Chor

rococó
Rokoko

el arco
der Bogen

el friso
der Fries

el contrafuerte
der Strebepfeiler

el frontón
das Giebeldreieck

la columna
die Säule

neoclásico
klassizistisch

el estilo modernista
der Jugendstil

art decó
Art-déco

los datos
die Information

el tiempo • die Uhrzeit

el minutero
der Minutenzeiger

la aguja de la hora
der Stundenzeiger

el reloj
die Uhr

vocabulario • Vokabular

el segundo die Sekunde	**ahora** jetzt	**un cuarto de hora** eine Viertelstunde
el minuto die Minute	**más tarde** später	**veinte minutos** zwanzig Minuten
la hora die Stunde	**media hora** eine halbe Stunde	**cuarenta minutos** vierzig Minuten

¿Qué hora es?
Wie spät ist es?

Son las tres en punto.
Es ist drei Uhr.

la una y cinco
fünf nach eins

la una y diez
zehn nach eins

la una y cuarto
Viertel nach eins

la una y veinte
zwanzig nach eins

la trotteuse
der Sekundenzeiger

la una y veinticinco
fünf vor halb zwei

la una y media
ein Uhr dreißig

las dos menos veinticinco
fünf nach halb zwei

las dos menos veinte
zwanzig vor zwei

las dos menos cuarto
Viertel vor zwei

las dos menos diez
zehn vor zwei

las dos menos cinco
fünf vor zwei

las dos en punto
zwei Uhr

la noche y el día • die Nacht und der Tag

la medianoche
die Mitternacht

el amanecer
der Sonnenaufgang

el alba
die Morgendämmerung

la mañana
der Morgen

la puesta de sol
der Sonnenuntergang

el mediodía
der Mittag

el anochecer
die Abenddämmerung

la noche
der Abend

la tarde
der Nachmittag

vocabulario • Vokabular

temprano
früh

puntual
pünktlich

tarde
spät

Llegas temprano.
Du bist früh dran.

Llegas tarde.
Du hast dich verspätet.

Llegaré dentro de poco.
Ich werde bald dort sein.

Por favor, sé puntual.
Sei bitte pünklich.

Por favor, sé puntual.
Bis später.

¿A qué hora comienza?
Wann fängt es an?

¿A qué hora termina?
Wann ist es zu Ende?

¿Cuánto dura?
Wie lange dauert es?

Se está haciendo tarde.
Es ist schon spät.

el calendario • der Kalender

el mes
der Monat

el año
das Jahr

enero
Januar

2010

el día
der Tag

lunes	**martes**	**miércoles**	**jueves**	**viernes**	**sábado**	**domingo**
Montag	Dienstag	Mittwoch	Donnerstag	Freitag	Samstag	Sonntag
1	2	3	4	5	6	7
8	9	10	11	12	13	14
15	16	17	18	19	20	21

el día laborable
der Werktag

la semana
die Woche

la fecha
das Datum

ayer
gestern

hoy
heute

mañana
morgen

el fin de semana
das Wochenende

vocabulario • Vokabular

enero Januar	**marzo** März	**mayo** Mai	**julio** Juli	**septiembre** September	**noviembre** November
febrero Februar	**abril** April	**junio** Juni	**agosto** August	**octubre** Oktober	**diciembre** Dezember

los años • die Jahre

1900 **mil novecientos** • neunzehnhundert

1901 **mil novecientos uno** • neunzehnhunderteins

1910 **mil novecientos diez** • neunzehnhundertzehn

2000 **dos mil** • zweitausend

2001 **dos mil uno** • zweitausendeins

las estaciones • die Jahreszeiten

la primavera
der Frühling

el verano
der Sommer

el otoño
der Herbst

el invierno
der Winter

vocabulario • Vokabular

el siglo
das Jahrhundert

la década
das Jahrzehnt

el milenio
das Jahrtausend

quince días
vierzehn Tage

esta semana
diese Woche

la semana pasada
letzte Woche

la semana que viene
nächste Woche

antes de ayer
vorgestern

pasado mañana
übermorgen

semanal
wöchentlich

mensual
monatlich

anual
jährlich

¿Qué día es hoy?
Welches Datum haben wir heute?

Es el siete de febrero del dos mil dos.
Heute ist der siebte Februar zweitausendzwei.

los números • die Zahlen

0 **cero** • null

1 **uno** • eins

2 **dos** • zwei

3 **tres** • drei

4 **cuatro** • vier

5 **cinco** • fünf

6 **seis** • sechs

7 **siete** • sieben

8 **ocho** • acht

9 **nueve** • neun

10 **diez** • zehn

11 **once** • elf

12 **doce** • zwölf

13 **trece** • dreizehn

14 **catorce** • vierzehn

15 **quince** • fünfzehn

16 **dieciséis** • sechzehn

17 **diecisiete** • siebzehn

18 **dieciocho** • achtzehn

19 **diecinueve** • neunzehn

20 **veinte** • zwanzig

21 **veintiuno** • einundzwanzig

22 **vientidós** • zweiundzwanzig

30 **treinta** • dreißig

40 **cuarenta** • vierzig

50 **cincuenta** • fünfzig

60 **sesenta** • sechzig

70 **setenta** • siebzig

80 **ochenta** • achtzig

90 **noventa** • neunzig

100 **cien** • hundert

110 **ciento diez** • hundertzehn

200 **doscientos** • zweihundert

300 **trescientos** • dreihundert

400 **cuatrocientos** • vierhundert

500 **quinientos** • fünfhundert

600 **seiscientos** • sechshundert

700 **setecientos** • siebenhundert

800 **ochocientos** • achthundert

900 **novecientos** • neunhundert

1000	**mil** • tausend
10.000	**diez mil** • zehntausend
20.000	**veinte mil** • zwanzigtausend
50.000	**cincuenta mil** • fünfzigtausend
55.500	**cincuenta y cinco mil quinientos** • fünfundfünfzigtausendfünfhundert
100.000	**cien mil** • hunderttausend
1.000.000	**un millón** • eine Million
1.000.000.000	**mil millones** • eine Milliarde

cuarto • vierter

quinto • fünfter

sexto • sechster

séptimo • siebter

octavo • achter

noveno • neunter

décimo • zehnter

undécimo • elfter

duodécimo • zwölfter

decimotercero • dreizehnter

decimocuarto • vierzehnter

decimoquinto • fünfzehnter

decimosexto • sechzehnter

decimoséptimo • siebzehnter

décimo octavo • achtzehnter

décimo noveno • neunzehnter

vigésimo • zwanzigster

vigésimo primero • einundzwanzigster

vigésimo segundo • zweiundzwanzigster

vigésimo tercero • dreiundzwanzigster

trigésimo • dreißigster

cuadragésimo • vierzigster

quincuagésimo • fünfzigster

sexagésimo • sechzigster

septuagésimo • siebzigster

octogésimo • achtzigster

nonagésimo • neunzigster

centésimo • hundertster

las medidas y los pesos • die Maße und Gewichte

el área • die Fläche

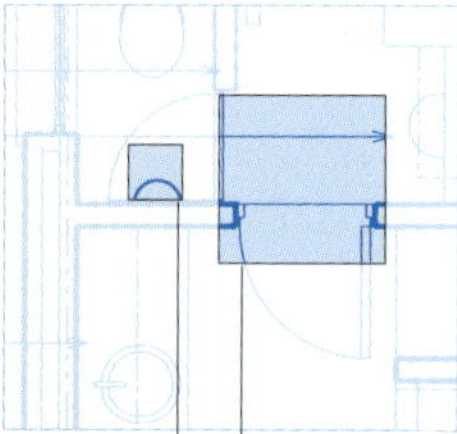

el pie cuadrado
der Quadratfuß

el metro cuadrado
der Quadratmeter

la distancia • die Entfernung

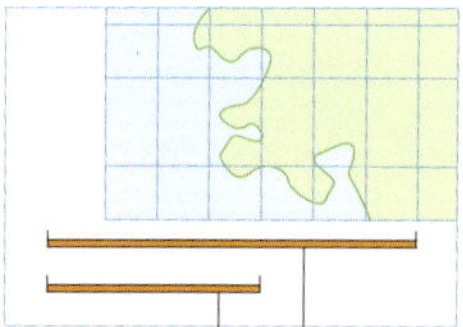

el kilómetro
der Kilometer

la milla
die Meile

la bandeja
die Waagschale

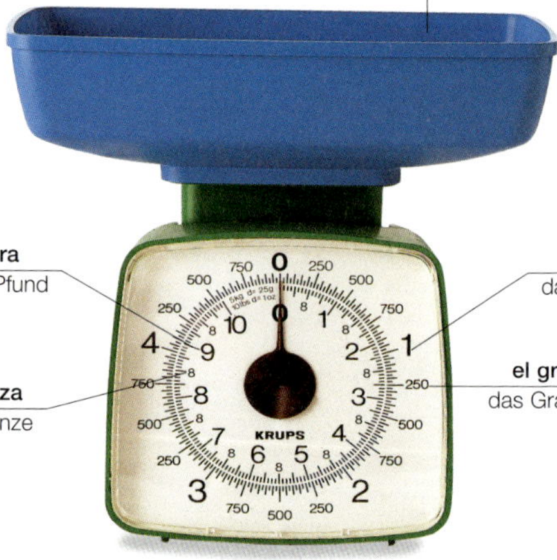

la libra
das Pfund

la onza
die Unze

el kilogramo
das Kilogramm

el gramo
das Gramm

la balanza | die Waage

vocabulario • Vokabular

la yarda
das Yard

el metro
der Meter

la tonelada
die Tonne

el miligramo
das Milligramm

medir
messen

pesar
wiegen

la longitud • die Länge

el pie
der Fuß

el milímetro
der Millimeter

el centímetro
der Zentimeter

la pulgada
der Zoll

la capacidad • das Fassungsvermögen

el medio litro
der halbe Liter

la pinta
das Pint

el volumen
das Volumen

el mililitro
der Milliliter

la jarra graduada
der Messbecher

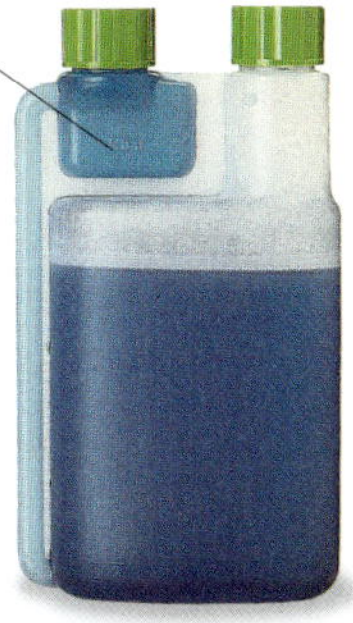

la medida de capacidad
das Flüssigkeitsmaß

vocabulario • Vokabular

el galón
die Gallone

el cuarto de galón
das Quart

el litro
der Liter

el recipiente • der Behälter

la bolsa
der Beutel

el tetrabrik
die Tüte

el paquete
das Päckchen

la botella
die Flasche

la tarrina | die Dose

el tarro | das Glas

la lata | die Dose

el pulverizador
der Sprühbehälter

la pastilla
das Stück

el tubo
die Tube

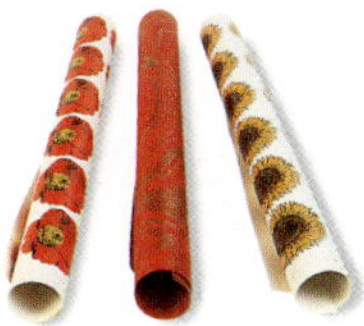

el rollo
die Rolle

el paquete
das Päckchen

el spray
die Sprühdose

el mapamundi • die Weltkarte

el Océano Ártico
die Nordsee

el Océano Ártico
das Nordpolarmeer

las Montañas Rocosas
die Rocky Mountains

el Mar Caribe
das Karibische Meer

el Amazonas
Amazonien

el Océano Pacífico
der Pazifische Ozean

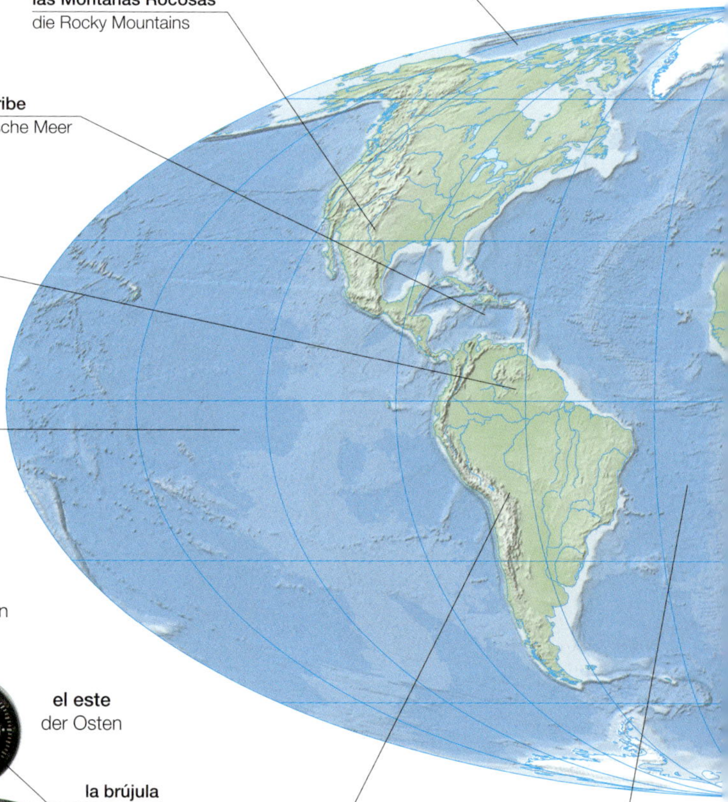

el norte
der Norden

el oeste
der Westen

el este
der Osten

la brújula
der Kompass

el sur
der Süden

los Andes
die Anden

el Océano Atlántico
der Atlantische Ozean

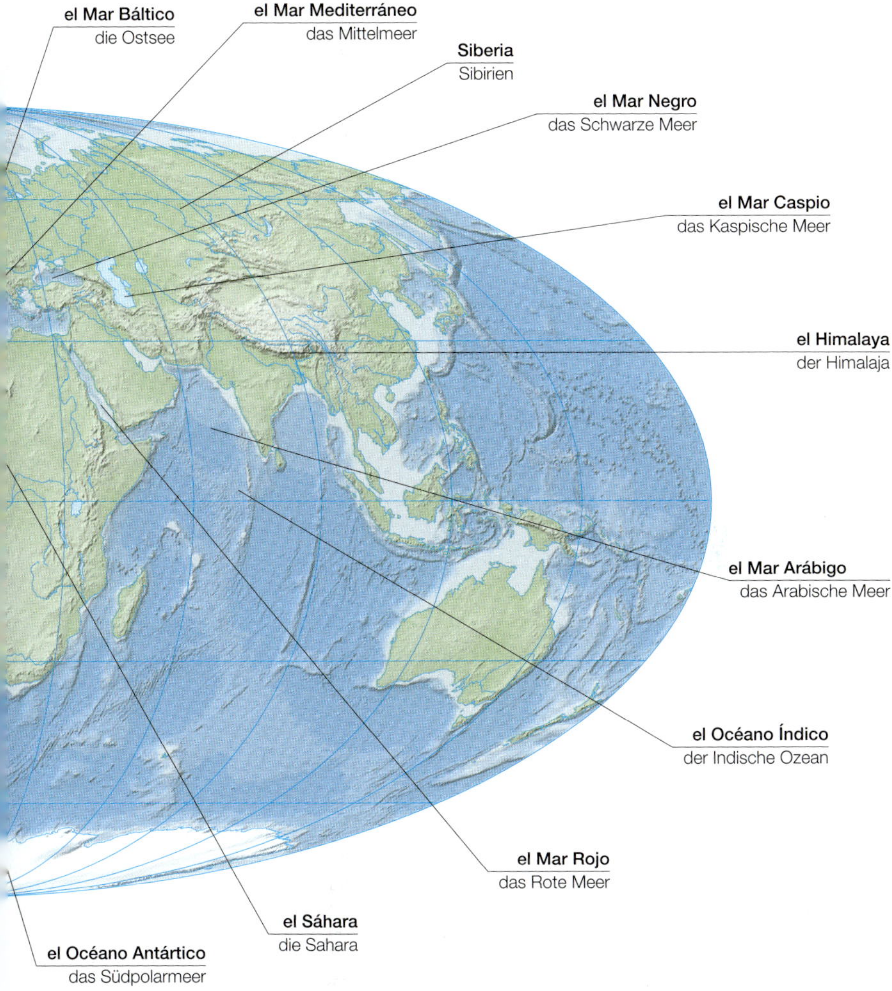
el Mar Báltico
die Ostsee
el Mar Mediterráneo
das Mittelmeer
Siberia
Sibirien
el Mar Negro
das Schwarze Meer
el Mar Caspio
das Kaspische Meer
el Himalaya
der Himalaja
el Mar Arábigo
das Arabische Meer
el Océano Índico
der Indische Ozean
el Mar Rojo
das Rote Meer
el Sáhara
die Sahara
el Océano Antártico
das Südpolarmeer

América del Norte y Central • Nord- und Mittelamerika

1 **Alaska** • Alaska
2 **Canadá** • Kanada
3 **Groenlandia** • Grönland
4 **Estados Unidos de América** • die Vereinigten Staaten
5 **México** • Mexiko
6 **Guatemala** • Guatemala
7 **Belice** • Belize
8 **El Salvador** • El Salvador
9 **Honduras** • Honduras
10 **Nicaragua** • Nicaragua
11 **Costa Rica** • Costa Rica
12 **Panamá** • Panama
13 **Cuba** • Kuba
14 **Bahamas** • die Bahamas
15 **Jamaica** • Jamaika
16 **Haití** • Haiti
17 **República Dominicana** • die Dominikanische Republik
18 **Puerto Rico** • Puerto Rico
19 **Barbados** • Barbados
20 **Trinidad y Tobago** • Trinidad und Tobago
21 **Saint Kitts y Nevis** • Saint Kitts und Nevis
22 **Antigua y Barbuda** • Antigua und Barbuda
23 **Dominica** • Dominica
24 **Santa Lucía** • Saint Lucia
25 **San Vicente y las Granadinas** • Saint Vincent und die Grenadinen
26 **Granada** • Grenada

América del Sur • Südamerika

1 **Venezuela** • Venezuela
2 **Colombia** • Kolumbien
3 **Ecuador** • Ecuador
4 **Perú** • Peru
5 **las Islas Galápagos** • die Galapagos-Inseln
6 **Guyana** • Guyana
7 **Suriname** • Suriname
8 **la Guyana Francesa** • Französisch-Guayana
9 **Brasil** • Brasilien
10 **Bolivia** • Bolivien
11 **Chile** • Chile
12 **Argentina** • Argentinien
13 **Paraguay** • Paraguay
14 **Uruguay** • Uruguay
15 **las Malvinas** • die Falkland-Inseln

vocabulario • Vokabular

la zona die Zone	**la colonia** die Kolonie	**el distrito** der Bezirk
la nación der Staat	**el país** die Nation	**la región** die Region
el estado das Land	**el territorio** das Territorium	**la capital** die Hauptstadt
la provincia die Provinz	**el principado** das Fürstentum	**el continente** der Kontinent

Europa • Europa

1 **Irlanda** • Irland
2 **Reino Unido** • Großbritannien
3 **Portugal** • Portugal
4 **España** • Spanien
5 **las Islas Baleares** • die Balearen
6 **Andorra** • Andorra
7 **Francia** • Frankreich
8 **Bélgica** • Belgien
9 **los Países Bajos** • die Niederlande
10 **Luxemburgo** • Luxemburg
11 **Alemania** • Deutschland
12 **Dinamarca** • Dänemark
13 **Noruega** • Norwegen
14 **Suecia** • Schweden
15 **Finlandia** • Finnland
16 **Estonia** • Estland
17 **Letonia** • Lettland
18 **Lituania** • Litauen
19 **Kaliningrado** • Kaliningrad
20 **Polonia** • Polen
21 **República Checa** • die Tschechische Republik
22 **Austria** • Österreich
23 **Liechtenstein** • Liechtenstein
24 **Suiza** • die Schweiz
25 **Italia** • Italien
26 **Mónaco** • Monaco
27 **Córcega** • Korsika
28 **Cerdeña** • Sardinien
29 **San Marino** • San Marino
30 **la Ciudad del Vaticano** • die Vatikanstadt
31 **Sicilia** • Sizilien
32 **Malta** • Malta
33 **Eslovenia** • Slowenien
34 **Croacia** • Kroatien
35 **Hungría** • Ungarn
36 **Eslovaquia** • die Slowakei
37 **Ucrania** • die Ukraine
38 **Belarús** • Weißrussland
39 **Moldavia** • Moldawien
40 **Rumanía** • Rumänien
41 **Serbia** • Serbien
42 **Bosnia y Herzegovina** • Bosnien und Herzegowina
43 **Albania** • Albanien
44 **Macedonia** • Mazedonien
45 **Bulgaria** • Bulgarien
46 **Grecia** • Griechenland
47 **Kósovo** • Kosovo
48 **Montenegro** • Montenegro

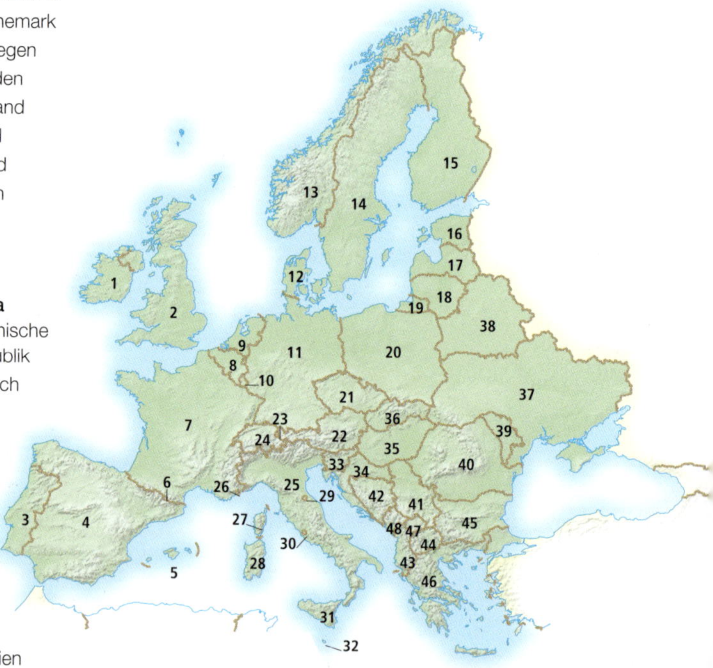

África • Afrika

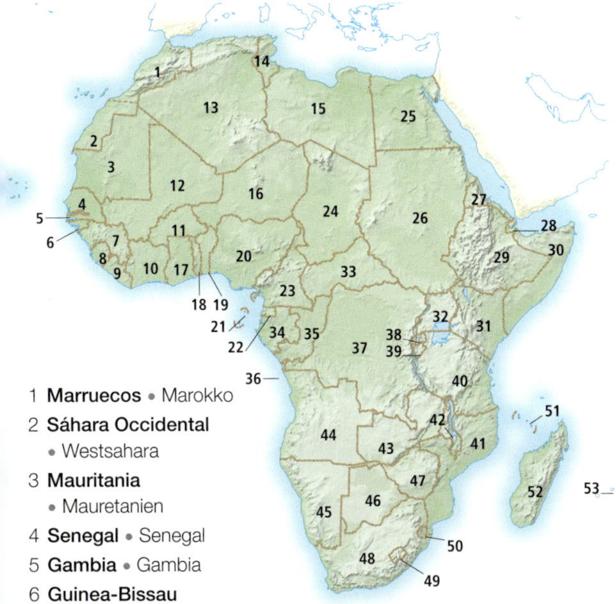

1 **Marruecos** • Marokko

2 **Sáhara Occidental** • Westsahara

3 **Mauritania** • Mauretanien

4 **Senegal** • Senegal

5 **Gambia** • Gambia

6 **Guinea-Bissau** • Guinea-Bissau

7 **Guinea** • Guinea

8 **Sierra Leona** • Sierra Leone

9 **Liberia** • Liberia

10 **Costa de Marfil** • Elfenbeinküste

11 **Burquina Faso** • Burkina Faso

12 **Mali** • Mali

13 **Argelia** • Algerien

14 **Túnez** • Tunesien

15 **Libia** • Libyen

16 **Níger** • Niger

17 **Ghana** • Ghana

18 **Togo** • Togo

19 **Benín** • Benin

20 **Nigeria** • Nigeria

21 **Santo Tomé y Príncipe** • São Tomé und Príncipe

22 **Guinea Ecuatorial** • Äquatorialguinea

23 **Camerún** • Kamerun

24 **Chad** • Tschad

25 **Egipto** • Ägypten

26 **Sudán** • der Sudan

27 **Eritrea** • Eritrea

28 **Djibouti** • Dschibuti

29 **Etiopía** • Äthiopien

30 **Somalia** • Somalia

31 **Kenia** • Kenia

32 **Uganda** • Uganda

33 **República Centroafricana** • die Zentralafrikanische Republik

34 **Gabón** • Gabun

35 **Congo** • Kongo

36 **Cabinda** • Kabinda

37 **República Democrática del Congo** • die Demokratische Republik Kongo

38 **Ruanda** • Ruanda

39 **Burundi** • Burundi

40 **Tanzania** • Tansania

41 **Mozambique** • Mosambik

42 **Malaui** • Malawi

43 **Zambia** • Sambia

44 **Angola** • Angola

45 **Namibia** • Namibia

46 **Botsuana** • Botsuana

47 **Zimbabue** • Simbabwe

48 **Sudáfrica** • Südafrika

49 **Lesoto** • Lesotho

50 **Swazilandia** • Swasiland

51 **Comoras** • Komoren

52 **Madagascar** • Madagaskar

53 **Mauricio** • Mauritius

Asia • Asien

1 **Turquía** • die Türkei
2 **Chipre** • Zypern
3 **Federación Rusa** • die Russische Föderation
4 **Georgia** • Georgien
5 **Armenia** • Armenien
6 **Azerbaiyán** • Aserbaidschan
7 **Irán** • der Iran
8 **Iraq** • der Irak
9 **Siria** • Syrien
10 **Líbano** • der Libanon
11 **Israel** • Israel
12 **Jordania** • Jordanien
13 **Arabia Saudita** • Saudi-Arabien
14 **Kuwait** • Kuwait
15 **Bahréin** • Bahrain
16 **Qatar** • Katar
17 **Emiratos Árabes Unidos** • Vereinigte Arabische Emirate
18 **Omán** • Oman
19 **Yemen** • der Jemen
20 **Kazajistán** • Kasachstan
21 **Uzbekistán** • Usbekistan
22 **Turkmenistan** • Turkmenistan
23 **Afganistán** • Afghanistan
24 **Tayikistán** • Tadschikistan
25 **Kirguistán** • Kirgisistan
26 **Pakistán** • Pakistan
27 **India** • Indien
28 **Maldivas** • die Malediven
29 **Sri Lanka** • Sri Lanka
30 **China** • China
31 **Mongolia** • die Mongolei
32 **Corea del Norte** • Nordkorea
33 **Corea del Sur** • Südkorea
34 **Japón** • Japan
35 **Nepal** • Nepal

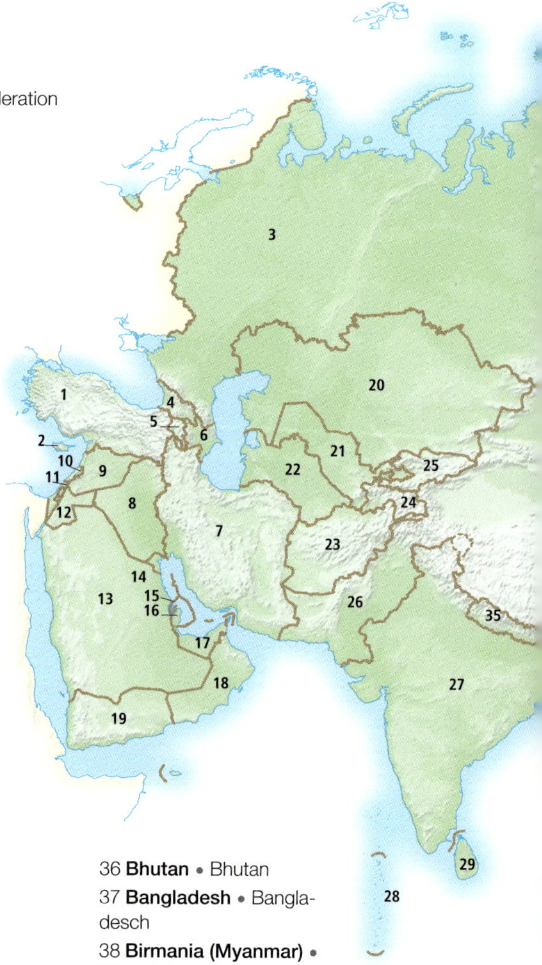

36 **Bhutan** • Bhutan
37 **Bangladesh** • Bangladesch
38 **Birmania (Myanmar)** • Birma (Myanmar)
39 **Tailandia** • Thailand
40 **Laos** • Laos
41 **Vietnam** • Vietnam

Australasia • Australien und Ozeanien

1 **Australia** • Australien
2 **Tasmania** • Tasmanien
3 **Nueva Zelanda** • Neuseeland

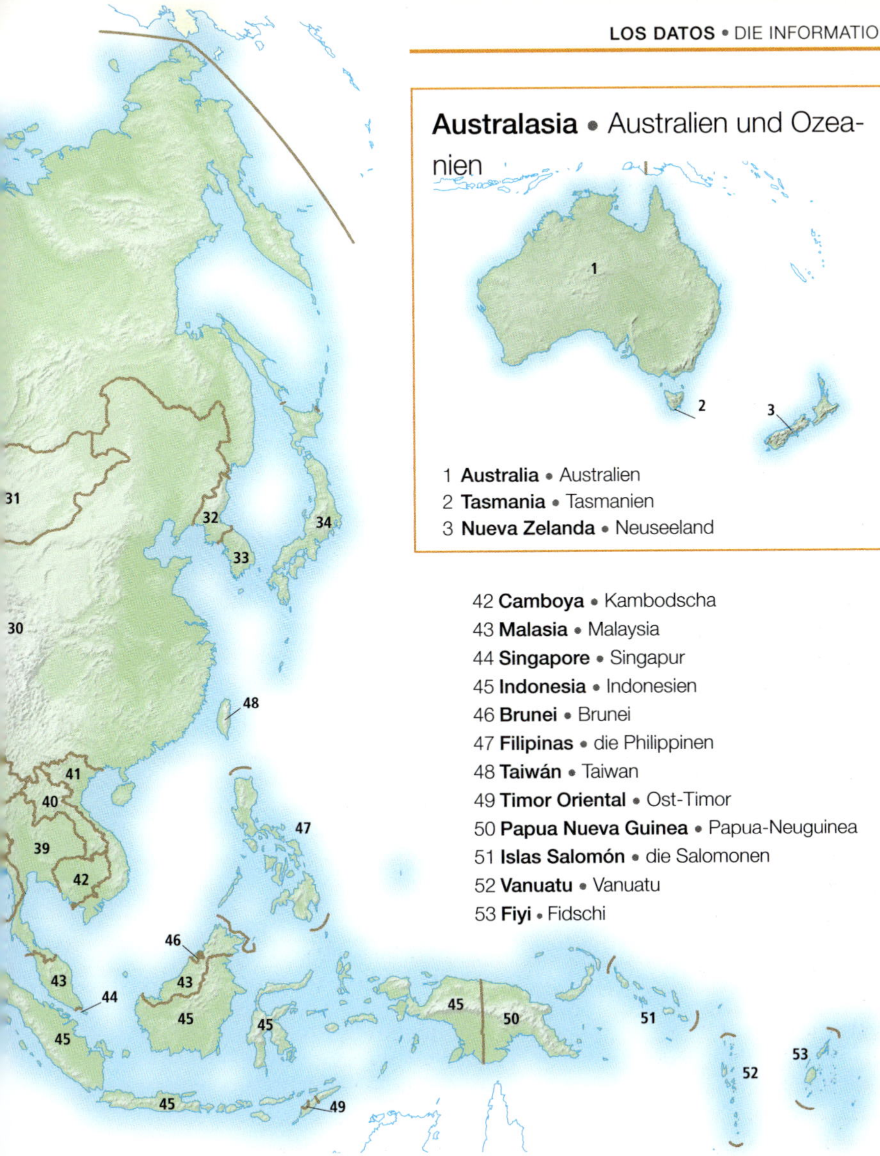

42 **Camboya** • Kambodscha
43 **Malasia** • Malaysia
44 **Singapore** • Singapur
45 **Indonesia** • Indonesien
46 **Brunei** • Brunei
47 **Filipinas** • die Philippinen
48 **Taiwán** • Taiwan
49 **Timor Oriental** • Ost-Timor
50 **Papua Nueva Guinea** • Papua-Neuguinea
51 **Islas Salomón** • die Salomonen
52 **Vanuatu** • Vanuatu
53 **Fiyi** • Fidschi

preposiciones y adjetivos • Präpositionen und Adjektive

a – nach; um
Voy a España/a la montaña. – Ich fahre nach Spanien/in die Berge.
A las doce. – Um zwölf.

en, dentro de – in
En/dentro de la tienda. – Im Geschäft.

de – von
La amiga de Isabel.
Isabels Freundin.

desde – seit; von
Te escribo desde Sevilla. – Ich schreibe dir aus Sevilla.
Desde ayer.
Seit gestern

por – über; wegen; für; mit
Vamos por Toledo.
Wir fahren über Toledo.
Cerrado por vacaciones. – Wegen Urlaub geschlossen.
Comprar por poco dinero.
Für wenig Geld kaufen.
Un cuadro pintado por Goya. – Ein von Goya gemaltes Bild.
Enviar por correo.
Mit der Post schicken.

para – für
El café es para mí.
Der Kaffee ist für mich.

con - mit
Comer con cuchara.
Mit dem Löffel essen.

sin – ohne
Viajo sin maleta.
Ich reise ohne Koffer.

hasta – bis
Hasta mañana.
Bis morgen.

hacia – gegen
Hacia las nueve.
Gegen neun.

contra – gegen
Contra el hambre.
Gegen den Hunger.

entre – zwischen
Entre el coche y el autobus. – Zwischen dem Auto und dem Bus.

delante de – vor
Delante de la iglesia.
Vor der Kirche.

detrás de – hinter
Detrás del ayuntamiento.
Hinter dem Rathaus.

debajo de – unter
Debajo de la mesa.
Unter dem Tisch.

sobre, encima de – auf, über
Sobre/encima de la mesa. – Auf dem Tisch.
Encima del lavabo. – Über dem Waschbecken.

cerca de – in der Nähe von
Cerca del río. – In der Nähe des Flusses.

durante – während
Durante las vacaciones.
Während der Ferien.

antes de – vor
Antes del lunes.
Vor Montag.

después de – nach
Después de Navidad.
Nach Weihnachten.

a causa de – wegen
A causa de la lluvia. – Wegen des Regens.

temprano
früh

tarde
spät

ahora
jetzt

más tarde
später

siempre
immer

nunca
nie

a menudo
oft

rara vez
selten

ayer
gestern

mañana
morgen

primero
der Erste

el último
der Letzte

todos
alle

algunos
einige

aproximadamente
etwa

un poco
ein wenig

mucho
viel

grande groß	**pequeño** klein
ancho breit	**estrecho** schmal
largo lang	**bajo** kurz
alto hoch	**bajo** niedrig
grueso dick	**delgado** dünn
ligero leicht	**pesado** schwer
duro hart	**blando** weich
húmedo nass	**seco** trocken
bueno gut	**malo** schlecht
rápido schnell	**lento** langsam
correcto richtig	**incorrecto** falsch
limpio sauber	**sucio** schmutzig
bonito schön	**feo** hässlich
caro teuer	**barato** billig
silencioso leise	**ruidoso** laut

caliente heiß	**frío** kalt
abierto offen	**cerrado** geschlossen
lleno voll	**vacío** leer
nuevo neu	**viejo** alt
claro hell	**oscuro** dunkel
fácil leicht	**difícil** schwer
libre frei	**ocupado** besetzt
fuerte stark	**débil** schwach
gordo dick	**delgado** dünn
joven jung	**viejo** alt
mejor besser	**peor** schlechter
negro schwarz	**blanco** weiß
interesante interessant	**aburrido** langweilig
enfermo krank	**bien** wohl
el principio der Anfang	**el final** das Ende

frases útiles • praktische Redewendungen

frases esenciales • wesentliche Redewendungen

Sí
Ja

No
Nein

Quizá
Vielleicht

Por favor
Bitte

Gracias
Danke

De nada
Bitte sehr

Perdone
Entschuldigung

Lo siento
Es tut mir Leid

No
Nicht

Vale
Okay

Muy bien
In Ordnung

Está bien
Das ist richtig

Está mal
Das ist falsch

saludos • Begrüßungen

Hola / Buenos dias
Guten Tag

Adiós
Auf Wiedersehen

Buenos días
Guten Morgen

Buenas tardes
Guten Tag

Buenas tardes
Guten Abend

Buenas noches
Gute Nacht

¿Cómo está?
Wie geht es Ihnen?

Me llamo…
Ich heiße…

¿Cómo se llama?
Wie heißen Sie?

¿Cómo se llama?
Wie heißt er/sie?

Le presento a…
Darf ich… vorstellen

Éste es…
Das ist…

Encantado de conocerle
Angenehm

Hasta luego
Bis später

letreros • Schilder

Información
Touristen-Information

Entrada
Eingang

Salida
Ausgang

Salida de emergencia
Notausgang

Empujar
Drücken

Peligro
Lebensgefahr

Prohibido fumar
Rauchen verboten

Fuera de servicio
Außer Betrieb

Horario de apertura
Öffnungszeiten

Entrada libre
Eintritt frei

Llamar antes de entrar
Bitte anklopfen

Rebajado
Reduziert

Rebajas
Ausverkauf

Prohibido pisar el césped
Betreten des Rasens verboten

ayuda • Hilfe

¿Me puede ayudar?
Können Sie mir helfen?

No entiendo
Ich verstehe nicht

No lo sé
Ich weiß nicht

¿Habla alemán, espagñol…?
Sprechen Sie Deutsch, Spanisch…?

Hablo inglés, francés…
Ich spreche Englisch, Französisch…

Hable más despacio, por favor
Sprechen Sie bitte langsamer

¿Me lo puede escribir?
Schreiben Sie es bitte für mich auf

He perdido…
Ich habe… verloren

direcciones • Richtungsangaben

Me he perdido
Ich habe mich verlaufen

¿Dónde está el/la...?
Wo ist der/die/das...?

¿Dónde está el/la... más cercano/a?
Wo ist der/die/das nächste...?

¿Dónde están los servicios?
Wo sind die Toiletten?

¿Cómo voy a...?
Wie komme ich nach...?

A la derecha
Nach rechts

A la izquierda
Nach links

Todo recto
Geradeaus

¿A qué distancia está...?
Wie weit ist...?

las señales de tráfico • die Verkehrsschilder

Todas las direcciones
Durchgangsverkehr

Precaución
Achtung

Disminuir la velocidad
Langsam fahren

Desvío
Umleitung

Circular por la derecha
Rechts fahren

Autopista
Autobahn

Prohibido aparcar
Parkverbot

Callejón sin salida
Sackgasse

Sentido único
Einbahnstraße

Ceda el paso
Vorfahrt gewähren

Carretera cortada
Gesperrt

Obras
Baustelle

Curva peligrosa
gefährliche Kurve

alojamiento • Unterkunft

Tengo una reserva
Ich habe ein Zimmer reserviert

¿A qué hora es el desayuno?
Wann gibt es Frühstück?

El número de mi habitación es el ...
Meine Zimmernummer ist ...

Volveré a las ...
Ich bin um ... Uhr wieder da

¿Dónde está el comedor?
Wo ist der Speisesaal?

Me marcho mañana
Ich reise morgen ab

comida y bebida • Essen und Trinken

¡Salud!
Zum Wohl!

Está buenísimo/ malísimo
Es ist köstlich/ scheußlich

Yo no bebo/fumo
Ich trinke/rauche nicht

Yo no como carne
Ich esse kein Fleisch

Ya no más, gracias
Nichts mehr, danke

¿Puedo repetir?
Könnte ich noch etwas mehr haben?

¿Me trae la cuenta?
Wir möchten zahlen

¿Me da un recibo?
Ich hätte gerne eine Quittung

Zona de no fumadores
Nichtraucherbereich

la salud • die Gesundheit

No me encuentro bien
Ich fühle mich nicht wohl

Tengo náuseas
Mir ist schlecht

¿Dónde puedo encontrar un médico/dentista?
Wo finde ich einen Artz/Zahnarzt?

Me duele aquí
Es tut hier weh

Tengo fiebre
Ich habe Fieber

Estoy embarrazada de ... meses
Ich bin im ... Monat schwanger

Necesito una receta para ...
Ich brauche ein Rezept für ...

Normalmente tomo ...
Ich nehme normalerweise ...

Soy alérgico a ...
Ich bin allergisch gegen ...

índice español • spanisches Register

A

a 320
a la carta 152
a la plancha 159
a salvo 228
a través de 320
abadejo *m* 120
abajo 320
abdomen *m* 12
abdominal *m* 16, 251
abedul *m* 296
abeja *f* 295
abierta *f* 221
abierto 260, 321
abogado *m* 180, 190
abonar 91
abonar en la superficie 90
abono *m* 91
abono compuesto *m* 88
aborto espontáneo *m* 52
abrasión *f* 46
abrazadera *f* 78
abrebotellas *m* 68, 150
abrelatas *m* 68
abrigo *m* 32
abril 306
absuelto 181
abuela *f* 22
abuelo *m* 22
abuelos *m* 23
aburrido 25
acacia *f* 110
academia de danza *f* 169
acampar 266
acantilado *m* 285
accesorios *m* 38
accidente *m* 46
accidente de coche *m* 203
acciones *f* 227, 229, 233
acebo *m* 296
acedera *f* 123
aceite *m* 142, 199
aceite aromatizado *m* 134
aceite de almendra *m* 134
aceite de avellanas *m* 134
aceite de cacahuete *m* 135
aceite de colza *m* 135
aceite de girasol *m* 134
aceite de maiz *m* 135
aceite de nueces *m* 134
aceite de oliva *m* 134
aceite de semillas de uva *m* 134
aceite de sésamo *m* 134
aceite vegetal *m* 135
aceite virgen extra *m* 135
aceites *m* 134
aceites esenciales *m* 55
aceituna negra *f* 143
aceituna rellena *f* 143
aceituna verde *f* 143
aceitunas *f* 151
acelerador *m* 200, 204
acelga *f* 123
acelga china *f* 123
acera *f* 298
acero inoxidable *m* 79
achicoria *f* 123
aclarar 76
acolchado *m* 277
acomodador *m* 255
acompañamiento *m* 153
acontecimientos de una vida *m* 26
acostarse 71
acta *m* 174
actividades *f* 77, 162, 183, 245, 263
actividades al aire libre *f* 262
actor *m* 191, 254
actores *m* 179
actriz *f* 254
acuarelas *f* 274
acuerdo de negocios *m* 175
acupresión *f* 55
acupuntura *f* 55
acusación *f* 180
acusado *m* 180, 181
adaptador del visor *m* 269
adelantar 195
adiós 322
adobado 143, 159
adolescente *m/f* 23
adornos para el jardín *m* 84
adosado 58
aduana *f* 212
adulto *m* 23
adversario *m* 236
aeróbic *m* 251
aerodeslizador *m* 215
aeropuerto *m* 212
afeitado *m* 73
Afganistán 318
afilador *m* 68, 118
África 317
agalla *f* 294
agarradera *f* 166
agarre *m* 237
ágata *f* 289
agencia de viajes *f* 114
agencia inmobiliaria *f* 115
agenda *f* 173, 175
agente de bolsa *m* 97
agente de policía *m* 94
agente de viajes *f* 190
agente inmobiliaria *f* 189
agitador *m* 150
aglomerado *m* 79
agosto 306
agresión *f* 94
agricultor *m* 182, 189
agua *m* 144, 238
agua de colonia *m* 41
agua del grifo *m* 144
agua embotellada *m* 144
agua mineral *m* 144
aguacate *m* 128
aguamarina *f* 288
aguanieve *f* 286
aguarrás *m* 83
águila *f* 292
aguja *f* 109, 276, 300
aguja de ganchillo *f* 277
aguja de la hora *f* 304
aguja de tejer *f* 277
agujero negro *m* 280
ahogarse 47, 239
ahora 304
ahorros *m* 96
ahumado 118, 121, 143, 159
aikido *m* 236
airbag *m* 201
aire acondicionado *m* 200
airear 91
airear el césped 90
aislamiento *m* 61
ajedrez *m* 272
ajo *m* 125, 132
al lado de 320
al otro lado de 320
al vapor 159
ala *f* 210, 293
ala *m* 119
ala delta *m* 248
alambre *m* 79, 89
álamo *m* 296
alargador *m* 78
alarma antirrobo *f* 58
alarma de incendios *f* 95
Alaska 314
alba *m* 305
albahaca *f* 133
Albania 316
albañil *m* 186, 188
albaricoque *m* 126
albóndigas *f* 158
albornoz *m* 73
álbum de fotos *m* 271
alcachofa *f* 89, 124
alcachofa de la ducha *f* 72
alcantarilla *f* 299
alcaparras *f* 143
alcaravea *f* 131
alcázar *m* 214
alcorza *f* 141
aldaba *f* 59
alegato *m* 180
Alemania 316
alerce *m* 296
alergia *f* 44
alero *m* 58
alerón *m* 210
aleta *f* 239, 292
aleta dorsal *f* 294
aleta pectoral *f* 294
aletas de raya *f* 120
alfalfa *f* 184
alfarería *f* 275
alfil *m* 272
alfiler *m* 276
alfiler de corbata *m* 36
alfiletero *m* 276
alfombra *f* 63
alfombrilla de baño *f* 72
Algeria 317
algodón *m* 184, 277
alguacil *m* 180
alhelí *m* 110
alholva *f* 132
alicatar 82
alicates *m* 80, 81
alimentos *m* 118, 130
alimentos embotellados *m* 134
alimentos selectos *m* 107
aliñado 159
aliño *m* 158
alisar 39, 79
almacén *m* 216
almeja *f* 121
almendra *f* 129
almendras *f* 151
almohada *f* 70
almohadilla *f* 15
almohadilla de la tinta *f* 173
alquequenje *m* 128
alquilar 58
alquiler *m* 58
alquiler de coches *m* 213
alrededor de 320
altavoz *m* 176, 258, 268
alterado 25
alternador *m* 203
altitud *f* 211
alto 321
altramuz *m* 297
altura *f* 165
altura del tono *f* 256
alubias blancas *f* 131
alubias blancas pequeñas *f* 131
alubias de ojo negro *f* 131
alubias flageolet *f* 131
alubias moradas *f* 131
alubias mung *f* 131
alubias pintas *f* 131
alubias rojas *f* 131
alubias *f* 113, 131
alud *m* 247
aluminio *m* 289
alumno *m* 162
amanecer *m*
amapola *f* 297
amargo 124, 127
amarillo 274
amarrar 217
amasar 138
amatista *f* 288
Amazonas *m* 312
ambulancia *f* 94
América del Norte y Central 314
americana *f* 33
amigo *m* 24
amigo por correspondencia *m* 24
amniocentesis *f* 52
amperio *m* 60
ampliación *f* 58, 271
ampliar 172
amplificador *m* 268
ampolla *f* 46
anacardo *m* 129
anacardos *m* 151
analgésico *m* 109
analgésicos *m* 47
análisis *m* 49
análisis de sangre *m* 48
ancho 321
anchura *f* 165
ancla *f* 214, 240
andamio *m* 186
andén *m* 208
Andes *m* 312
Andorra 316
anestesista *m/f* 48
anfibios *m* 294
anfiteatro *m* 169
anfitrión *m* 64
anfitriona *f* 64
Angola 317
anguila *f* 294
ángulo *m* 164
añil 274
anillas *f* 89, 235
anillo *m* 36
animadora *f* 220
animales *m* 292, 294
anís estrellado *m* 133
aniversario de boda *m* 26
anochecer *m* 305
anorak *m* 31
antebrazo *m* 12
antecedentes *m* 181
antena *f* 295
antena de radio *f* 214

antena parabólica *f* 269
antes 320
antes de 320
antes de ayer 307
antiadherente 69
antiarrugas 41
anticoncepción *f* 21, 52
anticongelante *m* 199, 203
Antigua y Barbuda 314
antiinflamatorio *m* 109
anual 86, 307
anular *m* 15
anuncio *m* 269
anzuelo *m* 244
año *m* 306
Año Nuevo *m* 27
apagar 141
apagar la televisión 269
apaisado 271
aparato corrector *m* 50
aparato de vídeo *m* 269
aparcamiento *m* 298
aparcamiento discapacitados *m* 195
aparcar 195
aparejos *m* 245
apelación *f* 181
apéndice *m* 18
aperitivo *m* 153
aperitivos *m* 151
ápice *m* 165
apio en rama *m* 122
apio-nabo *m* 124
apisonadora *f* 187
aplaudir 255
aplicación *f* 176
aplique *m* 62
apoyabrazos *m* 210
aprender 163
apuesta *f* 273
apuntalar 91
aquijón *m* 295
Arabia Saudita 318
arándano *m* 127
arándano rojo *m* 127
arandela *f* 80
araña *f* 295
arar 183
árbitro *m* 222, 225, 226, 229
árbol *m* 86, 296
arbusto de flor *m* 87
arce *m* 296
arcén *m* 194
archivador *m* 172, 173
archivador suspendido *m* 173
arcilla *f* 85, 275
arco *m* 85, 164, 249, 301
arco del empeine *m* 15
arcoiris *m* 287
ardilla *f* 290
área *f* 165, 310
área grande *f* 223
área de juegos *m* 263
área pequeña *f* 223
arena *f* 85, 264
arenques ahumados *m* 157
argamasa *f* 187
Argentina 315
aritmética *f* 165
armario *m* 66, 70
armario empotrado *m* 71
armario para clasificar la basura *m* 61
armazón *m* 230
Armenia 318
aro *m* 226
aromaterapia *f* 55
arquitecto *m* 190
arquitectura *f* 300
arquitrabe *m* 301
arrancar 82
arrecife de coral *m* 285
arreglos *m* 111
arresto *m* 94
arriate de plantas vivaces *m* 85
arriba 320
arroyo *m* 285
arroz *m* 130, 158, 184
arroz bomba *m* 130
arroz con leche *m* 140
arroz integral *m* 130
arroz largo *m* 130
arroz salvaje *m* 130
arruga *f* 15
art déco 301
arte *m* 162
arteria *f* 19
artes marciales *f* 237
articulación *f* 17
artículos de aseo *m* 107
artículos de tocador *m* 41
artículos deportivos *m* 105
artículos para el bebé *m* 107
as *m* 230, 273
asa *f* 88, 106
asa *m* 36
asado *m* 158
asalto *m* 237
asar 67
asar a la parrilla 67
asas *f* 37
ascensor *m* 59, 100, 104
aseos *m* 104, 266
asesora financiera *f* 97
asesoría jurídica *f* 180
asfalto *m* 187
Asia 318
asiento *m* 64, 204, 209, 210
asiento del conductor *m* 196
asiento trasero *m* 200, 204
asistir 174
asma *m* 44
aspa *f* 211
aspecto *m* 30
aspersor *m* 89
aspiradora *f* 77, 188
asteroide *m* 280
astigmatismo *m* 51
astilla *f* 46
astillero *m* 217
astronauta *m* 281
astronomía *f* 281
asustado 25
ataque *m* 220
atasco *m* 195
atasco de tráfico *m* 195
aterrizar 211
atleta *f* 234
atletismo *m* 234
atmósfera *f* 282, 286
atracar 217
atracción turística *f* 260
atrio *m* 104
atún *m* 120
auditor *m* 180
aula *f* 162
auricular *m* 99
auriculares *m* 268
aurora *f* 286
Australasia 319
Australia 319
Austria 316
autobús *m* 196
autobús de dos pisos *m* 196
autobús de enlace *m* 197
autobús escolar *m* 196
autobús turístico *m* 197, 260
autobuses *m* 196
autocar *m* 196
autocaravana *f* 266
autocue *m* 179
automático 200
automovilismo *m* 249
autopista *f* 194
autovía *f* 195
auxiliar de transporte sanitario *m* 94
avance rápido *m* 269
avellana *f* 129
avena *f* 130
avenida *f* 299
avergonzado 25
avería *f* 203
aves *f* 292
avestruz *f* 292
avión *m* 210
avión de línea *m* 212
avión de pasajeros *m* 210
avión supersónico *m* 211
avioneta *f* 211
avispa *f* 295
axila *f* 13
ayer 306
ayudante *f* 24
ayudante del chef *m* 152
ayuntamiento *m* 299
azabache *m* 288
azada *f* 88
azafata *f* 190
azafata de vuelo *f* 210
azafrán *m* 132
Azerbaiyán 318
azucena *f* 110
azufre *m* 289
azul 274

B

babero *m* 30
babosa *f* 295
baca *f* 198
bacalao *m* 120
backgammon *m* 272
backswing *m* 233
bacon *m* 118
bádminton *m* 231
baguette *f* 138
Bahamas 314
bailarina *f* 191
bajar 177
bajo 320, 321
bajo *m* 35, 258
bajo par *m* 233
bala *f* 184
balancín *m* 263
balanza *f* 310
balanza de cocina *f* 69
balanza de muelle *f* 166
balcón *m* 59
baliza *f* 298
ballena *f* 290
ballet *m* 255
balón *m* 220, 221, 222, 226
baloncesto *m* 226
balón de playa *m* 265
balonvolea *m* 227
balsa salvavidas *f* 240
bambú *m* 86, 122
bañarse 72
banco *m* 96, 250, 262
banco de trabajo *m* 78
banda de rodadura *f* 207
banda sonora *f* 255
bandeja *f* 152, 154, 210, 310
bandeja de entrada *f* 172, 177
bandeja de horno *f* 69
bandeja de salida *f* 172
bandeja del desayuno *f* 101
bandeja para el papel *f* 172
bandeja para la pintura *f* 83
bandera *f* 221
bandera de esquina *f* 223
banderola *f* 232
Bangladesh 318
banquillo *m* 229
bañador *m* 238, 265
bañera *f* 72
bañera de plástico *f* 74
bar *m* 148, 150
bar mitzvah *m* 26
baraja de cartas *f* 273
barajar 273
barandilla *f* 59, 196
barbacoa *f* 267
Barbados 314
barbilla *f* 14
barca de remos *m* 214
barco *f* 214
barco de guerra *m* 215
barco de pesca *m* 217
barco petrolero *m* 215
barniz *m* 79, 83
barra *f* 139, 150, 152, 250
barra de desplazamiento *f* 177
barra de equilibrio *f* 235
barra de herramientas *f* 177
barra de labios *f* 41
barra de pesas *f* 251
barra del menú *f* 177
barra fija *f* 235
barrer 77
barrera *f* 209, 222
barrera de seguridad *f* 75, 246
barrita *f* 113
barroco 301
barrotes *m* 74
basalto *m* 288
báscula *f* 45, 53, 69, 98, 166
base *f* 99, 164, 229
base *m* 228
base del bateador *f* 228
bastidor *m* 277
bastidores *m* 254
bastón *m* 246
bata *f* 31, 32, 38
bate *m* 225, 228
bateador *m* 225, 228
batear 225, 229
batería *f* 78, 202, 258
batería *m* 258
batido *m* 137
batido al café *m* 149
batido de chocolate *m* 149
batido de fresa *m* 149
batir 67
batir un récord 234
batuta *f* 256
bautizo *m* 26
baya *m* 296
bazo *m* 18
bebé *m* 23, 30
bebida malteada *f* 144
bebidas *f* 144, 107, 156
bebidas alcohólicas *f* 145
bebidas calientes *f* 144
beca *f* 169
becuadro *m* 256
beicon *m* 157
béisbol *m* 228
Belarús 316
Bélgica 316
Belice 314

belleza *f* 40
bemol 256
bengala *f* 240
Benín 317
berberecho *m* 121
berenjena *f* 125
berlina *f* 199
berro *m* 123
Bhutan 318
biatlón *m* 247
biberón *m* 75
biblioteca *f* 168, 299
bibliotecaria *f* 168
bibliotecario *m* 190
bíceps *m* 16
bicicleta de carreras *f* 206
bicicleta de montaña *f* 206
bicicleta de paseo *f* 206
bicicleta estática *f* 250
bicicleta fija *f* 250
bidé *m* 72
bienal 86
bifocal 51
bigotes *m* 290
bikini *m* 264
billar americano *m* 249
billete *m* 97, 209, 213
billete de autobús *m* 197
billetes de lotería *m* 112
biología *f* 162
biológico 91, 118, 122
biombo *m* 63
biplano *m* 211
Birmania 318
bis *m* 255
bisturí *m* 167
blanco 39, 145, 272, 274
blando 129, 321
bloc de apuntes *m* 173
bloc de dibujo *m* 275
bloque de hormigón *m* 187
bloque de viviendas *m* 298
bloquear 227
blues *m* 259
blusa *f* 34
bobina *f* 276
bobsleigh *m* 247
boca *f* 14
boca de agua *f* 95
bocacalle *f* 299
bocadillo *m* 155
bocado *m* 242
boceto *m* 275
boda *f* 26, 35
bodega *f* 215
body *m* 30
bol *m* 65
bola *f* 149
bola de bowling *f* 249
bolas de algodón *f* 41
bolera *f* 249
bolillo *m* 277
Bolivia 315
bollo *m* 139, 140, 149, 155
bolo *m* 249
bolsa *f* 291, 311
bolsa de agua caliente *f* 70
bolsa de golf *f* 233
bolsa de la compra *f* 106
bolsa de plástico *f* 122
bolsa de playa *f* 264
bolsa de valores *f* 97
bolsa de viaje *f* 37
bolsa del bebé *f* 75
bolsillo *m* 32
bolsita de té *f* 144
bolso *m* 37
bolso en bandolera *m* 37
bolsos *m* 37
bomba *f* 207
bomba del aire *f* 199
bombardero *m* 211
bombero *m* 189
bomberos *m* 95
bombilla *f* 60
bombón *m* 113
bongos *m* 257
boniato *m* 125
boquilla *f* 89
bordado *m* 277
bordado en cañamazo *m* 277
bordillo *m* 298
borla *f* 40
borrén *m* 242
Bosnia y Herzegovina 316
bosque *m* 285
bostezar 25
bota *f* 220, 223
bota de esquí *f* 246
bota de montaña *f* 37
bota de montar *f* 242
bota de trekking *f* 37
botar 227
botas altas de goma *f* 244
botas de agua *f* 31, 89
botas de montaña *f* 267
botavara *f* 240
bote salvavida *m* 214
botella *f* 61, 135, 311
botella de aire *f* 239
botella del agua *f* 206
botiquín *m* 47, 72
botón *m* 32
botón de parada *m* 197
botón para grabar *m* 269
botón para rebobinar *m* 269
botones *m* 100
Botsuana 317
bouquet garni *m* 132
boutique *f* 115
bóveda *f* 300
boxeo *m* 236
bóxer *m* 33
boya *f* 217
bragas *f* 35
braguitas de plástico *f* 30
Brasil 315
braza *f* 239
brazada *f* 239
brazo *m* 13, 95
brezo *m* 297
brida *f* 242
bridge *m* 273
brie *m* 142
brillo de labios *m* 40
brillo del sol *m* 286
broca *f* 78
broca de albañileriá *f* 80
broca de seguridad *f* 80
broca para madera *f* 80
broca para metal *f* 80
brocas *f* 80
brocas para madera *f* 80
brocha *f* 40, 83
brocha de cocina *f* 69
brocha de empapelador *f* 82
brocha de encolar *f* 82
broche *m* 36
brócoli *m* 123
bronce *m* 235
bronceado *m* 41
brotes de soja *m* 122
brújula *f* 240, 312
Brunei 319
buceo *m* 239
buenas noches 322
buenas tardes 322
bueno 321
buenos dias 322
bufanda *f* 31
bufete *m* 180
bufet *m* 152
bufet de desayuno *m* 156
buggy *m* 232
buhardilla *m* 58
bujía *f* 203
bulbo *m* 86
Bulgaria 316
búnker *m* 232
buque de carga *m* 215
buque portacontenedores *f* 215
Burquina Faso 317
burro *m* 185
Burundi 317
buscar 177
bustier *m* 35
butaca *f* 254
butacas *f* 254
buzo *m* 30
buzón *m* 58, 99
bytes *m* 176

C

caballa *f* 120
caballete *m* 174, 274
caballito de mar *m* 294
caballo *m* 185, 235, 242, 272
caballo con arcos *m* 235
caballo de carreras *m* 243
cabecero *m* 70
cabestrillo *m* 46
cabestro *m* 243
cabeza *f* 12, 19, 81, 230
cabezal *m* 78
cabezales de destornillador *m* 80
cabezuela *f* 122
cabina *f* 95, 210
cabina de pilotaje *f* 210
cabina del conductor *f* 208
cabina telefónica *f* 99
Cabinda 317
cable *m* 79, 207
cable de alimentación *m* 176
cables *m* 60
cabra *f* 185
cabrestante *m* 214
cabrito *m* 185
cacahuete *m* 129
cacahuetes *m* 151
cacao en polvo *m* 148
cacatúa *f* 293
cachorro *m* 290
cactus *m* 87
cadena *f* 36, 59, 206
cadena montañosa *f* 282
cadera *f* 12
cádi *m* 233
café *m* 144, 148, 153, 156, 184
café americano *m* 148
café con helado *m* 148
café con leche *m* 148
café molido *m* 144
café solo *m* 148
cafétera *f* 148
cafetera de émbolo *f* 65
cafetería *f* 148, 262
cafetería con terraza *f* 148
caída *f* 237
caimán *m* 293
caja *f* 106, 150, 257
caja de aparejos *f* 244
caja de bombones *f* 113
caja de cambios *f* 202, 204
caja de fusibles *f* 203
caja de herramientas *f* 80
caja de los fusibles *f* 60
caja de pañuelos de papel 70
caja para cortar en inglete *f* 81
caja torácica *m* 17
cajero *m* 96, 106
cajero automático *m* 97
cajón *m* 66, 70, 172
cajón de las verduras *m* 67
cajonera *f* 172
calabacín *m* 125
calabacín gigante *m* 124
calabaza bellota *f* 125
calabaza butternut *f* 125
calamar *m* 121, 295
calambre *m* 239
calcetines *m* 33
calcio *m* 109
calcita *f* 289
calculadora *f* 165
caldera *f* 61
caldo *m* 158
calendario *m* 306
calentador de convección *m* 60
cálido 286
caliente 321
cáliz *m* 297
calle *f* 232, 234, 238, 298
calle de sentido único *f* 298
callejón *m* 298
caluroso 286
calvo 39
calzapié *m* 207
calzoncillos *m* 33
cama *f* 70
cama de matrimonio *f* 71
cama de rayos ultravioletas *f* 41
cama individual *f* 71
cámara *f* 178, 207, 283
cámara *m* 178
cámara APS *f* 270
cámara de vídeo *f* 260, 269
cámara desechable *f* 270
cámara digital *f* 270
cámara Polaroid *f* 270
cámara réflex *f* 270
camarera *f* 191
camarero *m* 148, 150, 152, 191
camarote *f* 214
cambiador *m* 74
cambiar de canal 269
cambiar de marcha 207
cambiar una rueda 203
Camboya 318
camembert *m* 142
Camerún 317
camilla *f* 48, 94
camino *m* 58, 85
camión volquete *m* 187
camionero *m* 190
camisa *f* 32
camiseta *f* 33, 251
camiseta de tirantes *f* 35
camiseta interior *f* 33
camisón *m* 31, 35
campanillas *f* 297
campari *m* 145
campeonato *m* 230

camping *m* 268
campo *m* 182, 220, 222, 225, 228
campo de deportes *m* 168
campo de golf *m* 232
campo de rugby *m* 221
campus *m* 168
Canadá 314
canal *m* 178, 269
canal de pago *m* 269
canalón *m* 58
canario *m* 292
canapé *m* 155
canasta *f* 226
cancha *f* 226
canción *f* 259
candado *m* 207
canela *f* 133
cangrejo *m* 121, 295
cangrejo de río *m* 121
canguro *m* 291
canoa *f* 214
canoso 39
cantante *m* 258
cantante *f* 191
cantimplora *f* 267
canto *m* 246
caña *f* 91
caña de azúcar *f* 184
caña de pescar *f* 244
caña del timón *f* 240
cañas *f* 89
capa de ozono *f* 286
capacidad *f* 311
caparazón *m* 293
capazo *m* 75
capital *f* 315
capitán *m* 214
capitán del puerto *m* 217
capó *m* 198
capoeira *f* 237
capota *f* 75
cápsula *f* 109
cápsula de Petri *f* 166
captafaros *m* 207
captuccino *m* 148
capucha *f* 31
capullo *m* 111, 295, 297
caqui *m* 128
cara *f* 14
carabola *f* 128
caracol *m* 295
carámbano *m* 287
caramelo *m* 113
caramelos *m* 113
caramelos duros *m* 113
carate *m* 236
carbón *m* 288
carbón vegetal *m* 266
carboncillo *m* 275
carcaj *m* 249
cárcel *f* 181
cardamono *m* 132
cardiología *f* 49
cardo *m* 297
careta *f* 236
carga *f* 216
cargar 76
cargo *m* 180
cargos *m* 94
caries *f* 50
carmin *m* 40
carnaval *m* 27
carne *f* 119
carne blanca *f* 118
carne de caza *f* 119
carne de cerdo *f* 118
carne de ternera *f* 118
carne de ternera bianca *f* 118
carne de vaca *f* 118
carne fresca *f* 142
carne magra *f* 118
carne picada *f* 119
carne roja *f* 118
carne y las aves *f* 106
carnet de la biblioteca *m* 168
carnicería *f* 114
carnicero *m* 118, 188
carpa koi *f* 294
carpeta *f* 172, 177
carpeta de acordeón *f* 173
carpeta de anillas *f* 173
carpintero *m* 188
carrera *f* 169, 228, 234
carrera al trote *f* 243
carrera de caballos *f* 243
carrera de carrozas *f* 243
carrera de motoras *f* 241
carrera de obstáculos *f* 243
carrera de relevos *f* 235
carrera de vallas *f* 235
carrera plana *f* 243
carrete *m* 244, 245, 260, 271
carrete de hilo *m* 276
carretera de acceso *f* 216
carreteras *f* 194
carretilla *f* 88
carretilla elevadora *f* 186, 216
carril central *m* 194
carril de adelantamiento *m* 194
carril de bicicletas *m* 206
carril-, derecho *m* 194
carrito *m* 100, 208
carrito de golf *m* 233
carrito de los postres *m* 152
carro *m* 106, 213
carta *f* 98, 148, 153, 154
carta de vinos *f* 152
carta por avión *f* 98
cartas *f* 273
cartel *m* 255
cartera *f* 37, 97, 162, 190
cartero *m* 98, 190
cartílago *m* 17
cartón de leche *m* 136
cartón madera *m* 79
cartulina *f* 275
casa *f* 58
casa de juguete *f* 75
casa de labranza *f* 182
casa de muñecas *f* 75
casa unifamiliar *f* 58
casa urbana *f* 58
casarse 26
cascada *f* 285
cáscara *f* 126, 127,129, 130, 137
casco *m* 95, 186, 204, 206, 214, 220, 224, 228, 240, 242
caseta *f* 264
caseta de peaje *f* 194
casete *f* 269
casilla *f* 100, 272
casino *m* 261
caspa *f* 39
castaña *f* 129
castaña de agua *f* 124
castaño 39
castaño rojizo 39
castillo *m* 300
castillo de arena *m* 265
catálogo *m* 168
catamarán *m* 215
catarata *f* 51
cátcher *m* 229
catedral *f* 300
catéter *m* 53
catorce 308
catre de campaña *m* 266
cavar 90
caza *m* 211
cazadora *m* 33
cazo *m* 69
cazoleta *f* 112
cazuela *f* 69
cazuela de barro *f* 69
cebada *f* 130, 184
cebar 245
cebo *m* 244
cebolla *f* 124
cebolleta *f* 125
cebollino *m* 133
cebra *f* 291
cedro *m* 296
ceja *f* 14, 51
celda *f* 94, 181
celebración *f* 140
celebración de la boda *f* 26
celebraciones *f* 27
cemento *m* 186
cena *f* 64
cenicero *m* 150
ceniza *f* 283
centésimo 309
centímetro *m* 310
centrifugadora *f* 76
centrifugar 76
centro *m* 122, 164
centro comercial *m* 104
centro de la diana *m* 273
centro de salud *m* 168
centro del campo *m* 228
ceño fruncido *m* 25
cepillar 38
cepillarse los dientes 50
cepillo *m* 38, 77, 81
cepillo de dientes *m* 72
cepillo para la espalda *m* 73
cepillo para las cejas *m* 40
cera *f* 77
cerca 320
cerca *f* 182
cercado *m* 242
Cerdeña 316
cerdo *m* 185
cereales *m* 107, 130, 156
cerebro *m* 19
ceremonia de graduación *f* 169
cereza *f* 126
cerillas *f* 112
cero 308
cerrado 260, 321
cerradura *f* 59
cerrojo *m* 59
cerveza *f* 145, 151
cerveza amarga *f* 145
cerveza negra *f* 145
césped *m* 85, 86, 90
cesta *f* 95, 106, 207
cesta colgante *f* 84
cesta de fruta *f* 126
cesta de jardinero *f* 88
cesta de picnic *m* 263
cesto de la colada *m* 76
cesto de la ropa sucia *m* 76
cesto de los juguetes *m* 75
ceta *f* 85
Chad 317
chaleco *m* 33
chaleco salvavidas *m* 240
chalet *m* 58
chalote *m* 125
champán *m* 145
champanera *f* 150
champú *m* 38
chancla *f* 37
chándal *m* 31, 32
chapa *f* 202
chaqueta *f* 32, 34
chaqueta de punto *f* 32
chaqueta sport *f* 33
chaquetón *m* 33
charcutería *f* 142
chasis *m* 203
cheddar *m* 142
chef *m* 152
cheque *m* 96
cheque de viaje *m* 97
chica *f* 23
chichonera *f* 74
chicle *m* 113
chico *m* 23
Chile 315
chimenea *f* 58, 63, 214, 283
China 318
chincheta *f* 173
Chipre 316
chirivía *f* 125
chocolate blanco *m* 113
chocolate caliente *m* 144, 156
chocolate con leche *m* 113
chocolate negro *m* 113
chocolate para untar *m* 135
chorizo *m* 143
chorro de agua *m* 95
chubasco *m* 286
chuleta *f* 119
chupito *m* 151
chutar 221, 223
chutney *m* 134
ciclismo *m* 263
ciempiés *m* 295
cien 308
cien mil 308
ciencias *f* 162, 166
ciencias económicas *f* 169
ciencias políticas *f* 169
cieno *m* 85
científico *m* 190
ciento diez 308
cierre *m* 36, 37
cierre de seguridad *m* 75
ciervo *m* 291
cigarrillos *m* 112
cigüeña *f* 292
cilantro *m* 133
cilindro *m* 164
cincel *m* 81, 275
cincha *f* 242
cinco 308
cincuenta 308
cincuenta mil 309
cincuenta y cinco mil quinientos 309
cine *m* 255, 299
cinta *f* 27, 111, 141, 235
cinta adhesiva protectora *f* 83
cinta aislante *f* 81
cinta de correr *f* 250
cinta de equipajes *f* 212
cinta de vídeo *f* 269
cinta métrica *f* 80, 276
cinta para el pie *f* 241
cinta reflectante *f* 205
cinta transportadora *f* 106
cintura *f* 12
cinturilla *f* 35
cinturón *m* 32, 36, 236
cinturón de las herramientas *m* 186

cinturón de pesas *m* 239
cinturón de seguridad *m* 198, 211
cinturón negro *m* 237
círculo *m* 165
círculo central *m* 222, 224, 226
círculo de face-off *m* 224
círculo polar ártico *m* 283
circunferencia *f* 164
ciruela *f* 126
ciruela pasa *f* 129
cirugía *f* 48
cirugía plástica *f* 49
cirujano *m* 48
cisne *m* 293
cisterna *f* 61
cita *f* 45, 175
citación *f* 180
cítricos *m* 126
ciudad *f* 298, 299
Ciudad del Vaticano 316
cizalla *f* 89
claqueta *f* 179
clara *f* 137
clarinete *m* 257
clarinete bajo *m* 257
claro 41, 321
clase preferente *f* 211
clase turista *f* 211
clavar con el martillo 79
clave de fa *f* 256
clave de sol *f* 256
clavel *m* 110
clavícula *f* 17
clavija *f* 60, 259
clavo *m* 80
clavos *m* 133, 233
claxon *m* 201, 204
clienta *f* 38
cliente *m* 96, 104, 106, 152, 175, 180
clínica *f* 48
clip *m* 173
clítoris *m* 20
club *m* 232
cobertizo *m* 84, 182
cobrar 97
cobre *m* 289
cocer a fuego lento 67
cocer al horno 67
cocer al vapor 67
coche *m* 198, 200
coche con la parte trasera aerodinámica *m* 199
coche de bomberos *m* 95
coche de época *m* 199
coche de policía *m* 94
coche deportivo *m* 198
coche descapotable *m* 199
coche ranchera *m* 199
cochecito de bebé *m* 75
cocido en el horno 159
cocina *f* 66, 152, 214
cocinar 67
cocinero *m* 190
coco *m* 129
cocodrilo *m* 293
cóctel *m* 151
coctelera *f* 150
código de barras *m* 106
código pin *m* 96
código postal *m* 98
codo *m* 13
codorniz *f* 119
coger 91, 220, 227, 229, 245
coger con la red 245
coger prestado 168
cojín *m* 62
col de Milán *f* 123
col rizada *f* 123
cola *f* 35, 121, 144, 210, 242, 275, 280, 290, 294
cola de carpintero *f* 78
cola para empapelar *f* 82
colada *f* 76
colador *m* 68
colcha *f* 70, 71
colchón *m* 70, 74
colchoneta *f* 54, 235
colchoneta hinchable *f* 267
colegial *m* 162
colegiala *f* 162
colegio *m* 162, 299
colegio mayor *m* 168
coles de bruselas *f* 122
coleta *f* 39
coletas *f* 39
colgante *m* 36
colibrí *m* 292
coliflor *f* 124
colina *f* 284
colinabo *m* 123
collage *m* 275
collar *m* 36
collar de perlas *m* 36
collarín *m* 46
colmillo *m* 50, 291
Colombia 315
colonia *f* 315
colores *m* 39, 274
colorete *m* 40
columna *f* 300
columpios *m* 263
colutorio *m* 72
colza *f* 184
combate *m* 237
combinación *f* 35
comedero *m* 183
comedia *f* 255
comedor *m* 64
comedor universitario *m* 168
comer 64
cometa *m* 280
comida *f* 64, 75, 149
comida de negocios *f* 175
comida para animales *f* 107
comida principal *f* 158
comida rápida *f* 154
comino *m* 132
comisaria *f* 94
comisario *m* 94
comisión *f* 97
comisión bancaria *f* 96
cómoda *f* 70
comodín *m* 273
Comoras 317
compact disc *m* 269
compacto *m* 199
compañero/-a *m/f* 23
compartimento de coche-cama *m* 209
compartimento del carrete *m* 270
compartimento portaequipajes *m* 210
compás *m* 165
complejo vitamínico *m* 109
complementos *m* 36
completo 266
compra *f* 106
compras *f* 104
compresa *f* 108
comunicaciones *f* 98
comunicando 99
con 320
con aros *m* 35
con brillo 83, 271
con cambio manual 200
con corriente 60
con gas 144
con hielo y limón 151
con los hombros al aire 35
con plomo 199
concebir 20
concepción *f* 52
concha *f* 265
concierto *m* 255, 258
concierto de rock *m* 258
concurso *m* 178
concurso de saltos *m* 243
condón *m* 21
conducir 195
conducto seminal *m* 21
conductor *m* 196
conductor de autobús *m* 190
conectar 177
conejo *m* 118, 290
conexión *f* 212
conferenciante *m* 174
confitería *f* 107, 114
confituras *f* 134
confuso 25
congelado 121, 124
congelador *m* 67
congelados *m* 107
congelar 67
conglomerado *m* 288
Congo 317
conmoción cerebral *f* 46
conmutador de luces *m* 201
cono *m* 164, 187
conocido *m* 24
conseguir un trabajo 26
conservante *m* 83
conservas *f* 107
conservatorio superior *m* 169
consola *f* 269
constelación *f* 281
construcción *f* 186
construir 186
consulta *f* 45
contable *m* 97, 190
contador de la luz *m* 60
contar 165
contenedor *m* 216
contenedor de la basura *m* 266
contento 25
contestador automático *m* 99
contestar 99, 163
continente *m* 315
contrabajo *m* 256
contracción *f* 52
contrachapado *m* 79
contrafagot *m* 257
contrafuerte *m* 301
contraventana *f* 58
control de pasaportes *m* 212, 213
controles *m* 201, 204
coñac *m* 145
copa *f* 152
copa de vino *m* 65
copas *f* 150
copia *f* 271
copiloto *m* 211
corazón *m* 18, 119, 127, 273
corbata *f* 32
Córcega 316
corchete *m* 30, 276
corcho *m* 134, 173
cordero *m* 118, 185
cordón *m* 37
cordón umbilical *m* 52
Corea del Norte 318
Corea del Sur 318
cornamenta *f* 291
córnea *f* 51
córner *m* 223
cornisa 300
corno inglés *m* 257
coro *m* 301
corona *f* 50, 111
corpiño *m* 35
corral *m* 182
correa *f* 37
correa del calzapié *f* 207
correa del distribución *f* 203
correa del ventilador *f* 203
correo certificado *m* 98
correo electrónico *m* 98, 177
correr 228
correr en el sitio 251
corriente alterna *f* 60
corriente continua *m* 60
corriente eléctrica *f* 60
corsé *m* 35
cortaalambres *m* 80
cortacésped *m* 88, 90
cortado 99
cortar 38, 67, 79, 277
cortar el césped 90
cortar las puntas 39
cortatuberías *m* 81
cortaúñas *m* 41
corte *m* 46
corte de luz *m* 60
cortes *m* 119
corteza *f* 127, 136, 139, 142, 282, 296
cortina *f* 63
cortina cortaviento *f* 265
cortina de ducha *f* 72
corto 33, 130, 151
cosechadora *f* 182
cosechar 91,183
cosechas *f* 184
coser 277
costa *f* 285
Costa de Marfil 317
Costa Rica 314
costilla *f* 17, 119
costillas *f* 155
costura *f* 34
costurera *f* 277
costurero *m* 276
coxis *m* 17
CPU *f* 176
cráneo *m* 17
cráter *m* 283
crema *f* 109
crema autobronceadora *f* 41
crema bronceadora *f* 265
crema de limón *f* 134
crema hidratante *f* 41
crema para la cara *f* 73
crema pastelera 140
crema protectora *f* 74 108
crema protectora total *f* 108
cremallera *f* 277
crepe *m* 155
crepes *m* 157
cría *f* 290
criba *f* 89
cribar 91, 138
crimen *m* 94
criminal *m* 181
crin *f* 242
crin/melena *f* 291
críquet *m* 225
crisantemo *m* 110
crisol *m* 166
cristal *m* 51
cristalería *f* 64
cristaloterapia *m* 55

Croacia 316
croissant *m* 156
crol *m* 239
cronómetro *m* 166, 234
cruce *m* 298
crudo 124, 129
cuaderno *m* 163, 172
cuadra *f* 243
cuadrado *m* 164
cuadragésimo 309
cuádriceps *m* 16
cuadro *m* 62, 206, 261, 274
cuarenta 308
cuarenta iguales *m* 230
cuarenta minutos 304
cuarto 309
cuarto de baño *m* 72
cuarto de baño privado *m* 100
cuarto de estar *m* 62
cuarto de galón *m* 311
cuarto oscuro *m* 271
cuarto para cambiar a los bebés *m* 104
cuarzo *m* 289
cuatro 308
cuatrocientos 308
Cuba 314
cuba-libre *m* 151
cubierta *f* 206, 214, 240
cubierto *m* 65
cubierto de chocolate 140
cubiertos *m* 64
cúbito *m* 17
cubito de hielo *m* 151
cubo *m* 77, 82, 164, 265
cubo de basura *m* 67
cubo de la basura *m* 61
cubo para reciclar *m* 61
cubrecanapé *m* 71
cubrir con pajote 91
cucaracha *f* 295
cuchara *f* 65
cuchara de madera *f* 68
cuchara de servir *f* 68
cuchara medidora *f* 109
cuchara para helado *f* 68
cuchara sopera *f* 65
cucharilla de café *f* 65, 153
cucharón *m* 68
cuchilla *f* 66, 78
cuchillo *m* 65
cuchillo de cocina *m* 68
cuchillo de sierra *m* 68
cuello *m* 12, 32
cuello de pico *m* 33
cuello del útero *m* 20
cuello redondo *m* 33
cuello uterino *m* 52
cuenco *m* 69
cuenco mezclador *m* 66
cuenta *f* 152
cuenta corriente *f* 96
cuenta de ahorros *f* 97
cuenta de correo *f* 177
cuentagotas *m* 109, 167
cuentakilómetros *m* 201, 204
cuentarevoluciones *m* 201
cuerda *f* 230, 248, 256, 258, 266
cuerda de plomada *f* 82
cuerda para tender la ropa *f* 76
cuerdas vocales *f* 19
cuerno *m* 291
cuero cabelludo *m* 39
cuerpo *m* 12
cuerpos geométricos *m* 164
cueva *f* 284
cuidado de la piel *m* 108
cuidado del bebé *m* 74
cuidado dental *m* 108
cuidar 91
culata *f* 202
culpable 181
cultivador *m* 182
cultivar 91
cumpleaños *m* 27
cuna *f* 74
cuñada *f* 23
cuñado *m* 23
cúpula *f* 300
curado 143, 159
cúrcuma *f* 132
curling *m* 247
curry *m* 158
curry en polvo *m* 132
curso *m* 163
curvo 165
cuscús *m* 130
cúter *m* 80, 82
cutícula *f* 15
cutis *m* 41

D

dado de alta 48
dados *m* 272
damas *f* 272
dar 273
dar de comer 183
dar el pecho 53
dar marcha atrás 195
dardos *m* 273
dársena *f* 216
dátil *m* 129
de 320
de cristal 69
de cuatro puertas 200
de dos puertas 200
de fácil cocción 130
de granja 118
de hoja caduca 86
de hoja perenne 86
de mucho viento 286
de nada 322
de posgrado 169
de preparación al parto 52
de sentido único 194
de temporada 129
de tres puertas 200
de vestir 34
debajo de 320
deberes *m* 163
débil 321
década *f* 307
décimo 309
décimo noveno 309
décimo octavo 309
decimocuarto 309
decimoquinto 309
decimoséptimo 309
decimosexto 309
decimotercero 309
declaración *f* 180
decoración *f* 82, 141
decorado *m* 254
dedal *m* 276
dedalera *f* 297
dedo corazón *m* 15
dedo del pie *m* 15
dedo gordo del pie *m* 15
dedo pequeño del pie *m* 15
defender 229
defensa *m* 223
defensa *f* 181, 220
defensa personal *f* 237
dejada *f* 230
delantal *m* 30, 50, 69
delante de 320
delantero centro *m* 222
deletrear 162
delfín *m* 290
delgado 321
deltoides *m* 16
denominador *m* 165
dentadura postiza *f* 50
dentista *f* 189
dentista *m* 50
dentro 320
dentro de 320
denuncia *f* 94
departamento *m* 169
departamento de atención al cliente *m* 175
departamento de contabilidad *m* 175
departamento de márketing *m* 175
departamento de recursos humanos *m* 175
departamento de ventas *m* 175
departamento legal *m* 175
dependienta *f* 188
dependiente *m* 104
depilación a la cera *f* 41
deportes *m* 220, 236, 248
deportes acuáticos *m* 241
deportes de combate *m* 236
deportes de invierno *m* 247
deportista *m* 191
depósito de gasolina *m* 203, 204
depósito del aceite *m* 204
depósito del agua *m* 61
depósito del limpiaparabrisas *m* 202
depósito del líquido de frenos *m* 202
depósito del líquido refrigerante *m* 202
derecha *f* 260
derecho *m* 169, 180, 231
dermatología *f* 49
derrame cerebral *m* 44
derribo *m* 237
desagüe *m* 61, 72
desatascador *m* 81
desayuno *m* 64, 156
desayuno inglés *m* 157
descansillo *m* 59
descanso *m* 223
descarga eléctrica *f* 46
descenso *m* 247
desconcertado 25
descongelar 67
descorazonador *m* 68
descoser 277
descubierto *m* 96
desde 320
desechable 109
desembarcar 217
desenfocado 271
desfiladero *m* 284
desfile *m* 27
desierto *m* 285
desinfectante *m* 47
desmayarse 25, 44
desodorante *m* 73
desodorantes *m* 108
despacho *m* 63
despegar 211
desperdicios orgánicos *m* 61
despertador *m* 70
despertarse 71
desplantador *m* 89
después 320
destino *m* 213
destornillador *m* 80
destornillador de estrella *m* 81
desvío *m* 195
detective *m* 94
detector de humos *m* 95
detergente *m* 77
detergente en polvo *m* 77
detergente liquido *m* 77
detrás de 320
devolución de las monedas *f* 99
día *m* 305, 306
día de Acción de Gracias *m* 27
día laborable 304
diabetes *f* 44
diadema *f* 38
diafragma *m* 19, 21
diagonal *f* 164
diamante *m* 273, 288
diámetro *m* 164
diana *f* 249, 273
diarrea *f* 44, 109
dibujar 162
dibujo *m* 275
dibujos animados *m* 178
diccionario *m* 163
diciembre 306
diecinueve 308
dieciocho 308
dieciséis 308
diecisiete 308
diente *m* 50, 125
diente de la rueda *m* 206
diente de león *m* 123, 297
diesel *m* 199
diez 308
diez mil 309
difícil 321
digital 269
dilatación *f* 52
Dinamarca 316
dinamo *f* 207
dinero *m* 97
dintel *m* 186
dioptría *f* 51
diploma *m* 169
dique seco *m* 217
dirección *f* 98
dirección de correo electrónico *f* 177
director *m* 163
director artístico *m* 254
director de orquesta *m* 256
director de sucursal *m* 96
director general *m* 175
directorio *m* 104
discman *m* 269
disco *m* 224
disco de DVD *m* 269
discos protectores *m* 53
diseñador *m* 277
diseñadora *f* 191
diseñar 91
disolvente *m* 83
disparador *m* 270
dispositivo intrauterino DIU *m* 21
disquete *m* 176
distancia *f* 310
distribuidor *m* 203
distrito *m* 315
dividendos *m* 97
dividido por 165
dividir 165

divisas *f* 97
divisor *m* 173
divorcio *m* 26
Diwali *m* 27
DJ *m* 179
Djibouti 317
dobladillo *m* 34
doble techo *m* 266
doce 308
doctorado *m* 169
documental *m* 178
documento adjunto *m* 177
dolor de cabeza *m* 44
dolor de estómago *m* 44
dolor de muelas *m* 50
doma *f* 243
domiciliación bancaria *f* 96
domingo 306
Dominica 314
dominó *m* 273
dorada *f* 120
dormirse 71
dormitorio *m* 70
dorsal *m* 16
dos 308
dos en punto 304
dos mil 307
dos mil uno 307
doscientos 308
dosis *f* 109
drenaje *m* 91
dromedario *m* 291
ducha *f* 72
ducharse 72
duchas *f* 266
dulce 124, 127 155
dulches *m* 107
duodeno *m* 18
duro 124, 129, 321

E

eccema *m* 44
echar 67
eclipse *m* 280
ecografía *f* 52
ecuación *f* 165
Ecuador 315
ecuador *m* 283
edificio *m* 59
edificio de oficinas *m* 298
edificio histórico *m* 261
edificios *m* 299
edredón *m* 71
educación física *f* 162
efecto *m* 230
efectos secundarios *m* 109
Egipto 317
eje *m* 205, 206
eje de la transmisión *m* 202
ejecutivo *m* 174
ejercicio de bíceps *m* 251
ejercicios *f* 251
ejercicios de suelo *m* 235
ejercicios pectorales *f* 251
El Salvador 314
electricidad *f* 60
electricista *m* 188
electrodo negativo *m* 167
electrodo positivo *m* 167
electrodomésticos *m* 66, 105, 107
elefante *m* 291
eliminación de desechos *f* 61
eliminado 225
embarazada 52
embarazo *m* 52
embarcaciones *f* 215
embarcadero *m* 217
embarcar 217
embate de las olas *m* 241
embrague *m* 200, 204
embrión *m* 52
embudo *m* 166
embutido *m* 142
emigrar 26
Emiratos Árabes Unidos 318
emisión *f* 179
emitir 178
emociones *f* 25
empapelar 82
empaste *m* 50
empate *m* 223
empeine *m* 15
empezar el colegio 26
empleado *m* 24
empréstito *m* 97
empuje de piermas *m* 251
empleado de correos *m* 98
empleado de la limpieza *m* 188
empresa *f* 175
empresaria *f* 24
empréstito *m* 97
empuje de piernas *m* 251
en 320
en aceite 143
en almíbar 159
en directo 178
en diferido 178
en filetes 121
en formato vertical 271
en frente de 320
en línea 177
en polvo 77
en puré 159
en salmuera 143
en salsa 159
en vinagre 159
enamorarse 26
encaje *m* 35, 80
encaje de bolillos *m* 277
encender la televisión 269
encender una hoguera 266
encendido *m* 200
enchufe *m* 60
enchufe macho *m* 60
encía *f* 50
enciclopedia *f* 163
encima de 320
encimera *f* 66
encinta 52
endibia *f* 122
endocrinología *f* 49
eneldo *m* 133
enero 306
enfadado 25
enfermedad *f* 44
enfermedad de transmisión sexual *f* 20
enfermera *f* 45, 48, 52, 189
enfocar 271
enhebrar 277
enjuagar 38
enrollador de manguera *m* 89
ensalada *f* 149
ensalada de lechuga *f* 158
ensalada mixta *f* 158
ensayo *m* 221
enseñanza superior *f* 168
entarimado *m* 85
entero 129, 132
entrada *f* 59, 194, 228
entrante *m* 153
entrar 177
entrar en erupción 283
entre 320
entrecot *m* 119
entrenadora personal *f* 250
entrenamiento *m* 237
entrenamiento en circuito *m* 251
entrenar 251
entrevistador *m* 179
enviar 177
envoltorio *m* 111
enyesar 82
epidural *f* 52
epiglotis *f* 19
epilepsia *f* 44
episiotomía *f* 52
equipación *f* 31, 222
equipación de rugby *f* 221
equipaje *m* 100, 198, 213
equipaje de mano *m* 211, 213
equipo *m* 205, 220, 229, 233, 238
equipo de alta fidelidad *m* 268
equipo de limpieza *m* 77
equipo de oficina *m* 172
equipo estéreo del coche *f* 201
equitación *f* 242, 263
Eritrea 317
erizo *m* 290
escala *f* 256
escalada *f* 248
escalada en hielo *f* 247
escaladora *f* 250
escalera *f* 59, 95, 186
escalera de mano *f* 82
escalera mecánica *f* 104
escalfar 67
escalfado 159
escalpelo *f* 81
escama *f* 121, 294
escamas *f* 293
escáner *m* 106
escarabajo *m* 295
escarcha *f* 287
escardar 91
escariador *m* 80
escarola *f* 123
escenario *m* 254
escoba *f* 77
escobilla del wáter *f* 72
escorpión *m* 295
escota *f* 241
escote *m* 34
escotera *f* 240
escotilla *f* 281
escribir 162
escritorio *m* 172, 177
escroto *m* 21
escuadra *f* 165
escucha-bebés *m* 75
escuela de Bellas Artes *f* 169
escuelas universitarias *f* 169
escultor *m* 191
escultura *f* 275
escurridor *m* 67, 68
escúter *m* 205
escalon *m* 247
eslalon gigant *m* 247
esfera *f* 164
esgrima *m* 249
eslabón *m* 36
eslalon *m* 247
eslalon gigante *m* 247
Eslovaquia 316
Eslovenia 316
esmalte *m* 50
esmalte de uñas *m* 41
esmeralda *f* 288
esófago *m* 19
espacio *m* 280
espada *f* 236
espalda *f* 13, 239
espaldera *f* 84
espantapájaros *m* 184
España 316
esparadrapo *m* 47
espátula *f* 68, 167
especialista *m* 49
especias *f* 132
espectadores *m* 233
espejo *m* 40, 63, 71, 167
espejo retrovisor *m* 198
espermatozoide *m* 20
espigón *m* 217
espinas *f* 121
espina dorsal *f* 17
espinacas *f* 123
espinilla *f* 12
esponja *f* 73, 74, 83
esponja de luffa *f* 73
esposas *f* 94
esprinter *m* 234
espuma *f* 148
espuma de afeitar *f* 73
espumadera *f* 68
esqueje *m* 91
esqueleto *m* 17
esquí *m* 246
esquí acuático *m* 241
esquí alpino *m* 247
esquí de fondo *m* 247
esquiador acuático *m* 241
esquiadora *f* 246
esquina *f* 298
esquisto *m* 288
esta semana 307
estabilizador de elevacíon *m* 210
establo *m* 185
estaca *f* 90
estación de autobuses *f* 197
estación de radio *f* 179
estación de tren *f* 208
estación espacial *f* 281
estaciones *f* 306
estadio 223
estado *m* 315
Estados Unidos de América 314
estambre *m* 297
estanque *m* 67, 85, 106, 232
estantería *f* 63, 168
estantes *m* 66
estaño *m* 289
estatuilla *f* 260
este *m* 312
estéreo 269
estéril 20, 47
esterilla *f* 267
esternón *m* 17
estilo modernista *m* 301
estilos *m* 39, 239, 301
estilos de jardín *m* 84
estilos musicales *m* 259
estiramiento *m* 251
estirar 251
estómago *m* 18
Estonia 316
estor *m* 63
estor de láminas *m* 63
estornudo *m* 44
estragón *m* 133
estratosfera *f* 286
estrecho 321
estrella *f* 280
estrella de mar *f* 295
estreno *m* 254

estrés *m* 55
estribo *m* 242
estructura *f* 267
estructura para escalar *f* 263
estuario *m* 285
estuche *m* 163
estuche para las lentillas *m* 51
estudiante *m* 169
estudio *m* 162
estudio de grabación *m* 179
estudio de televisión *m* 178
estufa *f* 60
etapas *f* 23
Etiopía 317
etiqueta *f* 172
etiquetas *f* 89
eucalipto *m* 296
Europa 316
examen *m* 163
examen de ojos *m* 51
examen médico *m* 45
excavadora *f* 187
exceso de equipaje *m* 212
exfoliar 41
exósfera *f* 286
experimento *m* 166
exploración espacial *f* 281
exposición *f* 261, 271
expulsión *f* 223
extender con el rodillo 67
exterior *m* 198, 229
exterior derecho *m* 229
exterior izquierdo *m* 228
extintor *m* 95
extracción *f* 50
extractor *m* 66

F

fábrica *f* 299
fácil 321
factura *f* 152
facturar 212
fagot *m* 257
faisán *m* 119, 293
falda *f* 30, 34
fallo *m* 228
falsa torre *f* 215
falta *f* 222, 226, 230
familia *f* 22
fans *m* 258
faringe *f* 19
farmacéutica *f* 189
farmacéutico *m* 108
farmacia *f* 108
faro *m* 198, 205, 207, 217
faro trasero *m* 207
farola *f* 298
fax *m* 98, 172
febrero 306
fecha *f* 306
fecha de caducidad *f* 109
fecha de devolución *f* 168
fecha del juicio *f* 180
fecundación *f* 20
Federación Rusa 318
feijoa *f* 128
felpudo *m* 59
femenino 20
fémur *m* 17
feng shui *m* 55
feria *f* 262
ferretería *f* 114
ferry *m* 215, 216
feto *m* 52
fiambre *m* 118, 143
fianza *f* 181
fibra *f* 127
fibra natural *f* 31
ficha *f* 272
fichero *m* 177
fiebre *f* 44
fiebre del heno *f* 44
fiesta de cumpleaños *f* 27
fiestas *f* 27
fila *f* 210, 254
filamento *m* 60
filatelia *f* 273
filete *m* 121
filete de contra *m* 119
filete de solomillo *m* 119
filetes de mero *m* 120
Filipinas 319
filosofía *f* 169
filtro *m* 270
filtro de papel *m* 167
filtro del aire *m* 202, 204
fin de semana *m* 306
final *m* 321
finanzas *f* 97
Finlandia 316
firma *f* 96, 98
física *f* 162, 169
fisioterapia *f* 49
Fiyi 319
flamenco *m* 292
flash *m* 270
flash electrónico *m* 270
flauta travesera *f* 257
flautín *m* 257
flecha *f* 249
flexión *f* 251
flexión con estiramiento *f* 251
flexionar 251
flor *f* 297
florentina *f* 141
flores *f* 110
flores secas *f* 111
florete *m* 249
florista *f* 188
floristería *f* 110
florón 300
flotador *m* 61, 244, 265
foca *f* 290
foco *m* 50, 178, 259
folículo *m* 20
follaje *m* 110
folleto *m* 175
folleto de viajes *m* 212
folletos *m* 96
fondear 217
fonendoscopio *m* 45
fontanería *f* 61
fontanero *m* 188
footing *m* 251, 263
foque *m* 240
fórceps *m* 53, 167
forma física *f* 250
formas *f* 164
forro *m* 32
fosa nasal *f* 14
foso *m* 300
foso de la orquesta *m* 254
foto *f* 271
fotocopiar 172
fotofinish *f* 234
fotografía *f* 270
fotografiar 271
fotógrafo *m* 191
fotómetro *m* 270
fractura *f* 46
frágil 98
frambuesa *f* 127
frambuesa de Logan *f* 127
Francia 316
franqueo *m* 98
französischer Garten *m* 84
frasco de cristal *m* 166
frecuencia *f* 179
fregadero *m* 61, 66
fregar 77
fregona *f* 77
freír 67
frenar 207
freno *m* 200, 204, 206
freno de emergencia *m* 209
freno de mano *m* 203
frente *f* 14
frente de la cocina *m* 66
fresa *f* 127
fresco 121, 127, 130
fresia *f* 110
friegaplatos *m* 66
frigorífico *m* 67
frigorífico congelador *m* 67
frío 286, 321
friso *m* 301
frito 159
frontal *m* 16
frontalera *f* 242
frontón *m* 300, 301
fruta *f* 107, 126, 128
fruta con hueso *f* 126
fruta en conserva *f* 134
fruta escarchada *f* 129
fruta fresca *f* 157
fruta pasa *f* 156
frutas tropicales *f* 128
frutas pasa *f* 1256
frutero *m* 188
fruto del pan *m* 124
frutos secos *m* 129, 151
fuente *f* 85, 177
reloj de sol *m* 262
fuente para gratinar *f* 69
fuera 228, 320
fuera de banda 226
fuera de juego *m* 223
fuera de pista 247
fuerte 321
full contact *m* 236
fumar 112
funcionario de prisiones *m* 181
funda *f* 51
funda de la almohada *f* 71
funda de la cámara *f* 271
funeral *m* 26
fuselaje *m* 210
fusible *m* 60
fusta *f* 242
fútbol *m* 222
fútbol americano *m* 220
futbolista *m* 222

G

gabardina *f* 32
Gabón 317
gachas de avena *f* 157
gafas *f* 51, 247
gafas de agua *f* 238
gafas de bucear *f* 239
gafas de seguridad *f* 81
gafas de sol *f* 51, 265
gafas protectoras *f* 167
gajo *m* 126
galápago *m* 293
galaxia *f* 280
galería *f* 254
galería de arte *f* 261
galleta *f* 113
galleta de centeno *f* 156
galletas *f* 141
gallina *f* 185
gallinero *m* 185
gallo *m* 185
galón *m* 311
galope *m* 243
galvanizado 79
gambas peladas *f* 120
Gambia 317
ganado *m* 183, 185
ganador *m* 273
ganar 273
ganchillo *m* 277
gancho *m* 118, 187
garaje *m* 58
garbanzos *m* 131
garganta *f* 19
garra *f* 293
gasa *f* 47
gasolina *f* 199
gasolinera *f* 199
gatito *m* 290
gato *m* 290
gaviota *f* 292
géiser *m* 285
gel *m* 38, 109
gel de baño *m* 73
gel de ducha *m* 73
gemas *f* 288
gemelo *m* 36
gemelos *m* 23
generación *f* 23
generador *m* 60
genitales *m* 12
gente *f* 12, 16
geografía *f* 162
geometría *f* 165
Georgia 318
gerbera *f* 110
gerente *m* 174
Ghana 317
giba *f* 291
gimnasia *f* 235
gimnasia prepugilística *f* 251
gimnasia rítmica *f* 235
gimnasio *m* 101, 250
gimnasta *f* 235
gin tonic *m* 151
ginebra *f* 145
ginecología *f* 49
ginecólogo *m* 52
gipsófila *f* 110
girasol *m* 184, 297
giro *m* 238
giro postal *m* 98
glaciar *m* 284
gladiolo *m* 110
glándula *f* 19
glasear 139
globo *m* 230
globo aerostático *m* 211
glúteo *m* 16
gneis *m* 288
goalpost *m* 220
gofres *m* 157
golf *m* 232
golondrina *f* 292
golosinas *f* 113
golosinas a granel *f* 113
golpe *m* 233, 237
golpe cortado *m* 230
golpear 224
golpes *m* 231
goma de borrar *f* 163
goma del pelo *f* 39
goma elástica *f* 173
gominola *f* 113
gong *m* 257
gordo 321
gorila *m* 291
gorra *f* 36
gorra de montar *f* 242
gorrión *m* 292
gorro de baño *m* 238
gorro de cocinero *m* 190
gorro para el sol *m* 30
gotas *f* 109
gotero *m* 53
gótico 301
grabado *m* 275

grabado con antelación 178
grabadora de minidisks *f* 268
gracias 322
gráfica del paciente *f* 48
grafito *m* 289
grajo *m* 292
gramo *m* 310
Granada 314
granada *f* 128
granate *m* 288
grande 321
grandes almacenes *m* 105
granero *m* 182
granito *m* 288
granizo *m* 286
granja *f* 182, 184
granja agricola *f* 183
granja de ganado porcino *f* 183
granja avícola *f* 183
granja de frutales *f* 183
granja de ganado ovino *f* 183
grano *m* 130
granos *m* 144
granos procesados *m* 130
grapadora *f* 173
grapas *f* 173
grasa *f* 119
graso 39, 41
grava *f* 88
gravedad *f* 280
Grecia 316
green *m* 232
grifo *m* 61, 66
grifo de agua caliente *m* 72
grifo de agua fría *m* 72
grifo de la cerveza *m* 150
grillo *m* 295
gripe *f* 44
gris 274
gritar 25
Groenlandia 314
grosella blanca *f* 127
grosella espinosa *f* 127
grosella negra *f* 127
grúa *f* 187, 203, 216
grúa de la cámara *f* 178
grueso 321
grulla *f* 292
guante *m* 224, 228, 233, 236, 246
guantes *m* 36
guantes de boxeo *m* 237
guantes de jardín *m* 89
guardabarros *m* 205
guardacostas *m* 217
guardar 177
guardia de seguridad *m* 189
guardián del rastrillo *m* 225
guarnecedor *m* 88
Guatemala 314
guayaba *f* 128
Guayana Francesa 315
guía *f* 172, 260
guía del hilo *f* 276
guía turístico *m* 260
guiar 91
guimbarda *f* 78
guindilla *f* 124, 132, 143
Guinea 317
Guinea Ecuatorial 317
Guinea-Bissau 317
guión *m* 254
guirnalda *f* 111
guisante *m* 122
guisantes *m* 131
guisantes secos *m* 131
guisantes tiernos *m* 131
guiso *m* 158
guitarra eléctrica *f* 258
guitarrista *m* 258
gusano *m* 295
Guyana 315

H

haba *f* 122
habas *f* 131
hablar 163
habitación *f* 58
habitación con desayuno incluido *f* 101
habitación con dos camas individuales *f* 100
habitación de los niños *f* 74
habitación doble *f* 100
habitación individual *f* 100
habitación privada *f* 48
habitaciones *f* 100
hacer agua 239
hacer agujeros con la horquilla 90
hacer amigos 26
hacer ejercicios de calentamiento 251
hacer la bicicleta 273
hacer la cama 71
hacer pan 138
hacer testamento 26
hacer transbordo 209
hacer un chip 233
hacer un drive 233
hacer un mate 227
hacer un pase 223
hacer un swing 232
hacer una bordada 241
hacer una entrada 223
hacer una parada 223
hacha *f* 95
hacha de cocina *f* 68
hacia 320
hacia arriba 98
Haití 314
halcón *m* 292
Halloween *m* 27
hamaca *f* 265, 266
hambriento 64
hamburguesa *f* 154
hamburguesa con patatas fritas *f* 154
hamburguesa de pollo *f* 155
hamburguesa vegetariana *f* 155
hamburguesería *f* 154
hámster *m* 290
handicap *m* 233
hardware *m* 176
harina blanca *f* 138
harina con levadura *f* 139
harina de huesos *f* 88
harina integral *f* 138
harina morena *f* 138
harina para pan *f* 139
harina sin levadura *f* 139
harinas *f* 138
harpa *f* 256
hasta 320
hasta la rodilla 34
Hawaii 314
haya *f* 296
heavy metal *m* 259
hebilla *f* 36
helada *f* 287
helado *m* 137, 149
helecho *m* 86
hélice *f* 211, 214
helicóptero *m* 211
hematites *m* 289
hematoma *m* 46
hemisferio norte *m* 283
hemisferio sur *m* 283
hemorragia *f* 46
hemorragia nasal *f* 44
heno *m* 184
herbalismo *m* 55
herbicida *m* 91, 183
herboristería *f* 115
herida *f* 46
hermana *f* 22
hermano *m* 22
herradura *f* 242
herramienta para modelar *f* 275
herramientas *f* 187
herramientas de jardinería *f* 88
hervidor *m* 66
hervir a fuego lento 67
hexágono *m* 164
hidroavión *m* 211
hidrodeslizador *m* 215
hidroterapia *f* 55
hielo *m* 120, 287
hierba *f* 55, 86, 262
hierba de limon *f* 133
hierbas *f* 133, 134
hierbas y las especias *f* 132
hierro *m* 109, 233, 289
hígado *m* 18, 118
higiene dental *f* 72
higiene femenina *f* 108
higo *m* 129
higo chumbo *m* 128
hija *f* 22
hijastra *f* 23
hijastro *m* 23
hijo *m* 22
hilo *m* 276
hilo de bramante *m* 89
hilo de estaño *m* 79, 80
hilo dental *m* 50, 72
hilvanar 277
Himalaya *m* 313
hinojo *m* 122, 133
hipermetropía *f* 51
hipnoterapia *f* 55
hipoalergénico 41
hipódromo *m* 243
hipopótamo *m* 291
hipoteca *f* 96
hipotenusa *f* 164
historia *f* 162
historia del arte *f* 169
hocico *m* 293
hockey *m* 224
hockey sobre hielo *m* 224
hockey sobre hierba *m* 224
hogaza *f* 139
hoguera *f* 266
hoja *f* 60, 89, 122, 296
hoja de afeitar *f* 73
hoja de ingreso *f* 96
hoja de reintegro *f* 96
hojaldre *m* 140
hola 322
hombre *m* 12, 23
hombre de negocios *m* 175
hombrera *f* 35, 225
hombro *m* 13
homeopatía *f* 55
homogeneizado 137
Honduras 314
hora *f* 304
hora de dormir *f* 74
hora punta *f* 209
horario *m* 197, 209, 261
horas *f* 261
horas de visita *f* 48
horca *f* 88
hormiga *f* 295
hormigonera *f* 186
hormona *f* 20
hornear 138
hornillo *m* 267
horno *m* 66
horno microondas *m* 66
horquilla *f* 38, 89, 207
horrorizado 25
hospital *m* 48
hotel *m* 100, 264
hoy 306
hoyo *m* 232
hoyo en uno *m* 233
hoyuelo *m* 15
huella dactilar *f* 94
huerto *m* 85, 182
hueso *m* 17, 119
huésped *m* 100
huevera *f* 65, 137
huevo de codorniz *m* 137
huevo de gallina *m* 137
huevo de oca *m* 137
huevo de pato *m* 137
huevo frito *m* 157
huevo pasado por agua *m* 137, 157
huevos *m* 137
huevos revueltos *m* 157
húmedo 286, 321
húmero *m* 17
humo *m* 95
Hungría 316
huracán *m* 287

I

icono *m* 177
idiomas *m* 162
iglesia *f* 298, 300
ígneo 288
igual a 165
iguana *f* 293
iluminación *f* 105
imán *m* 167
imperdible *m* 47
impermeable *m* 31, 32
importe *m* 96
impotente 20
impresión *f* 275
impresora *f* 172, 176
imprimación *f* 83
imprimir 172
impuestos *m* 96
incendio *m* 95
incisivo *m* 50
inconsciente 47
incubadora *f* 53
India 318
indicaciones *f* 260
indicador de fotos *m* 270
indicador de temperatura *m* 201
índice *m* 15
Indonesia 319
infarto de miocardio *m* 44
infección *f* 44
información *f* 168, 261
información telefónica *f* 99
informe *m* 174
infusión *f* 149
ingeniería *f* 169
ingle *f* 12
ingredientes *m* 155
ingresado 48
ingresar 96
inhalador *m* 44, 109
injertar 91
inmovilización *f* 237
inocente 181
inquilino *m* 58

insomnio *m* 71
instalaciones internas *f* 60
instalar 177
instrumentos *m* 256, 258
insulina *f* 109
integral 131
interceptar y devolver 225
intercostal *m* 16
interfono *m* 59
interior *m* 200
intermitente *m* 198, 204
internet *m* 177
interruptor *m* 60
intervención *f* 48
intestino delgado *m* 18
intestino grueso *m* 18
intoxicación *f* 46
inundación *f* 287
invernadero *m* 85
inversión *f* 97
invertebrados *m* 295
investigación *f* 94, 169
invierno *m* 31, 307
invitado *m* 64
inyección *f* 48
ionosfera *f* 286
ir en bicicleta 207
ir en trineo 247
Irán 318
Iraq 318
iris *m* 51, 110
Irlanda 316
isla *f* 282
Islas Baleares 316
Islas Galápagos 315
Islas Salomón 319
Israel 318
Italia 316
itinerario *m* 260
izquierda 260

J

jabón *m* 73
jaboncillo *m* 276
jabonera *f* 73
jade *m* 288
Jamaica 314
jamón *m* 119, 143, 156
jamón serrano *m* 143
Japón 318
jaqueca *f* 44
jarabe *m* 109
jarabe de arce *m* 134
jarabe para la tos *m* 108
jarcias *f* 240
jarcias *f* 215
jardín *m* 84
jardín acuático *m* 84
jardín campestre *m* 84
jardín clásico *m* 84
jardín de hierbas aromáticas *m* 84
jardín en la azotea *m* 84
jardinería *f* 90
jardinero *m* 188
jardines *m* 261
jarra *f* 65, 151
jarra graduada *f* 69, 311
jarrón *m* 63, 111
jazz *m* 259
jefe *m* 24
jengibre *m* 125, 133
jeringuilla *f* 109, 167
jersey *m* 33
jet privado *m* 211
jinete *m* 242
jirafa *f* 179, 291
Jordania 318
joyas *f* 36
joyería *f* 114
joyero *m* 36, 188
jubilarse 26
judía body *f* 122
juego *m* 230
juego de dobles *m* 230
juego individual *m* 230
juegos *m* 75, 272
juegos de mesa *m* 272
juegos de raqueta *m* 231
jueves 306
juez *m* 180
juez de línea *m* 220, 223, 230
juez de silla *m* 230
jugador *m* 220, 221, 231, 273
jugador de baloncesto *m* 226
jugador de críquet *m* 225
jugador de hockey sobre hielo *m* 224
jugadora de golf *f* 232
jugar 229, 273
jugoso 127
juguete *m* 75
juguetería *f* 105
juicio *m* 180
julio 306
junco *m* 86
junio 306
junta *f* 61
Júpiter *m* 280
jurado *m* 180

K

K. O. *m* 237
Kaliningrado 316
Kazajistán 318
kendo *m* 236
Kenia 317
kétchup *m* 135, 154
kilogramo *m* 310
kilómetro *m* 310
Kirguistán 318
kit de reparaciones *m* 207
kiwi *m* 128
koala *m* 291
kumquat *m* 126
kung fu *m* 236
Kuwait 318

L

labio *m* 14
labios de la vulva *m* 20
labor de punto *f* 277
labor de retales *f* 277
laboratorio *m* 166
laca *f* 38
lacrosse *f* 249
lactancia *m* 53
lácteos *m* 107
lactosa *f* 137
ladera *f* 284
lado *m* 164
ladrillo *m* 187
lagarto *m* 293
lago *m* 285
lágrima *f* 51
laminado 132
lámpara *f* 62, 217
lámpara de la mesilla *f* 70
lana *f* 277
lana de acero *f* 81
lancha motora *f* 214
langosta *f* 121, 295
langostino *m* 121
lanzacohetes *m* 281
lanzador *m* 225
lanzamiento *m* 281
lanzamiento de disco *m* 234
lanzamiento de jabalina *m* 234
lanzamiento de peso *m* 234
lanzar 221, 225, 227, 229, 245
lanzarse 229
Laos 318
lápiz *m* 163, 275
lápiz corrector *m* 40
lápiz de cejas *m* 40
lápiz de colores *m* 163
lápiz de ojos *m* 40
largo 32, 34, 130, 151
largometraje *m* 269
larguero *m* 222
laringe *f* 19
lata *f* 145, 311
lata de bebida *f* 154
lata de pintura *f* 83
latigazo *m* 46
latitud *f* 283
laurel *m* 133
lava *f* 283
lavabo *m* 38, 50, 72
lavadero *m* 76
lavadero de coches *m* 198
lavadora *f* 76
lavadora secadora *f* 76
lavandería *f* 115
lavar 38
laxante *m* 109
lazo *m* 39
lección *f* 163
leche *f* 136, 156
leche condensada *f* 136
leche de cabra *f* 136
leche limpiadora *f* 41
leche de oveja *f* 137
leche de vaca *f* 136
leche desnatada *f* 136
leche en polvo *f* 137
leche entera *f* 136
leche limpiadora *f* 41
leche semidesnatada *f* 136
lechón *m* 185
lechuga *f* 123
lector de compact discs *m* 268
lector de MP3 *m* 268
lector de rayos x *m* 45
leer 162
legumbres *f* 130
lejía *f* 77
lejos 320
lencería *f* 35, 105
lengua *f* 19
lengua *f* 118
lenguado *m* 120
lengüeta *f* 37, 244
lente del objetivo *f* 167
lenteja castellana *f* 131
lenteja roja *f* 131
lentes de contacto *f* 51
lentilla *f* 51
lento 321
león *m* 291
león marino *m* 290
leotardos *m* 251
lesión *f* 46
Lesoto 317
Letonia 316
letra *f* 259
letrero *m* 104
levadura de panadería *f* 138
levantamiento de pesas *m* 251
levantar 251
levantarse 71
levar 139
Líbano 318
libélula *f* 295
Liberia 317
libertad condicional *f* 181
Libia 317
libra *f* 310
libre 321
librería *f* 115
libro *m* 168
libro de texto *m* 163
licencia de pesca *f* 245
licenciada *f* 169
licenciarse 26
lichi *m* 128
licor *m* 145
Liechtenstein 316
lienzo *m* 274
liga *f* 35, 223
ligamento *m* 17
ligero 321
liguero *m* 35
lijadora *f* 78
lijar 82
lima *f* 81, 126
lima de uñas *f* 41
límite de velocidad *m* 195
limón *m* 126
limonada *f* 144
limpiaparabrisas *m* 198
limpiar 77
limpiar el polvo 77
limpieza de cutis *f* 41
limpio 121
limusina *f* 199
línea central *f* 226
línea de banda *f* 220, 221, 226, 230
línea de falta *f* 229
línea de flotación *f* 214
línea de fondo *f* 221, 223, 225, 226, 230
línea de gol *f* 220
línea de juego *f* 233
línea de meta *f* 224, 234
línea de salida *f* 234
línea de servicio *f* 230
línea de tiro libre *f* 226
línea de triples *f* 226
línea del bateador *f* 225
línea divisoria *f* 194, 256
líneas *f* 165
lino *m* 184, 277
linterna *f* 267
líquido amniótico *m* 52
líquido limpiador *m* 51
líquido limpiaparabrisas *m* 199
liso 39
lista de lecturas *f* 168
lista de precios *f* 154
listón *m* 235
literatura *f* 162, 169
litro *m* 311
Lituania 316
llamada a cobro revertido *f* 99
llanta *f* 206
llanura *f* 285
llave *f* 59, 80, 203, 207
llave de boca *f* 80
llave de la habitación *f* 100
llave de paso *f* 61
llave de tubo *f* 80
llave del desagüe *f* 61
llave inglesa *f* 80
llegadas *f* 213
lleno 64, 321
llorar 25
lluvia *f* 287
lo siento 322
lobo *m* 290
loción *f* 109
loción para después del afeitado *f* 73
loción para después del sol *f* 108
loción para el cuerpo *f* 73
locomotora *f* 208
logotipo *m* 31
lomo *m* 121

loncha de panceta f 119
longitud f 165, 283, 310
longitud de onda f 179
loro m 293
lubina f 120
luces f 94
luces de emergencia f 201
lucha libre f 236
lugares de interés m 261
luge m 247
luna f 280
luna de miel f 26
luna llena f 280
luna nueva f 280
lunar m 14
lunes 306
Luxemburgo 316
luz de lectura f 210
luz del porche f 58
luz trasera f 204

M

macadamia f 129
Macedonia 316
maceta f 87, 89, 110
machacado 132
macís f 132
macramé m 277
Madagascar 317
madeja f 277
madera f 79, 275
madera de construccion f 187
madera de pino f 79
madera noble f 79
madrastra f 23
madre f 22
madreselva f 297
maduro 129
magdalena f 140
magma m 283
magnesio m 109
mahonesa f 140
maíz m 130, 184
maíz dulce m 122
mal pase de balón m 220
malaquita f 288
malas hierbas f 86
Malasia 318
Malaui 317
Maldivas 318
maletero m 196,198
maletín m 37
Mali 317
mallas f 31
malo 321
Malta 316
Malvinas 315
mamíferos m 290
manada f 183
mandarina f 126
mandarina clementina f 126
mandarina satsuma f 126
mandíbula f 14, 17
mandioca f 124
mando a distancia m 269
mandos de la calefacción m 201
mando de luces m 201
manga f 34
manga pastelera f 69
mango m 128, 187, 230
mangostán m 128
manguera f 89, 95
manguito m 45, 238
manguitos m 238
manicura f 41
manillar m 207
maniquí m 276
mano f 13, 15
mano de mortero f 68, 167
manopla de cocina f 69
manoplas f 30
manta f 71, 74
manta eléctrica f 71
manteca de cacanuete f 135
mantel m 64
mantel individual m 64
mantequilla f 137, 156
mantillo m 85
mantis religiosa f 295
manto m 282
manualidades f 274, 275, 276
manzana f 126
manzanilla f 149
mañana f 305
mañana 306
mapa m 195
mapache m 290
mapamundi m 312
maqueta f 190
maquillaje m 40
maquillaje de fondo m 40
máquina de afeitar f 73
máquina de coser f 276
máquina de ejercicios f 250
máquina de los cubitos f 67
máquina de rayos x f 212
máquina de remos f 250
máquina de step f 250
máquina fotográfica f 260
maquinaria f 187
maquinilla de afeitar f 73
mar m 264, 282
Mar Báltico m 313
Mar Caribe m 312
Mar Caspio m 313
Mar de Arábigo m 313
Mar del Norte m 312
Mar Mediterráneo m 313
Mar Negro m 313
Mar Rojo m 313
maracas f 257
maracuyá m 128
maratón f 234
marca personal f 234
marcador m 225
marcar 38, 99
marcar un gol 223
marchas f 206
marco m 62
margarina f 137
margarita f 110, 297
marido m 22
marinero m 189
mariposa f 239, 295
mariquita f 295
marisco m 121
mármol m 288
marquesina f 197
marrón 274
Marruecos 317
Marte 280
martes 306
martillo m 80
martini m 151
marzo 306
más 165
más allá de 320
más tarde
masa f 138, 140
masa de profiteroles f 140
masa filo f 140
masaje m 54
máscara f 228, 249
mascarilla f 41, 189
masculino 21
masilla f 83
máster m 169
mástil m 240, 258, 266
matasellos m 98
mate 83, 271
matemáticas f 162, 164
materiales m 79, 165, 187
materiales de oficina m 173
maternidad f 49
matraz m 166
matrícula f 198
matriz f 52, 96
matrona f 53
Mauricio 317
Mauritania 317
mayo 306
mazapán m 141
mazo m 187, 275
mazo de cocina m 68
mazo para puré de patatas m 68
mecánica f 202
mecánico m 188, 203
mechas f 39
mechero m 112
mechero Bunsen m 166
medallas f 235
media luna f 280
media pensión f 101
mediana f 194
medianoche f
medias f 35
medicación f 109
medicamento m 109
medicina f 169
medicina ayurvédica f 55
médico m 45, 189
medida f 151
medida de capacidad f 311
medidas f 165
medidor m 150
medio ambiente m 280
medidor de altura m 45
medio galope m 243
medio litro m 311
mediodía m 305
medios de comunicación m 178
medir 310
meditación f 54
médula f 126
medusa f 295
megafonía f 209
mejilla f 14
mejillón m 121, 295
mejorana f 133
melée f 221
melena f 39, 291
melocotón m 126, 128
melodía f 259
melón m 127
membrillo m 128
memoria f 176
memoria RAM f 176
menaje de hogar m 105
menos 165
mensaje de texto m 99
mensaje de voz m 99
mensajero m 99
mensajes m 100
mensualmente 307
menta f 133
menta poleo f 149
menú de la cena m 152
menú de la comida m 152
menú para niños m 153
menudillos m 118
meñique m 15
mercado m 115
mercería f 105
mercurio m 289
Mercurio m 280
merengue m 140
mermelada f 134, 156
mermelada de frambuesa f 134
mermelada de naranja f 134, 156
mes m 306
mesa f 64, 148
mesa de café f 62
mesa de encolar f 82
mesa de mezclas f 179
mesa de picnic f 266
mesa del desayuno f 156
meseta f 284
mesilla de noche m 70
mesoesfera f 286
metacarpo m 17
metal m 79
metales m 289
metamórfico 288
metatarso m 17
meteorito m 280
metralleta f 189
metro m 209, 310
metro cuadrado m 310
México 314
mezclar 67, 138
mezquita f 300
mica f 289
microbús m 197
micrófono m 179, 258
microscopio m 167
miel compacta f 134
miel líquida f 134
miércoles 306
mies f 183
mijo m 130
mil 309
mil millones 309
mil novecientos 307
mil novecientos diez 307
mil novecientos uno 307
milenio m 307
miligramo m 310
mililitro m 311
milímetro m 310
milla f 310
millón m 309
minerales m 289
mini bar m 101
minutero m 304
minuto m 304
miopía f 51
mirilla f 59
misil m 211
mobiliario para el hogar m 105
mocasín m 37
mochila f 31, 37, 267
mochila porta-bebé f 75
moda f 277
modalidades f 243
modelismo m 275
modelo f 169
modelos m 199
módem m 176
modista f 191
modo de empleo m 109
módulo lunar m 281
moisés m 74
Moldavia 316
molde individual m 69
molde para bizcocho m 69
molde para magdalenas m 69
molde para suflé m 69
molde para tarta m 69
molde redondo m 69
moldura f 63
molido 132
Mónaco 316
mondador m 68

moneda *f* 97
monedero *m* 37
Mongolia 318
monitor *f* 176
monitor *m* 53
mono *m* 82, 291
monopatín *m* 249
monopoly *m* 272
monorraíl *m* 208
monovolumen *m* 199
montaña *f* 284
montaña rusa *f* 262
Montañas Rocosas *f* 312
montar en monopatín 249, 263
montar una tienda 266
Montenegro *m* 316
montón de compost *m* 85
montura *f* 51
monumento *m* 261
monzón *m* 287
moño *m* 39
moqueta *f* 71
mora *f* 127
morado 274
morcilla *f* 157
mordisco *m* 46
moreno 41
morir 26
morro *m* 210
morsa *f* 290
mortero *m* 68, 167
mosca *f* 244, 295
mosquitera *f* 267
mosquito *m* 295
mostaza *f* 155
mostaza en grano *f* 131, 135
mostaza francesa *f* 135
mostaza inglesa *f* 135
mostrador *m* 96, 98, 100, 142
mostrador de bocadillos *m* 143
mostrador de facturación *m* 213
mostrador de préstamos *m* 168
moto acuática *f* 241
moto de carreras *f* 205
moto de carretera *f* 205
moto de cross *f* 205
moto de nieve *f* 247
motocicleta *f* 204
motociclismo *m* 249
motocross *m* 249
motor *m* 88, 202, 204, 210
motor fueraborda *m* 215
mousse *f* 141
móvil *m* 74
movimientos *m* 237
Mozambique 317
mozo de cuadra *m* 243
mozzarella *f* 142
mueble *m* 268
muela *f* 50
muelle *m* 71, 214, 216
muelle comercial *m* 216
muelle de pasajeros 216
muerte súbita *f* 230
muestra *f* 261
muffin *m* 140
mujer *f* 12, 22, 23
mujer de negocios *f* 175
muletilla *f* 31
multiplicado por 165
multiplicar 165
muñeca *f* 13, 15, 75
muñequera *f* 230
murciélago *m* 290
músculos *m* 16
muserola *f* 242
música *f* 162
música clásica *f* 255, 259
música country *f* 259
música de baile *f* 259
música folk *f* 259
música pop *f* 259
música punk *f* 259
musical *m* 255
músico *m* 191
muslo *m* 12, 119
Myanmar 318

N, Ñ

naan *m* 139
nabo *m* 124
nabo sueco *m* 125
nacer 26
nacimiento *m* 52
nada *f* 230
nadador *m* 238
nadar 238
nailon *m* 277
Namibia 317
naranja 274
naranja *f* 126
naranjada *f* 144
narciso *m* 111
nariz *f* 14
nasa *f* 244, 245
nata *f* 137, 140, 157
nata agria *f* 137
nata ligera *f* 137
nata montada *f* 137
nata para montar *f* 137
natación *f* 238
natación sincronizada *f* 239
natillas *f* 140
naturopatía *f* 55
náuseas *f* 44
navaja *f* 121
navegación por satélite *f* 201
navegador *m* 177
navegar 177, 240
Navidad *f* 27
neblina *f* 287
nebulosa *f* 280
nectarina *f* 126
negativo *m* 271
negociado *m* 168
negocio *m* 175
negocios *m* 175
negro 39, 272, 274
neoclásico 301
Nepal 318
Neptuno *m* 280
nervio *m* 19, 50
nervio óptico *m* 51
nervioso 25
neumático *m* 198, 205
neurología *f* 49
neutro 60
Nicaragua 314
niebla *f* 287
nieta *f* 22
nieto *m* 22
nietos *m* 23
nieve *f* 287
Níger 317
Nigeria 317
niño *m* 23, 31
niño pequeño *m* 30
niños *m* 23
níquel *m* 289
nivel *m* 80, 187
no 322
no doblar 98
no torcer a la derecha 195
noche *f* 305
nómina *f* 175
nonagésimo 309
noray *m* 214
normal 39
norte *m* 312
Noruega 316
nota *f* 163, 256
nota con saludos *f* 173
notación *f* 256
notas *f* 191
noticias *f* 178
novecientos 308
noveno 309
noventa 308
novia *f* 24
noviembre 306
novio *m* 24
nube *f* 113, 287
nuca *f* 13
núcleo externo *m* 282
núcleo interno *m* 282
nudillo *m* 15
nuera *f* 22
Nueva Zelanda 319
nueve 308
nuevo 321
nuez *f* 19, 129
nuez del Brasil *f* 129
nuez moscada *f* 132
nuggets de pollo *m* 155
numerador *m* 165
número *m* 226
número de andén *m* 208
número de cuenta *m* 96
número de la habitación *m* 100
número de puerta de embarque *m* 213
número de ruta *m* 196
número de vuelo *m* 213
números *m* 308
nutria *f* 290
ñame *m* 125

O

obertura *f* 256
objetivo *m* 270
objetivo de zoom *m* 270
oboe *m* 257
obra *f* 186
obra de teatro *f* 254
obras *f* 187, 195
obsidiana *f* 288
oca *f* 119, 293
océano *m* 282
Océano Antártico *m* 313
Océano Ártico *m* 312
Océano Atlántico *m* 312
Océano Índico *m* 312
Océano Pacífico *m* 312
ochenta 308
ocho 308
ochocientos 308
ocio *m* 254, 258, 264
ocio en el hogar *m* 268
octágono *m* 164
octavo 309
octogésimo 309
octubre 306
ocular *m* 167
ocupado 321
oeste *m* 312
ofertas *f* 106
oficina *f* 24, 172, 174
oficina central *f* 175
oficina de Aduanas *f* 216
oficina de cambio *f* 97
oficina de correos *f* 98
oficina de turismo *f* 261
oficina del director del camping *f* 266
oftalmología *f* 49
ojal *m* 32, 37
ojo *m* 14, 51, 244
ojo de buey *m* 214
ojos rojos *m* 271
ola *f* 241, 264
olmo *m* 296
Omán 318
ombligo *m* 12
omoplato *m* 17
once 308
oncología *f* 49
onda corta *f* 179
onda larga *f* 179
onda media *f* 179
ónice *m* 289
onza *f* 310
ópera *m* 255
operador *m* 99
óptico *m* 51, 189
órbita *f* 280
orden de arresto *m* 180
orden del dia *m* 174
ordenador *m* 172, 176
ordenador portátil *m* 175, 176
ordeñar 183
orégano *m* 133
oreja *f* 14
orfebrería *f* 275
organizador de las herramientas *m* 78
órganos reproductores *m* 20
orgulloso 25
orificio nasal *m* 290
orilla *f* 284
orinal *m* 74
ornamental 87
ornitología *f* 263
oro *m* 235, 289
orquesta *f* 254, 256
orquídea *f* 111
ortiga *f* 297
ortopedia *f* 49
oruga *f* 295
orza v 241
oscuro 321
oso *m* 291
oso de peluche *m* 75
oso panda *m* 291
oso polar *m* 291
osteopatía *f* 54
ostra *f* 121
otoño *m* 31, 307
otorrinolaringología *f* 49
otras embarcaciones *f* 215
otras manualidades 275
otras tiendas *f* 114
otros deportes *m* 248
óvalo *m* 164
ovario *m* 20
oveja *f* 185
ovulación *f* 20, 52
óvulo *m* 20

P

pacana *f* 129
paciente *f* 45
paciente externo *m* 48
paddle *m* 231
padrastro *m* 23
padre *m* 22
padres *m* 23
pagar 153
pago *m* 96
país *m* 315
paisaje *m* 284
Países Bajos 316
pajarería *f* 115
pajarita *f* 36
pájaro carpintero *m* 292
pajita *f* 144, 154
Pakistán 318
pala *f* 88, 187, 231, 265
paladar *m* 19
palanca *f* 61, 150
palanca de cambio *f* 201, 207
palanca de frenos *f* 207
palanca de la llanta *f* 207

palco *m* 254
palet *m* 186
paleta *f* 187, 274
palma de la mano *f* 15
palmera *f* 86, 296
palmitos *m* 122
palo *m* 225, 249, 273
palo de madera *m* 233
paloma *f* 292
palomitas *f* 255
palos de golf *m* 233
pan *m* 138, 157
pan al bicarbonato sódico *m* 139
pan blanco *m* 138, 139
pan con multicerales *m* 139
pan con semillas *m* 139
pan crujente *m* 139
pan de centeno *m* 138
pan de maíz *m* 139
pan de masa madre *m* 139
pan de pita *m* 139
pan dulce francés *m* 157
pan en rebanadas *m* 138
pan integral *m* 139, 149
pan moreno *m* 139
pan rallado *m* 139
pan sin levadura *m* 139
panadería *f* 107, 114, 138
panadero *m* 139
panal *m* 135
Panamá 314
páncreas *m* 18
pandereta *f* 257
panecillo *m* 139, 143
panorámico 260
pantalla *f* 97, 172, 176, 255, 269
pantalla de información *f* 213
pantalón de montar *m* 242
pantalones *m* 32, 34
pantalones con peto *m* 30
pantalones cortos *m* 30, 33
pantalones de chándal *m* 33
pantalones vaqueros *m* 31
pantano *m* 285
panti *m* 34
pantorrilla *f* 13, 16
pañal *m* 75
pañal de felpa *m* 30
pañal desechable *m* 30
pañuelo *m* 36
pañuelo de papel *m* 108
papaya *f* 128
papel celo *m* 173
papel con membrete *m* 173
papel de apresto *m* 83
papel de lija *m* 81, 83
papel estampado en relieve *m* 83
papel maché *m* 275
papel pintado *m* 82
papelera *f* 172, 177
papelería *f* 105
paperas *f* 44
papiroflexia *f* 275
Papua Nueva Guinea 319
paquete *m* 99, 311, 311
paquete de tabaco *m* 112
par *m* 233
para 320
para comer en el local 154
para llevar 154
parabrisas *m* 198, 205
paracaídas *m* 248
paracaidismo 248
paracaidismo en caída libre *m* 248
parachoques *m* 198
parada *f* 237
parada de autobús *f* 197, 299
parada de taxis *f* 213
paraguas *m* 36, 233
Paraguay 315
paragüero *m* 59
paralelas *f* 235
paralelas asimétricas *f* 235
paralelo 165
paralelogramo *m* 164
parapente *m* 248
parcela *f* 266
parche *m* 207
pareado *m* 58
pared *f* 58, 186
pareja *f* 23
parientes *m* 23
parmesano *m* 142
párpado *m* 51
parque *m* 75, 262
parque de atracciones *m* 262
parque de bomberos *m* 95
parque nacional *m* 261
parquímetro *m* 195
parrilla *f* 69, 69
parterre *m* 85, 90
partida *f* 273
partida de nacimiento *f* 26
partido *m* 230
partitura *f* 255, 256
parto *m* 52, 53
parto asistido *m* 53
parto de nalgas *m* 52
pasa *f* 129
pasa de Corinto *f* 129
pasa sultana *f* 129
pasado mañana 307
pasajero *m* 216
pasamanos *m* 59
pasaporte *m* 213
pasar 220
pasar la bayeta 77
pasarela *f* 212, 214
Pascua judía *f* 27
Pascua de Resurrección *f* 27
pase *m* 226
paseo *m* 75, 243
paseo marítimo *m* 265
pasillo *m* 106, 168, 210, 254
paso *m* 243
paso de peatones *m* 195
paso elevado *m* 194
paso subterráneo *m* 194
pasta *f* 158
pasta de dientes *f* 72
pastel *m* 158
pastel de nata *m* 141
pasteles *m* 140, 274
pasteles de carne *m* 143
pasteurizado 137
pastilla *f* 258, 311
pastilla de menta *f* 113
pastilla para encender *f* 266
pastilla para la garganta *f* 109
pastillas para el mareo *f* 109
pasto *m* 182
pata *f* 64
pata de cordero *f* 119
patada *f* 124, 237, 239
patata nueva *f* 124
patatas fritas *f* 113, 151, 154
paté *m* 142, 156
patilla de apoyo *f* 207
patín *m* 247
patín de cuchilla *m* 224
patín de ruedas *m* 249
patinaje *m* 263
patinaje artístico *m* 247
patinaje de velocidad *m* 247
patinaje sobre hielo *m* 247
patinaje sobre ruedas 249
patinar 224
patio *m* 58, 84
patio de butacas *m* 254
patito *m* 185
pato *m* 119, 185
patología *f* 49
patrón *m* 276
patucos *m* 30
pausa *f* 269
pavo *m* 119, 185, 293
pavo real *m* 293
PDA *m* 175
peca *f* 15
peces *m* 294
pecho *m* 12
pechuga *f* 119
pectoral *m* 16
pedal *m* 61, 206
pedal de los frenos *m* 205
pedalear 207
pedernal *m* 288
pediatría *f* 49
pedicura *f* 41
pedir 153
peinado en alto *m* 39
peinar 38
peine *m* 38
pelacables *m* 81
pelado 129
pelar 67
pelele *m* 30
pelícano *m* 292
película *f* 271
película de aventuras *f* 255
película de ciencia ficción *f* 255
película de dibujos animados *f* 255
película de terror *f* 255
película de suspense *f* 255
película del oeste *f* 255
película romántica *f* 255
peligro *m* 195
pelirrojo 39
pelo *m* 14, 38
pelo corto *m* 39
peluquero de caballeros *m* 188
pelota *f* 75, 224, 228, 230
pelota de críquet *f* 225
pelota de golf *f* 233
peloteo *m* 230
peluca *f* 39
peluche *m* 75
peluqueria de caballeros *f* 39
peluquera *f* 38
peluquería *f* 115
peluquería de caballeros *f* 39
peluquero *m* 188
pelvis *f* 17
penalti *m* 222
pendiente *m* 36
pene *m* 21
península *f* 282
pensión completa *f* 101
pentágono *m* 164
pentagrama *f* 256
peón *m* 272
peonía *f* 111
pepino *m* 125
pepita *f* 127, 128
pepitas de chocolate *f* 141
pequeño 321
pera *f* 127
percha *f* 70
percusión *f* 257
perdedor *m* 273
perder 273
perdone 322
perejil *m* 133
perenne 86
perforadora *f* 173
perfumado 130
perfume *m* 41
perfumería *f* 105
perfilador de labios *m* 40
pérgola *f* 84
periferia *f* 299
periódico *m* 112, 168
periodista *m* 190
permanente *f* 39
peroné *m* 17
perpendicular 165
perrito caliente *m* 155
perro *m* 290
perseguir 229
personal *m* 175
pértiga *f* 245
Perú 315
pesa *f* 166, 251
pesado 321
pesar 310
pesas *f* 250
pesca *f* 244
pesca con arpón *f* 245
pesca con mosca *f* 245
pesca de altura *f* 245
pesca deportiva *f* 245
pesca en agua dulce *f* 245
pesca en la orilla *f* 245
pesca marítima *f* 245
pescadera *f* 188
pescadería *f* 114, 120
pescadilla *f* 120
pescado *m* 107, 120
pescado ahumado *m* 143
pescado y las patatas fritas *m* 155
pescador *m* 189
pescador de caña *m* 244
peso *m* 118
peso al nacer *m* 53
pestaña *f* 14, 51
pesticida *m* 89, 183
pestillo *m* 200
pétalo *m* 297
pez espada *m* 120, 294
pez rojo *m* 294
pezón *m* 12
pezuña *f* 291
piano *m* 256
pica *f* 273
picadura *f* 46
picante 124
picar 245
picnic *m* 263
pico *m* 187, 293
pie *m* 12, 15, 310
pie cuadrado *m* 310
pie de la aguja *m* 276
pie de la cama *m* 71

pie del altavoz *m* 268
piedra *f* 275
piedra afiladora *f* 81
piedra arenisca *f* 288
piedra caliza *f* 288
piedra lunar *f* 288
piedra pómez *f* 73, 288
piedra preciosa *f* 36
piel *f* 14, 119, 128
pierna *f* 12, 119
pijama *m* 30, 33
pila *f* 167
pilas *f* 260
pilates *m* 251
píldora *f* 21, 109
piloto *m* 190, 211
piloto de carreras *m* 249
pimentón *m* 132
pimienta *f* 64, 152
pimienta de Jamaica *f* 132
pimienta en grano *f* 132
pimiento *m* 124
pincel *m* 274
pincel de labios *m* 40
pinchazo *m* 203, 207
pincho *m* 68, 158
pincho moruno *m* 155
ping-pong *m* 231
pingüino *m* 292
pino *m* 296
pinta *f* 311
pintar 83
pintor *m* 82
pintora *f* 191, 274
pintura *f* 83, 274
pintura acrílica *f* 274
pintura al agua *f* 83
pinturas *f* 274
pinturas al óleo *f* 274
pinza *f* 167
pinza para la nariz *f* 238
pinza para la ropa *f* 76
pinzas *f* 40, 47, 167
pinzas de hielo *f* 150
piña *f* 128
piñón *m* 129, 207
pipa *f* 112
pipa de calabaza *f* 131
pipa de girasol *f* 131
pipeta *f* 167
pipo *m* 122
piqueta *f* 266
piraqua *f* 241,
piragüismo *m* 241
pirámide *f* 164
piruleta *f* 113
piscifactoría *f* 183
piscina *f* 101, 238, 250
piscina para niños *f* 263
piso *m* 58, 59
pista *f* 212, 234, 246
pista de esquí *f* 246
pista de estacionamiento *f* 212
pista de hockey sobre hielo *f* 224
pista de tenis *f* 230
pistacho *m* 129
pistas *f* 234
pistola *f* 94
pistola para encolar *f* 78
pitch *m* 225
pítcher *m* 229
pizarra *f* 162, 288
pizza *f* 154
placa *f* 67, 94, 283
placa bacteriana *f* 50
placa de identificación *f* 189
placa de la aguja *f* 276
placa vitrocerámica *f* 66
placar 220
placenta *f* 52
plancha *f* 76
planchar 76
planeador *m* 211, 248
planeta *m* 280, 282
plano *m* 261
plano del metro *m* 209
planta *f* 48, 261
planta acuática *f* 86
planta alpestre *f* 87
planta baja *f* 104
planta de flor *f* 297
planta de sombra *f* 87
planta del pie *f* 15
planta para cubrir suelo *f* 87
planta rastera *f* 87
planta suculenta *f* 87
plantar 183
plantar en tiesto 91
plantas *f* 296
plantas de jardín *f* 86
plantas podadas con formas *f* 87
plantilla *f* 83
plantón *m* 91
plata *f* 235, 289
plataforma de estacionamiento *f* 212
plataforma de lanzamiento *f* 228
plátano *m* 128
platea *f* 254
platea alta *f* 254
platija *f* 120
platillos *m* 257
platina portaobjeto *f* 167
platino *m* 289
platito *m* 65
plató *m* 178
plató de rodaje *m* 179
plato *m* 65
plato hondo *m* 65
plato llano *m* 65
plato principal *m* 153
platos *m* 153
platos del día *m* 152
platos preparados *m* 107
play *m* 269
playa *f* 264
plaza *f* 299
pletina *f* 268
plomo *m* 244
pluma *f* 163, 293
plumcake *m* 139
plum-cake *m* 140
plumín *m* 163
Plutón *m* 280
pocilga *f* 185
podadera de mango largo *f* 88
podar 90, 91
podio *m* 235, 256
podio de salida *m* 238
podrido 127
póker *m* 273
policía *m* 189
policía *f* 94
policía de tráfico *m* 195
poliéster *m* 277
polilla *f* 295
pollo *m* 119
pollo frito *m* 155
pollo preparado *m* 119
polluelo *m* 185
polo *m* 243, 282
Polo Norte *m* 283
Polonia 316
polvera *f* 40
polvos *m* 109
polvos compactos *m* 40
polvos de talco *m* 73
pomada *f* 47, 109
pomelo *m* 126
pomo de la puerta *m* 59
poner el despertador 71
poner en remojo 130
poner la mesa 64
popa *f* 240
popurrí *m* 111
por 320
por avión 98
por favor 322
porcelana *f* 105
porcentaje *m* 165
porche *m* 58
poro *m* 15
porra *f* 94
portaaviones *m* 215
portabicicletas *m* 207
portabolígrafo *m* 172
portaequipaje *m* 204
portaequipajes *m* 209
portalámparas de bayoneta *m* 60
portaobjetos *m* 167
portarretratos *m* 271
portería *f* 221, 223, 224
portero *m* 222, 224
Portugal 316
posavasos *m* 150
poste *m* 222, 247
postre *m* 153
postura *f* 232
potro *m* 185
pozo de entrada *m* 299
pradera *f* 285
prado *m* 285
precio *m* 152, 199, 209
precio de entrada *m* 260
pregunta 163
preguntar 163
prematuro 52
premolar *m* 50
prensa *f* 178
prensaajos *m* 68
preocupado 25
prepucio *m* 21
presa *f* 300
presentación *f* 174
presentador *m* 178
presentador de noticias *f* 191
presentadora de las noticias *f* 179
presidir 174
presilla*f* 276
presión del neumático *f* 203
préstamo *m* 96, 168
primavera *f* 307
primer piso *m* 141
primera comunión *f* 26
primera mano *f* 83
primera planta *f* 104
primero 309
primeros auxilios *m* 47
primo *m* 22
prímula *f* 297
principado *m* 315
principio *m* 321
prismáticos *m* 281
proa *f* 215, 240
probadores *m* 104
problemas *m* 271
procesador *m* 176
productos de belleza *m* 105
productos de limpieza *m* 107
productos lácteos *m* 136
profesiones *f* 188, 190
profesor *m* 54, 169
profesora *f* 162, 190
profiterol *m* 140
profundidad *f* 165
programa *m* 176, 254, 269
programación *f* 178
prohibido el paso *m* 195
prohibido parar 195
prometida *f* 24
prometido *m* 24
prometidos *m* 24
propagar 91
propietario *m* 58
propuesta *f* 174
propulsor *m* 281
prórroga *f* 223
próstata *f* 21
protección *f* 220
protector *m* 83, 88, 236
protector de la cara *m* 225
protector de la pierna *m* 225
protector de pantalla *m* 177
protector dental *m* 237
protector total *m* 265
proveedor de servicios *m* 177
provincia *f* 315
provocar el parto 53
proyector *m* 163, 174
prueba *f* 181
prueba del embarazo *f* 52
pruebas *f* 247
psicoterapia *f* 55
psiquiatría *f* 49
público *m* 254
pueblo *m* 299
puente *m* 15, 214, 258, 300
puenting *m* 248
puerro *m* 125
puerta *f* 85, 182, 196, 198, 209
puerta automática *f* 196
puerta de la ducha *f* 72
puerta del maletero *f* 198
puerta exterior *f* 59
puerta principal *f* 58
puerto *m* 176, 214, 216, 217
puerto de pesca *m* 217
puerto deportivo *m* 217
Puerto Rico 314
puesta de sol *f* 305
puesto callejero *m* 154
pulgada *f* 310
pulgar *m* 15
pulmón *m* 18
pulpa *f* 124, 127, 129
pulpejo *m* 15
pulpo *m* 121, 295
pulsera *f* 36
pulsera de identificación *f* 53
pulso *m* 47
pulverizador *m* 89, 311
punta *f* 36, 122, 246
puntada *f* 277
puntas abiertas *f* 39
punto *m* 273
punto de amarre *m* 217
puntos *m* 52
puntuación *f* 220, 273
puntual 305
puñetazo *m* 237
puño *m* 15, 32, 237
pupila *f* 51
pupitre *m* 162
puro *m* 112
putter *m* 233
puzle *m* 273

Q

Qatar 318
quebrado *m* 165
quemador *m* 61, 67
quemadura *f* 46
quemadura de sol *f* 46
queso *m* 136, 156
queso azul *m* 136

queso cottage *m* 136
queso cremoso *m* 136
queso cremoso semicurado *m* 136
queso curado *m* 136
queso de bola *m* 142
queso de cabra *m* 142
queso fresco *m* 136
queso manchego *m* 142
queso rallado *m* 136
queso semicurado *m* 136
quiche *f* 142
quilla *f* 214
química *f* 162
quince 308
quince días 307
quincuagésimo 309
quingombó *m* 122
quinientos 308
quinoa *f* 130
quinto 309
quiosco *m* 113
quirófano *m* 48
quiropráctica *f* 54
quitaesmalte *m* 41
quitar las flores muertas 91
quizá 322

R

rábano *m* 124
rábano picante *m* 125
ración *f* 64
radar 281
radar *m* 214
radiador *m* 60, 202
radio *m* 17, 164, 207
radio *f* 179, 268
radiocasete *m* 269
radiodespertador *m* 70
radiografía *f* 48, 50
radiología *f* 49
rafting *m* 241
raices *f* 39
raíl *m* 208
raíl electrificado *m* 209
raíz *f* 50, 124, 296
raíz del taro *f* 124
ralentí *m* 203
rallador *m* 68
rallar 67
rally *m* 249
rama *f* 296
ramadán *m* 26
ramas *f* 133
ramita *f* 296
ramo de flores *m* 35, 111
rampa de lanzamiento *f* 281
rampa para sillas de ruedas *f* 197
rana *f* 294
ranita *f* 30
ranúnculo *m* 297
ranura de la tarjeta *f* 97
rap *m* 259
rape *m* 120
rápel *m* 248
rápido 321
rápidos *m* 240, 284
raqueta *f* 230
rascacielos *m* 299, 300
raspador *m* 82
raspar 77
rastrillar 90
rastrillo *m* 88, 225
rastrillo para el césped *m* 88
rata *f* 290
ratón *m* 176, 290
raya *f* 120
raya noriega *f* 294
rayos ultravioleta *m* 286
rayos x dentales *m* 50
reanimación *f* 47
rebanada *f* 139
rebanador *m* 139
rebaño *m* 183
recalentar 154
recepción *f* 100
recepcionista *f* 100, 190
receta *f* 45
recibir 177, 227
recién nacido *m* 53
recipiente *m* 311
recogedor *m* 77
recogepelotas *m* 231
recoger 245
recogida *f* 98
recogida de equipajes *f* 213
récord *m* 234
rectángulo *m* 164
recto *m* 21
recto 165, 260
recuerdos *m* 260
red *f* 176, 217, 222, 226, 227, 231
red! 231
red ferroviaria *f* 209
red para recoger *f* 244
redacción *f* 163
redactora *f* 191
redil *m* 185
reducir 172
reflectante *m* 204
reflexología *f* 54
refresco *m* 154
refrescos *m* 144
regadera *f* 89
regaliz *m* 113
regalo *m* 27
regar 90, 183
regatear 223
reggae *m* 259
región *f* 315
registro *m* 100
regla *f* 20, 163, 165
regulador *m* 239
reiki *m* 55
reina *f* 272, 273
Reino Unido 316
reír 25
rejilla *f* 69
relaciones *f* 24
relaciones sexuales *f* 20
relajación *f* 55
relámpago *m* 287
rellenar 82
relleno 159
relleno *m* 140, 155
reloj *m* 36, 62, 304
remar 241
rematar de cabeza 222
remedios de herbolario *m* 108
remero *m* 241
remite *m* 98
remo *m* 241
remolacha *f* 125
remolcador *m* 215
remolcar 195
remolque *m* 266
remolque del equipaje *m* 212
remover 67
Renacimiento 301
renacuajo *m* 294
renovar 168
reparto *m* 98, 254
repelente de insectos *m* 108, 267
repisa de la chimenea *f* 63
repollo *m* 123
reportera *f* 179
reposabrazos *m* 200
reposacabezas *m* 200
repostería *f* 69, 140
reproducción *f* 20
reproductor de DVD *m* 268
reptiles *m* 293
República Centroafricana 317
República Checa 316
República Democrática del Congo 317
República Dominicana 314
requesón *m* 136
reservar 168
reservar un vuelo 212
resfriado *m* 44
resistencia *f* 61
resistente al horno 69
respaldo *m* 64, 210
respiración *f* 47
respuesta *f* 163
restar 165
restaurante *m* 101, 152
resto *m* 231
restregar 77
resultado *m* 49
retina *f* 51
retortijones *m* 44
retraso *m* 209
retrato robot *m* 181
retrete *m* 61
retrovisor exterior *m* 198
reunión *f* 174
revelar 271
revés *m* 231
revestimiento *m* 187
revisión *f* 50
revisor *m* 209
revista *f* 112, 168
revistas *f* 107
rey *m* 272, 273
riego *f* 89
riendas *f* 242
rímel *m* 40
ring *m* 237
rinoceronte *m* 291
riñon *m* 18, 119
río *m* 284
ritmo *m* 259
rizado 39
roble *m* 296
robo *m* 94
robot de cocina *m* 66
rocalla *f* 84
rocas *f* 284, 288
rociar 91
rococó 301
rodaja *f* 121
rodeo *m* 243
rodilla *f* 12
rodillera *f* 205, 227
rodillo *m* 83
rodillo de cocina *m* 69
rojo 274
rollo *m* 311
rollo de papel higiénico *m* 72
rombo *m* 164
romero *m* 133
romper aguas 52
ron *m* 145
roncar 71
ropa de caballero *f* 32, 105
ropa de cama *f* 71, 74
ropa de hogar *f* 105
ropa de niño *f* 30
ropa de señora *f* 34, 105
ropa impermeable *f* 245, 267
ropa interior *f* 32
ropa interior térmica *f* 35
ropa limpia *f* 76
ropa para dormir *f* 31
ropa sport *f* 33
ropa sucia *f* 76
ropa termoaislante *f* 267
rócula *f* 123
rosa 274
rosa *f* 110
rosado 145
rosca *f* 139
rotafolio *m* 174
rotonda *f* 195
rótula *f* 17
rótulo *m* 173
rough *m* 232
roulotte *f* 266
Ruanda 317
rubí *m* 288
rubio 39
rueda *f* 198, 207
rueda de ajuste *f* 276
rueda de la velocidad *f* 270
rueda de repuesto *f* 203
rueda delantera *f* 196
rueda del diafragma *f* 270
rueda trasera *f* 197
ruedas de apoyo *f* 207
ruedo *m* 243
rugby *m* 221
ruibarbo *m* 127
ruina famosa *f* 261
rulo *m* 38
Rumanía 316

S

sábado 306
sábana *f* 74
sábana bajera *f* 71
saca postal *f* 98
sacacorchos *m* 150
sacaleches *m* 53
sacapuntas *m* 163
sacar 231
sacar brillo 77
saco de arena *m* 237
saco de dormir *m* 267
sacro *m* 17
safari park *m* 262
Sáhara *m* 313
Sáhara Occidental 317
Saint Kitts y Nevis 314
sal *f* 64, 152
sala de embarque *f* 213
sala de espera *f* 45
sala de lecturas *f* 168
sala de máquinas *f* 214
sala de partos *f* 48
sala de pediatría *f* 48
sala de reuniones *f* 174
sala de urgencias *f* 48
sala del tribunal *f* 180
salado 118, 121, 129, 137, 143, 155
salamandra *f* 294
salami *m* 142
salchicha *f* 155, 157
salchichas *f* 118
salchichón *m* 142
salida *f* 61, 210, 232
salida de emergencia *f* 210
salida de incendios *f* 95
salidas *f* 213
salir 233
salmón *m* 120
salmonete *m* 120
salpicadero *m* 201
salsa *f* 134, 143, 155
saltador *m* 238
saltamontes *m* 295
saltar 227, 238
saltar a la comba 251
salteado *m* 158
saltear 67

salto *m* 235, 237, 239, 243
salto alto *m* 239
salto con pértiga *m* 234
salto de altura *m* 235
salto de cama *m* 35
salto de esquí *m* 247
salto de longitud *m* 235
salto de salida *m* 239
salto entre dos *m* 226
salto mortal *m* 235
salud *f* 44
salvado *m* 130
salvaslip *m* 108
salvavidas *m* 240
salvia *f* 133
San Marino 316
San Vicente y las Granadinas 314
sandalia *f* 37
sandalias *f* 31
sandía *f* 127
sandwich *m* 155
sandwich tostado *m* 149
Santa Lucía 314
Santo Tomé y Príncipe 317
sapo *m* 294
saque de banda *m* 223, 226
saque directo *m* 230
sarampión *m* 44
sardina *f* 120
sarpullido *m* 44
sartén *f* 69
sastre *m* 191
sastre 35
sastrería *f* 115
satélite *m* 281
Saturno *m* 280
sauce *m* 296
sauna *f* 250
saxofón *m* 257
scanner *m* 176
scrabble *m* 272
secador *m* 38
secadora *f* 76
secar 76
secar con el secador 38
sección *f* 282
sección de equipajes *f* 104
sección de zapatería *f* 104
sección infantil *f* 104
seco 39, 41, 129, 130, 145, 286, 321
seda *f* 277
sedal *m* 244
sedimentario 288
segunda planta *f* 104
segundero *m* 304
segundo *m* 304
segundo 309
seguridad *f* 212, 240
seguridad *f* 75
seguro *m* 203
seguro de sí mismo 25
seis 308
seiscientos 308
selector de puntada *m* 276
sellante *m* 83
sello *m* 98, 173
sellos *m* 112
selva tropical *f* 285
semáforo *m* 194
semana *f* 306
semana pasada *f* 307
semana que viene *f* 306
semanal 307
sembrar 90, 183
semilla *f* 122, 130
semilla de sésamo *f* 131
semilla de soja *f* 131
semillas *f* 88, 131
semillas de amapola *f* 138
semillas de hinojo *f* 133
semillero *m* 89
sémola *f* 130
senderismo *m* 263
sendero *m* 262
sendero para caballos *m* 263
Senegal 317
seno *m* 19
sensible 41
sentarse en cuclillas 251
sentencia *f* 181
señal *m* 209
señal de tráfico *f* 298
señales de tráfico *f* 195
señales horizontales *f* 194
Señor *m* 23
Señora *f* 23
Señorita *f* 23
señuelo *m* 244
sepia *f* 121
septiembre 306
séptimo 309
septuagésimo 309
Serbia *m* 316
serie *f* 179
serie televisiva *f* 178
serpiente *f* 293
serrar 79
serrucho *m* 80, 89
serrucho de costilla *m* 81
servicio *m* 231
servicio al cliente *m* 104
servicio de habitaciones *m* 101
servicio de lavandería *m* 101
servicio de limpieza *m* 101
servicio incluido 152
servicio no incluido 152
servicios *m* 49
servicios de emergencia *m* 94
servidor *m* 176
servilleta *f* 65, 152
servilleta de papel *f* 154
servilletero *m* 65
servir 64
sesenta 308
set *m* 230
seta *f* 125
setecientos 308
setenta 308
seto *m* 85, 90, 182
sexagésimo 309
sexto 309
shiatsu *m* 54
shock *m* 47
sí 322
Siberia 313
Sicilia 316
sidra *f* 145
sien *f* 14
sierra circular *f* 78
sierra de calar *f* 81
sierra de vaivén *f* 78
Sierra Leona 317
sierra para metales *f* 81
siete 308
siglo *m* 307
silencio *m* 256
silenciador *m* 203, 204
silla *f* 64
silla de montar *f* 242
silla de montar de señora *f* 242
silla de paseo *f* 75
silla de ruedas *f* 48
silla de niño *f* 207
silla giratoria *f* 172
silla para niños *f* 198
sillín *m* 206, 242
sillón *m* 63
sillón del dentista *m* 50
silo *m* 183
sin 320
sin escamas 121
sin espinas 121
sin gas 144
sin grasa 137
sin mangas 34
sin pasteurizar 137
sin pepitas 127
sin piel 121
sin plomo 199
sin sal 137
sin tirantes 34
sinagoga *f* 300
sinfonía *f* 256
Singapur 319
sintético 31
sintonizar 179
sintonizar la radio 269
sirena *f* 94
Siria 318
sistema *m* 176
sistema cardiovascular *m* 19
sistema digestivo *m* 19
sistema endocrino *m* 19
sistema linfático *m* 19
sistema nervioso *m* 19
sistema reproductor *m* 19
sistema solar *m* 280
sistema urinario *m* 19
sistemas *m* 19
sitio web *m* 177
smash *m* 231
snooker *m* 249
snowboard *m* 247
sobre 320
sobre *m* 98, 173
sobre par *m* 233
sobreexpuesto 271
sobrina *f* 23
sobrino *m* 23
socia commercial *f* 24
socorrista *m* 239, 265
soda *f* 144
sofá *m* 62
sofá-cama *m* 63
software *m* 176
sol *m* 280
solapa *m* 32
soldado *m* 189
soldador *m* 81
soldar 79
soleado 286
soletillas *f* 141
soltar 245
soluble 109
solución desinfectante *f* 51
Somalia 317
sombra de ojos *f* 40
sombrero *m* 36
sombrero de paja *m* 265
sombrilla *f* 264
somnífero *m* 109
sonajero *m* 74
sonata *f* 256
sonda *f* 50
sonrisa *f* 25
sopa *f* 153, 158
soporte *m* 88, 166, 187, 205
soporte de la agarradera *m* 166
soporte del papel celo *m* 173
soporte del sillín *m* 206
sorbete *m* 141
sorprendido 25
sospechoso *m* 94, 181
sostenido 256
sota *m* 273
sótano *m* 58
soufflé *m* 158
sport 34
spray *m* 109, 311
squash *m* 231
Sri Lanka 318
stick *m* 224
stop *m* 269
strike *m* 228
suavizante *m* 38, 76
subexpuesto 271
subibaja *m* 263
subir 139
submarino *m* 215
subsuelo *m* 91
sucursal *f* 175
sudadera *f* 33
Sudáfrica 317
Sudán 317
Suecia 316
suegra *f* 23
suegro *m* 23
suela *f* 37
sueldo *m* 175
suelo *m* 62, 71
suelo aislante *m* 267
suero de la leche *m* 137
Suiza 316
sujetador *m* 35
sujetador para la lactancia *m* 53
sujetapapeles *m* 173
sumar 165
sumidero *m* 299
suministro de electricidad *m* 60
sumo *m* 237
supermercado *m* 105, 106
suplemento *m* 55
suplente *m* 223
supositorio *m* 109
sur *m* 312
surco *m* 183
surfing *m* 241
surfista *m* 241
Suriname 315
surtidor *m* 199
suspensión *f* 203, 205
suspirar 25
sustitución *f* 223
Swazilandia 317
swing de práctica *m* 233

T

tabaco *m* 112, 184
tabla *f* 238, 241
tabla de la plancha *f* 76
tabla de surf *f* 241
tabla para cortar *f* 68
tablero *m* 226
tablero de ajedrez *m* 272
tablero de densidad media *m* 79
tableta de chocolate *f* 113
tablilla *f* 47
tablilla con sujetapapeles *f* 173
taburete *m* 150
taco *m* 155
taco de salida *m* 234
taco del freno *m* 207
tacón *m* 37
taekwondo *m* 236
tai-chi *m* 236
Tailandia 318
Taiwán 319
taladrar 79
taladro eléctrico *m* 78
taladro inalámbrico *m* 78
taladro manual *m* 78, 81
taladro neumático *m* 187

talla en madera *f* 275
tallar 79
tallarines *m* 158
taller *m* 78, 199, 203
tallo *m* 111, 122, 297
talón *m* 13,15
talonario de cheques *m* 96
tampón *m* 108
tándem *m* 206
tanque del agua *m* 61
Tanzania 317
tapa *f* 61, 66
tapa del objetivo *f* 270
tapa del wáter *f* 72
tapacubos *m* 202
tapadera *f* 69
tapón *m* 72, 166
taquígrafa *f* 181
taquilla *f* 209, 255
taquillas *f* 239
tarde *f* 305
tarde 305
tarifa *f* 197
tarjeta *f* 27
tarjeta amarilla *f* 223
tarjeta de crédito *f* 96
tarjeta de débito *f* 96
tarjeta de embarque *f* 213
tarjeta postal *f* 112
tarjeta roja *f* 223
tarrina *f* 311
tarro *m* 134, 311
tarro hermético *m* 135
tarta nupcial *f* 141
tarta de chocolate *f* 140
tarta de cumpleaños *f* 141
tartaleta de fruta *f* 140
tartas para celebraciones *f* 141
Tasmania 319
tatuaje *m* 41
taxista *m* 190
Tayikistán 318
taza *f* 61, 65, 75
taza de café *f* 65
taza de té *f* 65
té *m* 144, 149, 184
té con hielo *m* 149
té con leche *m* 149
té con limón *m* 149
té en hoja *m* 144
té verde *m* 149
teatro *m* 254, 299
tebeo *m* 112
techo *m* 62, 203
techo solar *m* 202
tecla *f* 176
teclado *m* 97, 99, 172, 176, 258
técnicas *f* 79, 159
técnico de sonido *m* 179
tee *m* 233
teja *f* 58, 187
tejado *m* 58
tejer 277
tela *f* 276, 277
tela metálica *f* 167
telar *m* 277
teleférico *m* 246
teléfono *m* 99, 172
teléfono de emergencia *m* 195
teléfono de monedas *m* 99
teléfono de tarjeta *m* 99
teléfono inalámbrico *m* 99
teléfono móvil *m* 99
telegrama *m* 98
telenovela *f* 178
telepizzería *f* 154
telescopio *m* 281
telesilla *f* 246
televisión *f* 268
televisión panorámica *f* 269
televisión por cable *f* 269
telón *m* 254
telón de fondo *m* 254
temblor *m* 283
témpera *f* 274
temperatura *f* 286
templo *m* 300
temprano 305
tenacillas *f* 38
tenazas *f* 167
tenazas de alambre *f* 80
tendón *m* 17
tendón de Aquiles *m* 16
tendón de la corva *m* 16
tenedor *m* 65, 153
tenedor para trinchar *m* 68
tener un hijo 26
tenis *m* 230, 231
tensiómetro *m* 45
tensión arterial *f* 44
teñido 39
tequila *m* 145
terapeuta *m* 55
terapeuta *f* 55
terapia de grupo *f* 55
terapias alternativas *f* 54
tercero 309
terminal *f* 212
terminal del ferry *f* 216
termita *f* 295
termo *m* 267
termoesfera *f* 286
termómetro *m* 45, 167
termostato *m* 61
ternero *m* 185
terraza *f* 85, 148
terraza ajardinada *f* 85
terremoto *m* 283
territorio *m* 315
tesis doctoral *f* 169
testículo *m* 21
testigo *m* 180, 235
testigo de nivel de la gasolina *m* 201
tetera *f* 65
tetina *f* 75
tetrabrik *m* 311
tía *f* 22
tibia *f* 17
tiburón *m* 294
tiempo *m* 234, 286, 304
tiempo muerto *m* 220
tienda *f* 298
tienda de alimentación *f* 144
tienda de antigüedades *f* 114
tienda de campaña *f* 267
tienda de discos *f* 115
tienda de fotografía *f* 115
tienda de golosinas *f* 113
tienda de materiales de arte *f* 115
tienda de muebles *f* 115
tienda de regalos *f* 144
tienda de segunda mano *f* 115
tienda de vinos *f* 114
tienda libre de impuestos *f* 213
tiendas *f* 114
Tierra *f* 280, 282
tierra *f* 85, 228
tierra firme *f* 282
tierras de labranza *f* 182
tigre *m* 291
tijeras *f* 38, 47, 82, 188, 276
tijeras de podar *f* 89
tijeras de uñas *f* 41
tilo *m* 296
timbal *m* 257
timbre *m* 48, 59, 197
tímido 25
timón *m* 210, 241
timón de dirección *m* 210
Timor Oriental 319
tinta *f* 275
tinte para el pelo *m* 40
tinte para madera *m* 79
tinto 145
tintorería *f* 115
tío *m* 22
tipo de cambio *m* 97
tipo de interés *m* 96
tipos *m* 205
tipos de autobuses *m* 196
tipos de cámara *m* 270
tipos de granja *m* 183
tipos de pesca *m* 245
tipos de plantas *m* 86
tipos de tren *m* 208
tirador *m* 200
tirante *m* 35
tirar 223, 227
tirar al hoyo *m* 233
tirar una falta 222
tirita *f* 47
tiro al blanco *m* 249
tiro con arco *m* 249
tiroides *m* 18
título *m* 168
títulos de valores *m* 97
tiza *f* 162, 288
toalla de ducha *f* 73
toalla de lavabo *f* 73
toalla de playa *f* 265
toallas *f* 73
toallero *m* 72
toallita desinfectante *f* 47
toallita húmeda *f* 108
toallitas húmedas *f* 75
tobillo *m* 13, 15
tobogán *m* 263
tocadiscos *m* 268
tocador *m* 71
tocólogo *m* 52
todoterreno *m* 199
toffee *m* 113
toga *f* 169
Togo 317
toldo *m* 148
toma *f* 61
toma de tierra *f* 60
toma del agua *f* 61
tomar apuntes 163
tomar el sol 264
tomate *m* 125, 157
tomate cherry *m* 124
tomillo *m* 133
tomografía *f* 48
tonelada *f* 310
tónica *f* 144
tónico facial *m* 41
tono *m* 41
topacio *m* 288
topinambur *m* 125
torcedura *f* 46
tormenta *f* 287
tornado *m* 287
tornear 79
torneo *m* 233
tornillo *m* 80
tornillo de enfogue *m* 167
torno de alfarero *m* 275
torno de banco *m* 78
torno de dentista *m* 50
toro *m* 185
torre *f* 272, 300
torre de control *f* 212
torre del socorista *f* 265
torreón *m* 300
torrijas *f* 157
tortilla *f* 158
tortuga *f* 293
tos *f* 44
tostada *f* 157
tostado 129
tostador *m* 66
trabajo *m* 172
trabajo de fin de carrera *m* 169
tractor *m* 182
tráfico *m* 194
traje *m* 255
traje de baño *m* 238
traje de buzo *m* 239
traje de chaqueta *m* 32
traje de cuero *m* 205
traje de esquí *m* 246
traje de noche *m* 34
traje espacial *m* 281
traje minifaldero *m* 34
trampolín *m* 235, 238
tranquilizante 109
transatlántico *m* 215
transferencia bancaria *f* 96
transatlántico *m* 215
transbordador especial *m* 281
transmisión *f* 202
transplantar 91
transportador *m* 165
transporte *m* 194
tranvía *m* 196, 208
trapecio *m* 16, 164
trapo para limpiar el polvo *m* 77
tráquea *f* 18
traspaso *m* 223
traste *f* 258
tratamientos *m* 23
tratamientos de belleza *m* 41
traumatismo craneal *m* 46
trébol *m* 273, 297
trece 308
treinta 308
trementina *f* 83
tren *m* 208
tren de alta velocidad *m* 208
tren de aterrizaje *m* 210
tren de mercancías *m* 208
tren de vapor *m* 208
tren delantero *m* 210
tren diésel *m* 208
tren eléctrico *m* 208
tren intercity *m* 209
trenca *f* 31
trenza *f* 39
tres 308
trescientos 308
triángulo *m* 164, 257
tribuna del jurado *f* 180
tríceps *m* 16
trifle *m* 141
trigésimo 309
trigo *m* 130, 184
trigo partido *m* 130
trimestre *m* 52
trineo con perros *m* 247
Trinidad y Tobago 314
trípode *m* 166, 270, 281
tripulación *f* 241
triturador de basuras *m* 61
trolebús *m* 196
trombón de varas *m* 257
trompa *f* 291, 257

trompa de Falopio *f* 20
trompeta *f* 257
trona *f* 75
tronco *m* 296
trópico de Cáncer *m* 283
trópico de Capricornio *m* 283
trópicos *m* 283
troposfera *f* 286
trote *m* 243
trozo *m* 140
trucha *f* 120
trucha arco iris *f* 120
trueno *m* 286
trufa *f* 113, 125
tuba *f* 257
tubo *m* 112, 202, 311
tubo de desagüe *m* 61
tubo de ensayo *m* 166
tubo de escape *m* 203, 204
tubo de la aspiradora *m* 77
tubo de respiración *m* 239
tubo superior *m* 207
tuerca *f* 80
tuercas de la rueda *f* 203
tulipán *m* 111
Túnez 317
turboalimentador *m 203*
turismo *m* 260
turista *m* 260
Turkmenistán 318
turmalina *f* 288
turmix *m* 66
turno *m* 273
turquesa *f* 289
Turquía 316
turrón *m* 113
tutú *m* 191

U

Ucrania 316
Uganda 317
ugli *m* 126
última mano *f* 83
último piso *m* 141
ultraligero *m* 211
ultrasonido *m* 52
un cuarto de hora 304
una media hora 304
undécimo 309
unidad de cuidados intensivos *f* 48
unidad de disco duro *f* 176
uniforme *m* 94, 162, 189
universidad *f* 299
universo *m* 280
uno 308
uña *f* 15
uña del pie *f* 15
Urano *m* 280
uréter *m* 21
uretra *f* 20
urgencia *f* 46
urología *f* 49
Uruguay 315
usar el hilo dental 50
utensilios de cocina *m* 68
útero *m* 20, 52
Uzbekistán 318

V

vaca *f* 185
vacaciones *f* 212
vacío 321
vagina *f* 20
vacunación *f* 45
vagón *m* 208, 209
vagón restaurante *m* 209
vaina *f* 122
vainilla *f* 132
vajilla *f* 64
vajilla y los cubiertos f, *m* 65
vale 322
valla *f* 85, 243
valla protectora *f* 195
valle *m* 284
valor de las acciones *m* 97
valor nominal *f* 97
válvula *f* 207
válvula de la presión *f* 61
Vanuatu 319
vaquería *f* 183
varicela *f* 44
varilla de cristal *f* 167
varilla del nivel del aceite *f* 202
varillas *f* 68
vaso *m* 65
vaso de precipitados *m* 167
vecino *m* 24
vehículo de servicio *m* 212
veinte 308
veinte mil 309
veinte minutos 304
veintidós 308
veintiuno 308
vejiga *f* 20
vela *f* 63, 240, 241
vela mayor *f* 240
velas de cumpleanos *f* 141
velero *m* 215
vellón *m* 74
velo 35
velocímetro *m* 201
vena *f* 19
venado *m* 118
venda *f* 47
vendaje *m* 47
vendedor de periódicos *m* 112
Venezuela 315
ventaja *f* 230
ventana *f* 58, 177, 186
ventana de la buhardilla *f* 58
ventanilla *f* 96, 98, 197, 209, 210
ventanilla de pasajes *f* 216
ventarrón 286
ventilador *m* 60, 202, 210
ventosa *f* 53
Venus 280
ver la televisiòn 269
verano *m* 31, 307
verde 129, 274
verdulería *f* 114
verdura *f* 107
verduras *f* 122, 124
veredicto *m* 181
vértebras cervicales *f* 17
vértebras dorsales *f* 17
vértebras lumbares *f* 17
vesícula seminal *f* 21
vestíbulo *m* 59, 100, 209, 255
vestido *m* 31, 34
vestido de novia *m* 35
veterinaria *f* 189
vía *f* 208
vía de acceso *f* 194
vía de salida *f* 194
viaje de negocios *m* 175
viajero de cercanías *m* 208
vibráfono *m* 257
videojuego *m* 269
videoteléfono *m* 99
vieira *f* 121
viejo 321
viento *m* 241, 286
viento-madera *m* 257
viento-metal *m* 256
viernes 306
Vietnam 318
viga de acero *f* 186
viga de madera *f* 186
viga del tejado *f* 186
vigésimo 309
vigésimo primero 309
vigésimo segundo 309
vigésimo tercero 309
vinagre *m* 135, 142
vinagre balsámico *m* 135
vinagre de malta *m* 135
vinagre de sidra *m* 135
vinagre de vino *m* 135
vino *m* 145, 151
vino de jerez *m* 145
vino de oporto *m* 145
viña *f* 183
viñedo *m* 183
viola *f* 256
violín *m* 256
violoncelo *m* 256
virus *m* 44
virutas de madera *f* 78
visado *m* 213
visera *f* 205
visillo *m* 63
visita *f* 45
visita guíada *f* 260
visor *m* 271
vista *f* 51
vitaminas *f* 108
vivero *m* 115
vodka *m* 145
vodka con naranja *m* 151
volante *m* 49, 201, 231
volante a la derecha *m* 201
volante a la izquierda *m* 201
volar 211
volcán *m* 283
volea *f* 231
voleibol *m* 227
voltaje *m* 60
voltereta lateral *f* 235
volumen *m* 165, 179, 269, 311
vomitar 44
vuelo con ala delta *m* 248
vuelo internacional *m* 212
vuelo nacional *m* 212
vuelo sin motor *m* 248

W

wáter *m* 72
waterpolo *m* 239
wedge *m* 233
whisky *m* 145
whisky escocés con agua *m* 151
windsurfing *m* 241
windsurfista *m* 241
wok *m* 69

Y

yarda *f* 310
yate *m* 215
yate de vela *m* 240
yema *f* 137, 157
Yemen 318
yerno *m* 22
yeso *m* 83
yoga *m* 54
yogur *m* 137
yogur de frutas *m* 157
yogur helado *m* 137
yudo *m* 236
Yugoslavia 316

Z

zafiro *m* 288
Zambia 317
zanahoria *f* 124
zapatería *f* 114
zapatilla deportiva *f* 37
zapatillas *f* 31, 251
zapatillas de deporte *f* 31
zapatillas de tenis *f* 231
zapato de caballero *m* 37
zapato de cordones *m* 37
zapato de golf *m* 233
zapato de piel *m* 37
zapato de plataforma *m* 37
zapato de tacón *m* 37
zapatos *m* 34, 37
zapatos de piel *m* 32
zarpa *f* 291
zarpar 217
Zimbabue 317
zinc *m* 289
zodiac *m* 215
zona *f* 315
zona de abastecimiento *f* 199
zona anotación *f* 220
zona de ataque *f* 224
zona de defensa *f* 224
zona de fumadores *f* 152
zona de marca *f* 221
zona de no fumadores *f* 152
zona industrial *f* 299
zona lumbar *f* 13
zona neutral *f* 224
zona peatonal *f* 299
zona poco profunda *f* 239
zona profunda *f* 239
zonas *f* 283, 299
zoo *m* 262
zoología *f* 169
zorro *m* 290
zumo de naranja *m* 148
zozobrar 241
zumo de frutas *m* 156
zumo de manzana *m* 149
zumo mosto *m* 144
zumo de naranja *m* 148
zumo de piña *m* 149
zumo de tomate *m* 144, 149
zumo de uva *m* 144
zumos y los batidos *m* 149
zurcir 277

índice alemán • deutsches Register

A

à la carte 152
Aal *m* 294
abbiegen 195
Abdeckband *n* 83
Abdecktuch *n* 83
Abend *m* 305
Abenddämmerung *f* 305
Abendessen *n* 64
Abendkleid *n* 34
Abendmenü *n* 152
Abenteuerfilm *m* 255
Abfahrtslauf *m* 247
Abfalleimer *m* 61
Abfallentsorgung *f* 61
Abfallsortiereinheit *f* 61
Abfertigungsschalter *m* 213
Abflug *m* 213
Abflughalle *f* 213
Abfluss *m* 61, 72
Abflussrohr *n* 61
Abführmittel *n* 109
abheben 99
Abhebungsformular *n* 96
Abkühlgitter *n* 69
Ablage *f* 172
Ablasshahn *m* 61
Ableger *m* 91
Abmessung *f* 165
Absatz *m* 37
abschalten 269
Abschlag *m* 232
abschleppen 195
Abschleppwagen *m* 203
Abschürfung *f* 46
Abschuss *m* 281
Abschussrampe *f* 281
Abseilen *n* 248
abseits 247
Abseits *n* 223
Absender *m* 98
Absperrhahn *m* 61
Abspielen *n* 269
Abteil *n* 209
Abteilung *f* 49
Abtropfbrett *n* 67
Abzeichen *n* 189
abziehen 82
Abzug *m* 271
Accessoires *n* 36
Achat *m* 289
Achillessehne *f* 16
Achse *f* 205
Achselhöhle *f* 13
acht 308
Achteck *n* 164
achter 309
Achterbahn *f* 262
Achterdeck *n* 214
Achtung 323
achtzehn 308
achtzehnter 309
achtzig 308
Ackerbaubetrieb *m* 183
Ackerland *n* 182
Acrylfarbe *f* 274
Adamsapfel *m* 19
addieren 165
Adler *m* 292
Adresse *f* 98
Adzukibohnen *f* 131
Aerobic *n* 251
Affe *m* 291
Afghanistan *n* 318
Afrika *n* 317
AfterSun-Lotion *f* 108
Ägypten *n* 317
Ahorn *m* 296
Ahornsirup *m* 134
Aikido *n* 236
Airbag *m* 201
akademisch 169
Akazie *f* 110
Akku *m* 78
Akkuschrauber *m* 78
Aktenordner *m* 173
Aktenschrank *m* 172
Aktentasche *f* 37
Aktien *f* 97
Aktienpreis *m* 97
Aktionen *f* 227, 229, 233
Aktivität *f* 162, 245, 262, 263
Akupressur *f* 55
Akupunktur *f* 55
Alarmanlage *f* 58
Alaska *n* 314
Albanien *n* 316
Algerien *n* 317
alkoholfrei 144, 154
alkoholisch 145
Allee *f* 299
Allergie *f* 44
Alligator *m* 293
Alpenpflanze *f* 87
alt 321
Alternativtherapien *f* 54
Aluminium *n* 289
Amazonien *n* 312
ambulant 48
Ameise *f* 295
Amethyst *m* 288
Amniozentese *f* 52
Ampere *n* 60
Amphibien *n* 294
an 320
an Bord gehen 217
Ananas *f* 128
Ananassaft *m* 149
Anästhesist *m* 48
Anbau *m* 58
anbeißen 245
anbraten 67
anbringen 82
Anden 312
Andenken *n* 260
Andorra *n* 316
Anfang *m* 321
Angebot *n* 106
Angebot *n* 174
Angeklagte *m* 180, 181
Angelgerät *n* 245
Angelhaken *m* 244
Angelrute *f* 244
Angelschein *m* 245
Angelsport *m* 244
angemacht 159
Angestellte *m* 174
Angler *m* 244
Angola *n* 317
angreifen 220, 221, 223
Angriff *m* 220, 237
Angriffszone *f* 224
Anhang *m* 177
Anhänger *m* 36, 266
Anker *m* 214, 217, 240
Ankerwinde *f* 214
Anklage *f* 94, 180
Ankunft *f* 213
anlegen 217
Anleihe *f* 97
Anlieger frei 323
Anorak *m* 31, 33
Anprobe *f* 104
Anrede *f* 23
Anrufbeantworter *m* 99
Anspielkreis *m* 224
Anspitzer *m* 163
anstreichen 83
Antifalten 41
Antigua und Barbuda 314
antihaftbeschichtet 69
Antiquitätenladen *m* 114
Antiseptikum *n* 47
Antwort *f* 163
antworten 163
Anwaltsbüro *n* 180
Anwendung *f* 176
Anzeige *f* 94
Anzeigetafel *f* 104, 225
Aperitif *m* 153
Apfel *m* 126
Apfelsaft *m* 149
Apfelstecher *m* 68
Apfelwein *m* 145
Apfelweinessig *m* 135
Apotheke *f* 108
Apotheker *m* 108
Apothekerin *f* 189
applaudieren 255
Aprikose *f* 126
April *m* 306
Aquamarin *m* 288
Aquarellfarbe *f* 274
Äquator *m* 283
Äquatorial-Guinea *n* 317
Arabisches Meer *n* 313
Arbeit *f* 171
Arbeitgeberin *f* 24
Arbeitnehmer *m* 24
Arbeitsessen *n* 175
Arbeitsfläche *f* 66
Arbeitszimmer *n* 63
Architekt *m* 190
architektonische Garten *m* 84
Architektur *f* 300
Architrav *m* 301
Argentinien *n* 315
Arithmetik *f* 165
Arm *m* 13
Armaturen *f* 201
Armaturenbrett *n* 201
Armband *n* 36
Armbanduhr *f* 36
Arme Ritter *m* 157
Ärmel *m* 34
ärmellos 34
Armenien *n* 318
Armlehne *f* 210
Armstütze *f* 200
Aromatherapie *f* 55
aromatisch 130
aromatisiert 134
Art-déco *n* 301
Arterie *f* 19
Artischocke *f* 124
Arzneiausgabe *f* 108
Arzt *m* 45, 189
Asche *f* 283
Aschenbecher *m* 150
Aserbaidschan *n* 318
Asien *n* 318
Asphalt *m* 187
Ass *n* 230, 273
Assistentin *f* 24
assistiert 53
Ast *m* 296
Asteroid *m* 280
Asthma *n* 44
Astigmatismus *m* 51
Astronaut *m* 281
Astronomie *f* 281
Atemloch *n* 290
ätherisches Öl *n* 55
Äthiopien *n* 317
Atlantischer Ozean *m* 312
Atmosphäre *f* 282, 286
Atmung *f* 47
Atmungssystem *n* 19
Atrium *n* 104
Aubergine *f* 125
auf 320
Auf Wiedersehen 322
aufgebracht 25
aufgehen 139
aufgenommen 48
aufgezeichnet 178
Aufhängung *f* 203, 205
Auflaufform *f* 69
Auflaufförmchen *n* 69
auflockern 91
Auflösungszeichen *n* 256
Aufnahme *f* 269
Aufsatz *m* 163
Aufschlag *m* 231
aufschlagen 231, 266
Aufschlaglinie *f* 230
Aufschnitt *m* 118, 143
aufstehen 71
Aufstrich *m* 134
auftauen 67
auftrennen 277
aufwachen 71
aufwärmen 154, 251
Auge *n* 14, 51
Augenbraue *f* 14, 51
Augenbrauenstift *m* 40
Augenheilkunde *f* 49
Augenoptiker *m* 51
August *m* 306
aus 225, 226, 228, 320
ausblasen 141
ausbrechen 283
Ausfahrt *f* 194
Ausfallschritt *m* 251
Ausgang *m* 210, 322
Auskunft *f* 99, 168
Auslandsflug *m* 212
Auslass *m* 61
auslaufen 217
Ausleger *m* 95
Auslegerkorb *m* 95
Ausleihe *f* 168, 168
ausleihen 168
Auslöser *m* 270
Auspuff *m* 203
Auspuffrohr *n* 204
Auspufftopf *m* 203, 204
ausputzen 91
ausrollen 67
Ausrüstung *f* 165, 233, 238
Aussage *f* 180
Ausschnitt *m* 34
Außenbordmotor *m* 215
Außenfeld *n* 229
Außer Betrieb 322
äußere Erscheinung *f* 29
Äußere *n* 198
außerhalb 320
ausspülen 38
Ausstellung *f* 261
Ausstellungsstück *n* 261
ausstrecken 251
Auster *f* 121
Australien *n* 319
Ausverkauf *m* 322
auswärts essen 147
Auswechslung *f* 223
auswerfen 245

deutsch

Auszeit *f* 220
Auto *n* 198, 200, 202
Autobahn *f* 194, 323
Automatik *f* 200
Automatiktür *f* 196
Autostereoanlage *f* 201
Autotür *f* 198
Autounfall *m* 203
Autoverleih *m* 213
Autowaschanlage *f* 199
Avocado *f* 128
Ayurveda *n* 55

B

B *n* 256
Baby *n* 23, 30
Babyflasche *f* 75
Babyhandschuhe *m* 30
Babyphon *n* 75
Babyprodukte *n* 107
Babyschuhe *m* 30
Babytasche *f* 75
Babytrageschlinge *f* 75
Babywanne *f* 74
Bach *m* 285
backen 67, 69, 138, 138
Backenzahn *m* 50
Bäcker *m* 139
Bäckerei *f* 114, 138
Backgammon *n* 272
Backofen *m* 66
Backpflaume *f* 129
Backpinsel *m* 69
Backpulver *n* 139
Backware *f* 107
Badeanzug *m* 238, 265
Badehose *f* 238
Badekappe *f* 238
Bademantel *m* 32, 73
Badematte *f* 72
Bademeister *m* 239, 265
baden 72
Badetuch *n* 73
Badewanne *f* 72
Badezimmer *n* 72
Badminton *n* 231
Bagger *m* 187
baggern 227
Baguette *n* 138
Bahamas 314
Bahn *f* 234, 238
Bahnhof *m* 208
Bahnhofshalle *f* 209
Bahnnetz *n* 209
Bahnsteig *m* 208
Bahrain *n* 318
Baiser *n* 140
Bajonettfassung *f* 60
Balearen 316
Balken *m* 186
Balkon *m* 59, 254
Ball *m* 75
Ballaststoffe *m* 127
Ballen *m* 15, 184
Ballett *n* 255
Ballettröckchen *n* 191
Balljunge *m* 231
Ballwechsel *m* 230
Bambus *m* 86, 122
Banane *f* 128
Band *n* 17, 27, 39, 111, 141
Bandage *f* 47
Bangladesch *n* 318
Bank *f* 96, 250, 262
Bankdirektor *m* 96
Bankgebühr *f* 96
Bar *f* 150, 152
Bär *m* 291
Barbados *n* 314
Barhocker *m* 150
Barkeeper *m* 150, 191
barock 301
Barren *m* 235
Basalt *m* 288
Baseball *m* 228
Basilikum *n* 133
Basisstation *f* 99
Basketball *m* 226
Basketballspieler *m* 226
Bassgitarre *f* 258
Bassgitarrist *m* 258
Bassklarinette *f* 257
Bassschlüssel *m* 256
Batterie *f* 167, 202, 260
Bau *m* 186
Bauarbeiter *m* 186
Bauch *m* 12
Bauchmuskel *m* 16
Bauchspeicheldrüse *f* 18
bauen 186
Bauer *m* 272
Bauerngarten *m* 84
Bauernhaus *n* 182
Bauernhof *m* 182, 184
Bauholz *n* 187
Baum *m* 86, 240, 296
Baumwolle *f* 184, 277
Baustelle *f* 186, 323
Baustile *m* 301
Beat *m* 259
Beben *n* 283
Becher *m* 65
Becherglas *n* 167
Becken *n* 17, 61, 257
bedecken 90
Bedienung *f* 152
Bedienung inbegriffen 152
Beere *f* 296
Beerenobst *n* 127
Befestigung *f* 89
Befruchtung *f* 20
begeistert 25
Begräbnis *n* 26
Behälter *m* 311
Behandlungslampe *f* 50
Behandlungsschürze *f* 50
Behindertenparkplatz *m* 195
bei 320
Beil *n* 95
Beilage *f* 153
Beilagenteller *m* 65
Bein *n* 12, 64, 119
Beinstütz *m* 251
Beize *f* 79
Bekannte *m* 24
belegt 155
Beleuchtung *f* 178
Belgien *n* 316
Belichtung *f* 271
Belichtungsmesser *m* 270
Belize *n* 314
Benin *n* 317
Benzin *n* 199
Benzinpreis *m* 199
Benzintank *m* 203
Berater *m* 55
Berg *m* 284
Bericht *m* 174
Beruf *m* 188, 190
Berufung *f* 181
Beruhigungsmittel *n* 109
berühmt 261
Besatzungsluke *f* 281
Beschleuniger *m* 281
beschneiden 91
Besen *m* 77
besetzt 99, 321
Besetzung *f* 254
Besichtigungstour *f* 260
besorgt 25
besser 321
Besteck *n* 64, 65
bestellen 153
Bestleistung *f* 234
Bestuhlung *f* 254
Besuchszeiten *f* 48
Betonblock *m* 187
Betonmischmaschine *f* 186
Betrag *m* 96
Betrieb *m* 183
Bett *n* 70
Bettcouch *f* 63
Bettdecke *f* 71
Bettlaken *n* 71
Bettwäsche *f* 71
Bettzeug *n* 74
beugen 251
Beutel *m* 291, 311
Bewährung *f* 181
bewässern 183
Beweismittel *n* 181
bewölkt 286
bewusstlos 47
bezahlen 153
Beziehung *f* 24
Bezirk *m* 315
Bhutan *n* 318
Biathlon *n* 247
Bibliothek *f* 168, 299
Bibliothekar *m* 190
Bibliothekarin *f* 168
Bidet *n* 72
Biene *f* 295
Bier *n* 145, 151
bifokal 51
Bikini *m* 264
Bilderrahmen *m* 62
Bildhauer *m* 191
Bildhauerei *f* 275
Bildschirm *m* 97, 172, 176, 269
Bildschirmhintergrund *m* 177
Bildsucher *m* 271
Bildtelefon *n* 99
billig 321
Bimsstein *m* 73, 288
Binse *f* 86
Bio-Abfall *m* 61
biodynamisch 91
Biologie *f* 162
biologisch 122
biologisch kontrolliert 118
Birke *f* 296
Birma *n* 318
Birne *f* 126
bis 320
Biskuitform *f* 69
Biskuittörtchen *n* 140
Biss *m* 46
Bitte 322
Bitte anklopfen 322
Bitte sehr 322
bitter 124
Bizeps *m* 16
Bizepsübung *f* 251
Blase *f* 20, 46
Blatt *n* 122, 296
Blätter *n* 110
Blätterteig *m* 140
blau 274
blauer Fleck *m* 46
Blauschimmelkäse *m* 136
Blazer *m* 33
Blechblasinstrument *n* 257
bleifrei 199
Bleigürtel *m* 239
Bleistift *m* 163, 275
Blendenregler *m* 270
Blinddarm *m* 18
Blinker *m* 198, 204
Blitz *m* 270, 287
Block *m* 237
blocken 227
blond 39
Blues *m* 259
blühend 297
Blume *f* 110
Blumenampel *f* 84
Blumenarrangement *n* 111
Blumenbeet *n* 85, 90
Blumengeschäft *n* 110
Blumengirlande *f* 111
Blumenkohl *m* 124
Blumenstrauß *m* 111
Blumentopf *m* 89
Blumenvase *f* 111
Bluse *f* 34
Blutdruck *m* 44
Blutdruckmesser *m* 45
Blüte *f* 297
Blütenblatt *n* 297
Blutung *f* 46
Blutuntersuchung *f* 48
Blutwurst *f* 157
Bobsport *m* 247
Bockshornklee *m* 132
Boden *m* 85
Bodenakrobatik *f* 235
Bodendecker *m* 87
Bodenturnen *n* 235
Bogen *m* 85, 164, 249, 301
Bogenschießen *n* 249
Bohnen *f* 131, 144
bohren 79
Bohrer *m* 50, 78, 80
Bohrfutter *n* 78
Bohrmaschine *f* 78
Bohrwinde *f* 78
Boiler *m* 61
Boje *f* 217
Bolivien *n* 315
Bomber *m* 211
Bonbon *n* 113
Bongos *f* 257
Bordkarte *f* 213
Bordstein *m* 298
Börse *f* 97
Börsenmakler *m* 97
Bosnien und Herzegowina *n* 316
Botsuana *n* 317
Boutique *f* 115
Bowling *n* 249
Bowlingkugel *f* 249
Boxen *n* 236
Boxershorts *f* 33
Boxgymnastik *f* 251
Boxhandschuh *m* 237
Boxring *m* 237
Brand *m* 95
Brandteig *m* 140
Brandung *f* 241
Brandungsangeln *n* 245
Brandwunde *f* 46
Brasilien *n* 315
braten 67
Braten *m* 158
bratfertig 119
Bratpfanne *f* 69
Bratsche *f* 256
Brauenbürstchen *n* 40
braun 274
Brause *f* 89
breit 321
Breitbildfernseher *m* 269
Breite *f* 165
Breitengrad *m* 283
Bremsbacke *f* 207
Bremse *f* 200, 204
bremsen 207
Bremsflüssigkeitsbehälter *m* 202
Bremsgriff *m* 207

deutsch

Bremspedal *n* 205
Brenner *m* 67
Brettspiel *n* 272
Bridge *n* 273
Brie *m* 142
Brief *m* 98
Brieffreund *m* 24
Briefkasten *m* 58, 99
Briefmarke *f* 98, 112
Briefmarkensammeln *n* 273
Brieftasche *f* 37
Briefträger *m* 98, 190
Briefumschlag *m* 173
Brille *f* 51
Brillengestell *n* 51
Brioche *f* 157
Brokkoli *m* 123
Brombeere *f* 127
Bronze *f* 235
Brosche *f* 36
Broschüre *f* 96
Brot *n* 138, 157
Brötchen *n* 139, 143, 155
Brotfrucht *f* 124
Brotmesser *n* 68
Brotschneider *m* 139
browsen 177
Browser *m* 177
Bruch *m* 165
Brücke *f* 300
Bruder *m* 22
Brühe *f* 158
Brunei *n* 319
brünett 39
Brunnenkresse *f* 123
Brust *f* 12, 12, 119
Brustbein *n* 17
Brustflosse *f* 294
Brustkorb *m* 17
Brustmuskel *m* 16
Brustschwimmen *n* 239
Brustübung *f* 251
Brustwarze *f* 12
Brustwirbel *f* 17
Brutkasten *m* 53
Bube *m* 273
Buch *n* 168
Buche *f* 296
buchen 212
Bücherregal *n* 63, 168
Buchhalter *m* 97
Buchhaltung *f* 175
Buchladen *m* 115
buchstabieren 162
Buffet *n* 152
Bug *m* 210, 214, 240
Bügelbrett *n* 76
Bügeleisen *n* 76
bügeln 76
Bugfahrwerk *n* 210
Buggy *m* 232
Bühne *f* 254
Bühnenbild *n* 254
Bukett *n* 35
Bulgarien *n* 316
Bull's Eye *n* 273
Bullauge *n* 214
Bund *m* 258
Bungalow *m* 58
Bungeejumping *n* 248
Bunker *m* 232
Bunsenbrenner *m* 166
Buntstift *m* 163
Burg *f* 300
Bürgersteig *m* 298
Burggraben *m* 300
Burkina Faso *n* 317
Büro *n* 24, 172, 172, 174
Büroausstattung *f* 172
Bürobedarf *m* 173
Bürogebäude *n* 298
Büroklammer *f* 173
bürsten 38, 50
Burundi *n* 317
Bus *m* 196
Busbahnhof *m* 197
Busfahrer *m* 190
Bushaltestelle *f* 197, 299
Businessclass *f* 211
Büstenhalter *m* 35
Bustier *n* 35
Bustypen *m* 196
Butter *f* 137, 156
Buttermilch *f* 137
Butternusskürbis *m* 125
Byte *n* 176

C

Cabrio *n* 199
Caddie *m* 233
Café *n* 148, 262
Cafetière *f* 65
Camcorder *m* 260, 269
Camembert *m* 142
Campari *m* 145
Camping *n* 266
Campingplatz *m* 266
Campingplatzverwaltung *f* 266
Campus *m* 168
Capoeira *n* 237
Cappuccino *m* 148
Cashewnuss *f* 129, 151
Catcher *m* 229
CD *f* 269
CD-Spieler *m* 268
Cello *n* 256
Champagner *m* 145
Chassis *n* 203
Check-up *m* 50
Cheddar *m* 142
Cheerleader *m* 220
Chef *m* 24
Chemie *f* 162
Chickenburger *m* 155
Chicorée *m* 122
Chile *n* 315
Chili *m* 132
China *n* 318
chippen 233
Chip *f* 113
Chiropraktik *f* 54
Chirurg *m* 48
Chirurgie *f* 49
Chor *m* 301
Chorizo *f* 143
Chrysantheme *f* 110
Chutney *n* 135
Cockpit *n* 210
Cocktail *m* 151
Cocktailrührer *m* 150
Cocktailshaker *m* 150
Cola *f* 144, 151
Collage *f* 275
Comicheft *n* 112
Computer *m* 172, 176
Container *m* 216
Containerhafen *m* 216
Containerschiff *n* 215
Costa Rica *n* 314
Couchtisch *m* 62
Countrymusik *f* 259
Cousin *m* 22
Creme *f* 109
Crêpes *f* 155
Crew *f* 241
Croissant *n* 156
Crosstrainer *m* 250
CT-Bild *n* 48
Curling *n* 247
Curry *n* 158
Currypulver *n* 132

D

Dach *n* 58, 203
Dachboden *m* 58
Dachgarten *m* 84
Dachgepäckträger *m* 198
Dachgesims *n* 58
Dachrinne *f* 58
Dachsparren *m* 186
Dachziegel *m* 58, 187
Dame *f* 272, 273
Damenbinde *f* 108
Damenkleidung *f* 34
Damenoberbekleidung *f* 105
Damensattel *m* 242
Damenschneiderin *f* 191
Damenwäsche *f* 105
Damespiel *n* 272
Dammschnitt *m* 52
dämpfen 67
Dampflokomotive *f* 208
Dänemark *n* 316
Danke 322
Darlehen *n* 96
Darts *n* 273
Dartscheibe *f* 273
das Dschibuti 317
Datei *f* 177
Dattel *f* 129
Datum *n* 306
Dauerwelle *f* 39
Daumen *m* 15
Deck *n* 214
Deckanstrich *m* 83
Decke *f* 62, 71, 74
Deckel *m* 61, 66, 69
decken 64, 227
Dekoration *f* 141
Delfin *m* 290
Deltamuskel *m* 16
Demokratische Republik Kongo *f* 317
Deo *n* 73, 108
Dermatologie *f* 49
Designerin *f* 191
Desinfektionsmittel *n* 51
Desinfektionstuch *n* 47
Desktop *m* 177
Dessertwagen *m* 152
Dezember *m* 306
Diagonale *f* 164
Diamant *m* 288
Diaphragma *n* 21
dichte Nebel *m* 287
Dichtung *f* 61
dick 321
Dickdarm *m* 18
Dicke Bohne *f* 122
Diele *f* 59
Dienstag *m* 306
Dienstleistung *f* 93, 101
Diesel *m* 199
Diesellokomotive *f* 208
digital 269
Digitalkamera *f* 270
Dill *m* 133
Dioptrie *f* 51
Diplom *n* 169
Dirigent *m* 256
Discman *m* 268
Diskette *f* 176
Diskuswerfen *n* 234
diskutieren 163
Dissertation *f* 169
Distel *f* 297
Disziplin *f* 247
dividieren 165
Diwali *n* 27
DJ *m* 179
Dock *n* 214, 216
Dokumentarfilm *m* 178
Dominica *n* 314
Dominikanische Republik *f* 314
Domino *n* 273
Donner *m* 286
Donnerstag *m* 306
Doppel *n* 230
Doppelbett *n* 71
Doppeldecker *m* 196, 211
Doppelhaus *n* 58
doppelt 151
Doppelzimmer *n* 100
Dorf *n* 299
Dörrobst *n* 129, 156
dort 320
Dose *f* 145, 311
Dosengetränk *n* 154
Dosenöffner *m* 68
Dosierung *f* 109
Dozent *m* 169
Drachen *m* 248
Drachenfliegen *n* 248
Drahtseil *n* 79
drechseln 79
Drehstuhl *m* 172
Drehzahlmesser *m* 201
drei 308
Dreieck *n* 164
Dreifuß *m* 166
Dreipunktlinie *f* 226
dreißig 308
dreitürig 200
dreizehn 308
dreizehnter 309
Dress *m* 222
Dressurreiten *n* 243
dribbeln 222, 227
dritter 309
driven 233
Dromedar *n* 291
drucken 172
drücken 322
Drucken *n* 275
Drucker *m* 172, 176
Druckfarbe *f* 275
Druckknopf *m* 30
Druckluftflasche *f* 239
Druckluftgerät *n* 199
Drüse *f* 19
Dufflecoat *m* 31
düngen 90, 91
Dünger *m* 91
Dunk *m* 227
dunkel 41, 321
Dunkelkammer *f* 271
dünn 321
Dünndarm *m* 18
Dunstabzug *m* 66
durch 320
Durchfall *m* 44, 109
Durchmesser *m* 164
Durchschwung *m* 233
Dusche *f* 72, 266
duschen 72
Duschgel *n* 73
Duschkopf *m* 72
Duschtür *f* 72
Duschvorhang *m* 72
Düse *f* 89
Duty-free-Shop *m* 213
DVD *f* 268
DVD-Spieler *m* 268
Dynamo *m* 207

E

Eau de Toilette *n* 41
Ebene *f* 285
EC-Karte *f* 96
Eckball *m* 223
Eckfahne *f* 223
Eckzahn *m* 50
Eclair *n* 140
Economyclass *f* 211
Ecuador *n* 315
Edamer *m* 142
Edelstein *m* 36

Ehefrau *f* 22
Ehemann *m* 22
Ei *n* 20, 137, 157
Eiche *f* 296
Eichelkürbis *m* 125
Eichhörnchen *n* 290
Eidechse *f* 293
Eierbecher *m* 65, 137
Eierschale *f* 137
Eierstock *m* 20
Eigelb *n* 137, 157
Eileiter *m* 20
Eimer *m* 77, 82, 265
ein wenig 320
Einbahnstraße *f* 194, 298, 323
Einbauschrank *m* 71
Einbruchdiebstahl *m* 94
einchecken 212
einfach 151
einfädeln 277
einfrieren 67
Eingang *m* 59, 322
Eingangssperre *f* 209
eingelegt 159
eingemacht 135
einholen 245
einjährig 86
Einkauf *m* 103
Einkaufskorb *m* 106
Einkaufstasche *f* 106
Einkaufswagen *m* 106
Einkaufszentrum *n* 104
Einlagen *f* 53
einleiten 53
einlochen 233
einloggen 177
einlösen 97
Einmachglas *n* 135
eins 308
Einsatzpapier *n* 83
einschalten 269
Einschienenbahn *f* 208
einschlafen 71
Einschreiben *n* 98
Einstand *m* 230
einstellen 179, 271
Einstellknopf *m* 167
Einstellung *f* 203
Eintopf *m* 158
eintopfen 91
Eintritt frei 322
Eintrittsgeld *n* 260
Einweg- 109
Einwegkamera *f* 270
Einwegrasierer *m* 73
einweichen 130
Einwickelpapier *n* 111
Einwurf *m* 223, 226
einzahlen 96
Einzahlungsformular *n* 96
Einzel *n* 230
Einzelbett *n* 71
Einzelhaus *n* 58
Einzelzimmer *n* 100
Einzugsauftrag *m* 96
Eis *n* 120, 137, 149, 151, 287
Eisbär *m* 291
Eisen *n* 109, 233, 289
Eisenwarenhandlung *f* 114
Eisfach *n* 67
Eisfläche *f* 224
Eishockey *n* 224
Eishockeyspieler *m* 224
Eiskaffee *m* 148
Eisklettern *n* 247
Eiskübel *m* 150
Eiskunstlauf *m* 247
Eislaufen *n* 247
Eisprung *m* 20, 52
Eisschnelllauf *m* 247
Eistee *m* 149
Eiswürfel *m* 151
Eiszange *f* 150
Eiszapfen *m* 287
Eiweiß *n* 137
Ekzem *n* 44
El Salvador *n* 314
Elefant *m* 291
Elektriker *m* 188
Elektrizität *f* 60
Elektroartikel *m* 105, 107
Elektrolokomotive *f* 208
Elektronenblitz *m* 270
Elektrorasierer *m* 73
elf 308
Elfenbeinküste *f* 317
Elfmeter *m* 223
elfter 309
Ellbogen *m* 13
Elle *f* 17
Ellipse *f* 164
Eltern 23
E-Mail *f* 177
E-Mail-Adresse *f* 177
E-Mail-Konto *n* 177
Embryo *m* 52
emigrieren 26
Empfang *m* 100
empfangen 20
Empfängnis *f* 52
Empfängnisverhütung *f* 21
Empfangsdame *f* 100, 190
Empfangshalle *f* 100
Empfehlungszettel *m* 173
empfindlich 41
Emulsionsfarbe *f* 83
Ende *n* 321
Endivie *f* 123
Endlinie *f* 226
endokrines System *n* 19
Endokrinologie *f* 49
Endzone *f* 220
Englischhorn *n* 257
Enkel *m* 22
Enkelin *f* 22
Enkelkind *n* 23
Entbindung *f* 52, 53
Entbindungsstation *f* 48, 49
Ente *f* 119, 185
Entenei *n* 137
Entenküken *n* 185
Entfernung *f* 310
entgrätet 121
Enthaarung *f* 41
enthäutet 121
Entisolierzange *f* 81
entlang 320
entlassen 48
Entschuldigung *f* 322
entschuppt 121
Entspannung *f* 55
Entwässerung *f* 91
entwickeln 271
Entzündungshemmer *m* 109
Epilepsie *f* 44
Erbsen *f* 131
Erdbeben *n* 283
Erdbeere *f* 127
Erdbeermilchshake *m* 149
Erde *f* 85, 280, 282
Erdgeschoss *n* 104
Erdkruste *f* 282
Erdkunde *f* 162
Erdnuss *f* 129, 151
Erdnussbutter *f* 135
Erdnussöl *n* 135
Erdung *f* 60
Erdzone *f* 283
Ergebnis *n* 49
erhalten 177
Eritrea *n* 317
Erkältung *f* 44
Ermittlung *f* 94
Erntedankfest *n* 27
ernten 91, 183
Ersatzrad *n* 203
Ersatzspieler *m* 223
erschrocken 25
Erste Hilfe *f* 47
erste/r 320
Erste-Hilfe-Kasten *m* 47
erster 309
ersticken 47
ertrinken 239
eruptiv 288
Erwachsene *m* 23
Erweiterung *f* 52
Esel *m* 185
Espresso *m* 148
essen 64, 75
Essen *n* 149
Essig *m* 135, 142
Esskastanie *f* 129
Essteller *m* 65
Esszimmer *n* 64
Estland *n* 316
Estragon *m* 133
Etage *f* 104
etwas 320
Eukalyptus *m* 296
Eule *f* 292
Europa *n* 316
Examensarbeit *f* 169
Exosphäre *f* 286
Extraktion *f* 50
Eyeliner *m* 40

F

Fabrik *f* 299
Fach *n* 100
Facharzt *m* 49
Fachbereich *m* 169
Fächerordner *m* 173
Fachhochschule *f* 169
Fadenführung *f* 276
Fagott *n* 257
Fahne *f* 221
Fähre *f* 215, 216
fahren 195
Fahrer *m* 196
Fahrerkabine *f* 95
Fahrersitz *m* 196
Fahrkarte *f* 209
Fahrkartenschalter *m* 209, 216
Fahrplan *m* 197, 209, 261
Fahrpreis *m* 197, 209
Fahrrad *n* 206
Fahrradhelm *m* 206
Fahrradkette *f* 206
Fahrradlampe *f* 207
Fahrradschloss *n* 207
Fahrradständer *m* 207
Fahrradweg *m* 206
Fahrschein *m* 197
Fahrstuhl *m* 59, 100, 104
Fährterminal *m* 216
Fairway *n* 232
Falke *m* 292
Falkland-Inseln *f* 315
Fallen *n* 237
Fallschirm *m* 248
Fallschirmspringen *n* 248
Faltbett *n* 266
Falte *f* 15
falten 98
Familie *f* 22
fangen 220, 225, 227, 229, 245
Fan *m* 258
Farbe *f* 83, 273, 274
Farbton *m* 41
Farbtopf *m* 83
Farn *m* 86
Fasan *m* 119, 293
Fassungsvermögen *n* 311
faul 127
Faust *f* 15, 237
Fax *n* 98, 172
Faxgerät *n* 172
Februar *m* 306
Fechten *n* 249
Feder *f* 163, 293
Federball *m* 231
Federmäppchen *n* 163
Federwaage *f* 166
fegen 77
Fehler *m* 230
Fehlgeburt *f* 52
Feier *f* 140
Feige *f* 129
Feijoa *f* 128
Feile *f* 81
feine Nebel *m* 287
Feinkost *f* 107, 142
Feld *n* 182, 228, 234, 272
Feldauslinie *f* 221
Feldfrucht *f* 183, 184
Feldhockey *n* 224
Felge *f* 206
Felgenbremse *f* 206
Fels *m* 284
Fenchel *m* 122, 133
Fenchelsamen *m* 133
Feng Shui *n* 55
Fenster *n* 58, 177, 186, 197, 210
Fensterladen *m* 58
Ferkel *n* 185
Fernbedienung *f* 269
Fernglas *n* 281
fernsehen 269
Fernsehserie *f* 178
Fernsehstudio *n* 178
Ferse *f* 13, 15
Fertiggericht *n* 107
Fesseln *n* 237
fest 124
Fest *n* 27
festlich 141
festmachen 217
Festnahme *f* 94
Festplattenlaufwerk *n* 176
Fett *n* 119
fettarm 137
fettfrei 137
fettig 39, 41
feucht 286
Feuchtigkeitscreme *f* 41
Feuchttuch *n* 74
Feuer machen 266
Feueranzünder *m* 266
feuerfest 69
Feuerlöscher *m* 95
Feuermelder *m* 95
Feuerstein *m* 288
Feuertreppe *f* 95
Feuerwache *f* 95
Feuerwehr *f* 95
Feuerwehrleute 95
Feuerwehrmann *m* 189
Feuerzeug *n* 112
Fidschi *n* 319
Fieber *n* 44
Figur *f* 260
Filet *n* 119, 121
filetiert 121
Film *m* 260, 271
Filmspule *f* 271
Filoteig *m* 140

deutsch

Filter *m* 270
Filterkaffee *m* 148
Filterpapier *n* 167
Finanzberaterin *f* 97
Finger *m* 15
Fingerabdruck *m* 94
Fingerhut *m* 276, 297
Fingernagel *m* 15
Finnland *n* 316
Finsternis *f* 280
Firma *f* 175
Fisch *m* 107, 120
Fische *f* 294
Fischer *m* 189
Fischerboot *n* 217
Fischereihafen *m* 217
Fischfangarten *f* 245
Fischgeschäft *n* 114, 120
Fischhändlerin *f* 188
Fischkorb *m* 245
Fischzucht *f* 183
Fish and Chips *n* 155
Fitness *f* 250
Fitnesscenter *n* 250
Fitnessgerät *n* 250
Fitnessraum *m* 101
Fitnesstrainerin *f* 250
flach 239
Fläche *f* 165, 310
Flachholzbohrer *m* 80
Flachrennen *n* 243
Flachs *m* 184
Flachzange *f* 80
Fladenbrot *n* 139
Flagge *f* 232
Flamingo *m* 292
Flasche *f* 61, 134, 135, 311
Flaschenöffner *m* 68, 150
Flaschenwasser *n* 144
Flauschdecke *f* 74
Fledermaus *f* 290
Fleisch *n* 107, 118, 119, 124, 142
Fleischerhaken *m* 118
Fleischklopfer *m* 68
Fleischklöße *m* 158
Fleischsorten *f* 119
Fleischspieß *m* 155
Flicken *m* 207
Fliege *f* 36, 244, 295
Fliegenangeln *n* 245
Fließhecklimousine *f* 199
Flipchart *n* 174
Florentiner *m* 141
Florett *n* 249
Floristin *f* 188
Flosse *f* 290
Flugbegleiterin *f* 190, 210
Flügel *m* 60, 119, 293
Fluggastbrücke *f* 212
Flughafen *m* 212
Fluginformationsanzeige *f* 213
Flugnummer *f* 212
Flugticket *n* 213
Flugverbindung *f* 212
Flugzeug *n* 210
Flugzeugträger *m* 215
Fluss *m* 284
Flüssigkeitsmaß *n* 311
Flüssigreiniger *m* 77
Flussmündung *f* 285
Fock *f* 240
Fohlen *n* 185
Föhn *m* 38
föhnen 38
Folk *m* 259
Follikel *m* 20
Football *m* 220
Footballspieler *m* 220
Forelle *f* 120
Formbügel *m* 35
Formen *f* 164
Formschnitt *m* 87
Forschung *f* 169
Fortpflanzung *f* 20
Fortpflanzungsorgane *n* 20
Fortpflanzungssystem *n* 19
Foto *n* 271
Fotoalbum *n* 271
Fotoapparattypen *m* 270
Fotofinish *n* 234
Fotogeschäft *n* 115
Fotograf *m* 191
Fotografie *f* 270
fotografieren 271
Fotorahmen *m* 271
Fötus *m* 52
Foul *n* 223, 226
Foullinie *f* 229
Foyer *n* 255
Fracht *f* 216
Frachtraum *m* 215
Frachtschiff *n* 215
Frage *f* 163
fragen 163
Fraktur *f* 46
Frankreich *n* 316
französischer Senf *m* 135
Französisch-Guayana *n* 315
Frau *f* 12, 13, 23
Fräulein *n* 23
Freesie *f* 110
frei 266, 321
freigesprochen 181
Freilandhaltung *f* 118
Freistoß *m* 222
Freitag *m* 306
Freiwurflinie *f* 226
Freizeit *f* 253
Freizeitkleidung *f* 33
Fremdenführerin *f* 260
Frequenz *f* 179
Freund *m* 24
Freundin *f* 24
Fries *m* 301
frisch 121, 127, 130
Frischkäse *m* 136
Friseur *m* 188
Friseurin *f* 38
Frisierartikel *f* 38
Frisiersalon *m* 115
Frisiertisch *m* 71
Frisierumhang *m* 38
Frisuren *f* 39
frittiert 159
Frosch *m* 294
Frost *m* 287
Frostschutzmittel *n* 199
fruchtbar 20
Früchtejogurt *m* 157
Fruchtfleisch *n* 127, 129
Fruchtgummi *m* 113
Fruchtmark *n* 127
Fruchtwasser *n* 52
früh 305, 320
Frühkohl *m* 123
Frühling *m* 307
Frühlingszwiebel *f* 125
Frühstück *n* 64, 101, 156, 157
Frühstücksbuffet *n* 156
Frühstücksspeck *m* 157
Frühstückstablett *n* 101
Frühstückstisch *m* 156
Fuchs *m* 290
Fuchsschwanz *m* 81
Fugenkitt *m* 83
Fühler *m* 295
Führerstand *m* 208
Führung *f* 260
füllen 76
Füller *m* 163
Füllung *f* 140, 155
Fumble *m* 220
fünf 308
Fünfeck *n* 164
fünfter 309
fünfzehn 308
fünfzehnter 309
fünfzig 308
Funkantenne *f* 214
für 320
Furche *f* 183
Fürstentum *n* 315
Fuß *m* 12, 15, 310
Fußabtreter *m* 59
Fußball *m* 222
Fußballdress *m* 31
Fußballfeld *n* 222
Fußballschuh *m* 223
Fußballspieler *m* 222
Fußboden *m* 62, 71
Fußende *n* 71
Fußgängerüberweg *m* 195
Fußgängerzone *f* 299
Fußrücken *m* 15
Fußschlaufe *f* 241
Fußsohle *f* 15
Fußweg *m* 262
Futter *n* 32
Futteral *n* 51
füttern 183

G

Gabel *f* 65, 153, 207
Gabelstapler *m* 186, 216
Gabun *n* 317
Gagat *m* 288
gähnen 25
Galapagos-Inseln *f* 315
Galaxie *f* 280
Gallone *f* 311
Galopp *m* 243
galvanisiert 79
Gambia *n* 317
Gang *m* 106, 168, 210, 254
Gänge *m* 153, 206
Gans *f* 119, 293
Gänseblümchen *n* 297
Gänseei *n* 137
ganz 129, 132
Garage *f* 58
Gardine *f* 63
Garn *n* 276
Garnele *f* 120, 121
Garten *m* 84
Gartenanlage *f* 262
Gartenarbeit *f* 90
Gartencenter *n* 115
Gartengeräte *f* 88
Gartenhandschuhe *f* 89
Gartenkorb *m* 88
Gartenkürbis *m* 124
Gartenornament *n* 84
Gartenpflanze *f* 86
Gartensauerampfer *m* 123
Gartenschere *f* 89
Gartenschlauch *m* 89
Gartenstöcke *m* 89
Gartentypen *m* 84
Gärtner *m* 188
Gasbrenner *m* 61, 267
Gashebel *m* 204
Gaspedal *n* 200
Gasse *f* 298
Gast *m* 64, 100
Gästebuch *n* 100
Gastgeber *m* 64
Gastgeberin *f* 64
Gatenummer *f* 213
Gaumen *m* 19
Gaze *f* 47
Gebäck *n* 140, 149
gebacken 159
Gebärmutter *f* 20, 52
Gebärmutterhals *m* 20, 52
Gebäude *n* 261, 299, 300
Gebäudereiniger *m* 188
geben 273
Gebiet *n* 299
Gebirgskette *f* 282
geboren werden 26
gebraten 155, 159
Gebrauchsanweisung *f* 109
Gebrauchtwarenhändler *m* 115
Geburt *f* 52, 53
Geburtsgewicht *n* 53
Geburtshelfer *m* 52
Geburtstag *m* 27
Geburtstagsfeier *f* 27
Geburtstagskerze *f* 141
Geburtstagskuchen *m* 141
Geburtsurkunde *f* 26
Geburtszange *f* 53
gedämpft 159
Gedeck *n* 65, 152
Gedränge *n* 221
Gefahr *f* 195
Gefängnis *n* 181
Gefängniswärter *m* 181
Gefängniszelle *f* 181
gefärbt 39
Geflügel *n* 107, 119
Gefrierfach *n* 67
Gefrier-Kühlschrank *m* 67
gefroren 137
Gefühl *n* 25
gefüllt 159
gegen 320
gegenüber 320
Gegner *m* 236
gegrillt 159
Gehalt *n* 175
gehen lassen 139
Gehirn *n* 19
Gehirnerschütterung *f* 46
Gehrungslade *f* 81
Geige *f* 256
Geißblatt *n* 297
gekocht 137
gekrümmt 165
Gel *n* 109
geladen 60
Geländemotorrad *n* 205
Geländer *n* 59
Geländewagen *m* 199
gelangweilt 25
gelb 274
gelbe Karte 223
Gelbwurz *f* 132
Geld *n* 97
Geldautomat *m* 97
Geldwirtschaft *f* 97
Geleebonbon *m* 113
Gelenk *n* 17
gemahlen 132, 144
Gemälde *n* 62, 261, 274
Gemüse *n* 107, 124
Gemüsefach *n* 67
Gemüsegarten *m* 85, 182
Gemüsehändler *m* 188
Gemüseladen *m* 114
genau 320
Generation *f* 23
Generator *m* 60
geöffnet 260
Geometrie *f* 165

deutsch

Georgien *n* 318
Gepäck *n* 100, 198, 213
Gepäckablage *f* 209
Gepäckabteilung *f* 104
Gepäckanhänger *m* 212
Gepäckausgabe *f* 213
Gepäckband *n* 212
Gepäckfach *n* 196, 210
Gepäckröntgenmaschine *f* 212
Gepäckträger *m* 204, 207
gepökelt 118, 143
gerade 165
geradeaus 260
geraspelt 132
geräuchert 118, 121, 143, 159
Gerbera *f* 110
Gerichtsdiener *m* 180
Gerichtssaal *m* 180
Gerichtsstenograf *m* 181
Gerichtstermin *m* 180
Gerichtsverfahren *n* 180
gerieben 136
geröstet 129
Gerste *f* 130, 184
Gerüst *n* 186
gesalzen 121, 129, 137
Gesäßbacke *f* 13
Gesäßmuskel *m* 16
gesäubert 121
Geschäft *n* 114, 175
Geschäftsabkommen *n* 175
Geschäftsbogen *m* 173
Geschäftsfrau *f* 175
Geschäftsführer *m* 175
Geschäftsmann *m* 175
Geschäftspartnerin *f* 24
Geschäftsreise *f* 175
geschält 129
Geschenk *n* 27
Geschenkartikelladen *m* 114
Geschichte *f* 162
Geschirr *n* 64, 65
Geschlechtskrankheit *f* 20
Geschlechtsteil *n* 12
Geschlechtsverkehr *m* 20
geschlossen 260, 321
Geschwindigkeitsbegrenzung *f* 195
Geschworenenbank *f* 180
Geschworener *m* 180
Gesicht *n* 14
Gesichtsbehandlung *f* 41
Gesichtscreme *f* 73
Gesichtsmaske *f* 41
Gesichtspuder *m* 40
Gesichtsschutzmaske *f* 225
Gesichtswasser *n* 41
Gesims *n* 300
gestalten 91
Gestänge *n* 267
Gestein *n* 288
Gestell *n* 166, 174
gestern 306, 320
Gesundheit *f* 43
Gesundheitsfürsorge *f* 168
geteilt durch 165
Getränk *n* 144
Getränke *n* 107, 144, 156
Getreide *n* 130
Getreideart *f* 130
Getreideflocken *f* 107, 130, 156
Getriebe *n* 202, 204
getrocknet 129, 131, 143, 159
Gewächshaus *n* 85
Geweih *n* 291
Gewicht *n* 166, 244, 310
Gewichte *n* 250
Gewichtstange *f* 251
Gewinnanteile *m* 97
gewinnen 273
Gewinner *m* 273
Gewitter *n* 287
Gewölbe *n* 15, 300
Gewürze *n* 132
Gewürzessig *m* 135
Gewürznelke *f* 133
Geysir *m* 285
Ghana *n* 317
Giebel *m* 300
Giebeldreieck *n* 301
gießen 67, 89, 90
Gießkanne *f* 89
Gin *m* 145
Gin Tonic *m* 151
Gips *m* 83
Giraffe *f* 291
Girokonto *n* 96
Gitarre *f* 258
Gitarrist *m* 258
Gitterstäbe *m* 74
Gladiole *f* 110
glänzend 83
Glas *n* 51, 69, 134, 134, 152, 311
Gläser *n* 150
Glasflasche *f* 166
glasieren 139
Glaskeramikkochfeld *n* 66
Glasstäbchen *n* 167
Glaswaren *f* 65
glatt 39
glätten 39
Glattrochen *m* 294
gleich 165
Gleichstrom *m* 60
Gleichung *f* 165
Gleis *n* 209
Gleisnummer *f* 208
Gleitschirmfliegen *n* 248
Gletscher *m* 284
Glied *n* 36
Glimmer *m* 289
Glimmerschiefer *m* 288
glücklich 25
Glühfaden *m* 60
Glühlampe *f* 60
Gneis *m* 288
Gold *n* 235, 289
Goldbrasse *f* 120
Goldfisch *m* 294
Golf *n* 232
Golfball *m* 233
Golfplatz *m* 232
Golfschläger *f* 233
Golfschuh *m* 233
Golfspieler *m* 232
Golftasche *f* 233
Golfturnier *n* 233
Gong *m* 257
Gorilla *m* 291
gotisch 301
Gottesanbeterin *f* 295
GPS-System *n* 201
graben 90
graduieren 26
Graduierte *f* 169
Graduierungsfeier *f* 169
Gramm *n* 310
Granat *m* 288
Granatapfel *m* 128
Granit *m* 288
Grapefruit *f* 126
Graphit *m* 289
Gras *n* 87, 262
Grasfangsack *m* 88
Grasland *n* 285
Gräte *f* 121
grau 39, 274
Graubrot *n* 139, 149
grauer Star *m* 51
Gravieren *n* 275
Greifzange *f* 167
Grenada *n* 314
Griechenland *n* 316
Grieß *m* 130
Griff *m* 36, 88, 230, 237
Griffe *f* 37
Grill *m* 267
Grille *f* 295
grillen 67
Grillpfanne *f* 69
Grippe *f* 44
grober Senf *m* 135
Grönland *n* 314
groß 321
Großbritannien *n* 316
Großeltern 23
Großmutter *f* 22
Großraumlimousine *f* 199
Großsegel *n* 240
Großvater *m* 22
Grübchen *n* 15
grün 129, 232, 274
Grundfarbe *f* 83
Grundfläche *f* 164
Grundierung *f* 40, 83
Grundlinie *f* 230
Grundriss *m* 261
grüne Bohnen *f* 122
grüne Erbsen *f* 122
Grünkohl *m* 123
Grüntee *m* 149
Gruppentherapie *f* 55
Guatemala *n* 314
Guave *f* 128
Guinea *n* 317
Guinea-Bissau *n* 317
Gummiband *n* 173
Gummihöschen *n* 30
Gummiknüppel *m* 94
Gummistiefel *m* 31
Gummistiefel *m* 89
Gurke *f* 125
Gürtel *m* 32, 36, 236, 237
Gürtelschnalle *f* 36
gut 321
Gute Nacht 322
Guten Abend 322
Guten Morgen 322
Guten Tag 322
Güterzug *m* 208
Guyana *n* 315
Gymnastik *f* 235
Gymnastikband *n* 235
Gymnastikhose *f* 251
Gynäkologe *m* 52
Gynäkologie *f* 49

H

Haar *n* 14, 38
Haarband *n* 39
Haarbürste *f* 38
Haarfarbe *f* 39
Haarfärbemittel *n* 40
Haargel *n* 38
Haarklammer *f* 38
Haarknoten *m* 39
Haarreif *m* 38
Haarspliss *m* 39
Haarspray *n* 38
Haarspülung *f* 38
Hacke *f* 88
Hackfleisch *n* 119
Hackmesser *n* 68
Hafen *m* 214, 216, 217
Hafenmeister *m* 217
Hafer *m* 130
Haferbrei *m* 157
Haftbefehl *m* 180
Haftentlassung *f* 181
Hagel *m* 286
Hahn *m* 61, 185
Hähnchen *n* 119, 155
Hähnchenstückchen *n* 155
Hahnenfuß *m* 297
Haifisch *m* 294
Haiti *n* 314
Häkelhaken *m* 277
Häkeln *n* 277
Haken *m* 187, 276
halbfest 136
Halbfettmilch *f* 136
Halbinsel *f* 282
Halbkugel *f* 283
Halbpension *f* 101
Halbzeit *f* 223
Halfter *n* 243
Halloween *n* 27
Hals *m* 12, 258
Halskette *f* 36
Halskrawatte *f* 46
Halspastille *f* 109
Halstuch *n* 36
Halswirbel *m* 17
Haltegriff *m* 196
Halteknopf *m* 197
halten 223
Halten verboten 195
Haltung *f* 232
Hämatit *m* 289
Hamburger *m* 154, 155
Hammer *m* 80
hämmern 79
Hamster *m* 290
Hand *f* 13, 15
Handbohrer *m* 81
Handbremse *f* 203
Handfeger *m* 77
Handfläche *f* 15
Handgabel *f* 89
Handgelenk *n* 13, 15
Handgepäck *n* 211, 213
Handicap *n* 233
Handknöchel *m* 15
Handlauf *m* 59
Handrad *n* 276
Handsäge *f* 89
Handschaltung *f* 200
Handschellen *f* 94
Handschuh *m* 224, 228, 233, 236, 246
Handschuhe *m* 36
Handtasche *f* 37
Handtuch *n* 73, 73
Handtuchhalter *m* 72
Handy *n* 99
Hang *m* 284
Hängematte *f* 266
Hängeordner *m* 173
Hantel *f* 251
Hardware *f* 176
Harfe *f* 256
Harke *f* 88
harken 90
Harnleiter *m* 21
Harnröhre *f* 20
Harnsystem *n* 19
hart 129, 321
Hartfaserplatte *f* 79
Hartholz *n* 79
Hartkäse *m* 136
Haselnuss *f* 129
Haselnussöl *n* 134
hässlich 321
Hauptfahrwerk *n* 210
Hauptgericht *n* 153
Hauptmahlzeit *f* 158
Hauptstadt *f* 315
Haus *n* 57, 58

deutsch

Hausanschlüsse *m* 60
Hausapotheke *f* 72
Hausaufgabe *f* 163
Hausbriefkasten *m* 99
Haushaltsraum *m* 76
Haushaltswaage *f* 69
Haushaltswaren *f* 107
Haushaltswäsche *f* 105
Hausschuhe *m* 31
Haustür *f* 58
Haustürlampe *f* 58
Haut *f* 14, 119, 126
Hautausschlag *m* 44
Hautpflege *f* 108
Hawaii *n* 314
Heavymetal *n* 259
Hebamme *f* 53
Hebel *m* 61, 150
Heck *n* 210, 240
Hecke *f* 85, 90, 182
Heckenschere *f* 89
Hecktür *f* 198
Hefe *f* 138
Hefebrötchen *n* 139
Hefeknoten *m* 139
Heft *n* 163
heften 277
Hefter *m* 173
hegen 91
Heidekraut *n* 297
Heidelbeere *f* 127
Heilbuttfilet *n* 120
Heilkraut *n* 55
Heimwerkstatt *f* 78
heiraten 26
heiß 286, 321
Heißluftballon *m* 211
Heißwasserhahn *m* 72
Heizdecke *f* 71
Heizelement *n* 61
Heizkörper *m* 60
Heizlüfter *m* 60
Heizofen *m* 60
Heizungsregler *m* 201
hell 41, 321
Helm *m* 220, 228
Hemd *n* 32, 251
Hemdchen *n* 30
Henkel *m* 106
Herbizid *n* 183
Herbst *m* 31, 307
Herde *f* 183
Hering *m* 266
Herr *m* 23
Herrenbekleidung *f* 32, 105
Herrenfriseur *m* 39
Herrenhalbschuh *m* 37
herunterladen 177
Herz *n* 18, 119, 122, 273
Herz- und Gefäßsystem *n* 19
Herzinfarkt *m* 44
Herzmuschel *f* 121
Heu *n* 184
Heuschnupfen *m* 44
Heuschrecke *f* 295
heute 306
Hieb *m* 237
hier 320
hier essen 154
Hi-Fi-Anlage *f* 268
Hilfskoch *m* 152
Himalaya *m* 313
Himbeere *f* 127
Himbeerkonfitüre *f* 134
hinauf 320
Hindernis *n* 243
hinter 320
Hinterrad *n* 197
hinunter 320
Hirsch *m* 291
Hirse *f* 130
historisch 261
HNO-Abteilung *f* 49
Hobel *m* 81
hobeln 79
hoch 271, 321
hochbinden 91, 91
Hochfrisur *f* 39
Hochgeschwindigkeitszug *m* 208
hochglanz 271
Hochschule *f* 168
Hochseefischerei *f* 245
Hochsprung *m* 235
Höchstlademarke *f* 214
Hochzeit *f* 26, 35
Hochzeitsfeier *f* 26
Hochzeitskleid *n* 35
Hochzeitsreise *f* 26
Hochzeitstag *m* 26
Hochzeitstorte *f* 141
hochziehen 251
Höcker *m* 291
Hockey *n* 224
Hockeyball *m* 224
Hockeyschläger *m* 224
Hoden *m* 21
Hodensack *m* 21
Hof *m* 58, 84, 182
Höhe *f* 165, 211
Höhenleitwerk *n* 210
Höhle *f* 284
Hole-in-One *n* 233
Holz *n* 79, 233, 275
Holzarbeit *f* 275
Holzblasinstrumente *f* 257
Holzbohrer *m* 80
Holzkohle *f* 266
Holzleim *m* 78
Holzlöffel *m* 68
Holzspäne *m* 78
homogenisiert 137
Homöopathie *f* 55
Honduras *n* 314
Honig *m* 134
Hörer *m* 99
Hormon *n* 20
Horn *n* 257, 291
Hornhaut *f* 51
Horrorfilm *m* 255
Hörsaal *m* 169
Hose *f* 32, 34
Hot Dog *m* 155
Hotel *n* 100, 264
Hubschrauber *m* 211
Huf *m* 242, 291
Hufeisen *n* 242
Hüfte *f* 12
Hügel *m* 284
Huhn *n* 119, 185
Hühnerei *n* 137
Hühnerfarm *f* 183
Hühnerstall *m* 185
Hülse *f* 130
Hülsenfrüchte *f* 130
Hummer *m* 121, 295
Hund *m* 290
hundert 308
Hundeschlittenfahren *n* 247
hungrig 64
Hupe *f* 201, 204
Hürdenlauf *m* 235
Hurrikan *m* 287
Husten *m* 44
Hustenmedikament *n* 108
Hut *m* 36
Hüttenkäse *m* 136
Hydrant *m* 95
Hypnotherapie *f* 55
hypoallergen 41
Hypotenuse *f* 164
Hypothek *f* 96

I

Igel *m* 290
Imbissstand *m* 154
Imbissstube *f* 154
immer 320
immergrün 86
Immobilienmakler *m* 115
Immobilienmaklerin *f* 189
Impfung *f* 45
impotent 20
in 320
Indien *n* 318
indigoblau 274
Indischer Ozean *m* 313
Indonesien *n* 319
Industriegebiet *n* 299
Infektion *f* 44
Information *f* 261, 303
Infusomat *m* 53
Ingwer *m* 125, 133
Inhalationsapparat *m* 44
Inhalierstift *m* 109
Inlandsflug *m* 212
Inlinerfahren *n* 263
Innenausstattung *f* 200
Innenfeld *n* 228
Innenstadt *f* 299
Innereien *f* 118
innerhalb 320
Inning *n* 228
ins Bett gehen 71
Insektenschutzmittel *n* 108
Insektenspray *n* 267
Insel *f* 282
Inspektor *m* 94
installieren 177
Instrument *n* 258
Insulin *n* 109
Intensivstation *f* 48
Intercity *m* 209
interessant 321
Internet *n* 177
Interview *n* 179
Ionosphäre *f* 286
Irak *m* 318
Iran *m* 318
Iris *f* 51, 110
Irland *n* 316
Isolierband *n* 81
Isolierung *f* 61
Israel *n* 318
Italien *n* 316

J

Ja 322
Jacht *f* 215
Jachthafen *m* 217
Jacke *f* 32, 34
Jade *m* 288
Jagdflugzeug *n* 211
Jagdrennen *n* 243
Jahr *n* 306, 307
Jahreszeit *f* 307
Jahrhundert *n* 307
jährlich 307
Jahrmarkt *m* 262
Jahrtausend *n* 307
Jahrzehnt *n* 307
Jakobsmuschel *f* 121
Jalousie *f* 63
Jamaika *n* 314
Jamswurzel *f* 125
Januar *m* 306
Japan *n* 318
jäten 91
Jazz *m* 259
Jeans *f* 31
jede 320
Jemen *m* 318
jenseits 320
Jetskifahren *n* 241
jetzt 304, 320
joggen 251
Jogging *n* 251, 263
Jogurt *m* 137
Johannisbeere *f* 127, 127
Joker *m* 273
Jordanien *n* 318
Journalist *m* 191
Judo *n* 236
Jugendliche *f* 23
Jugendstil *m* 301
Juli *m* 306
jung 321
Junge *m* 23
Junge *n* 290
Juni *m* 306
Jupiter *m* 280
Juwelier *m* 188
Juwelierarbeit *f* 275
Juweliergeschäft *n* 114

K

Kabel *n* 79, 207
Kabelfernsehen *n* 269
Kabeljau *m* 120
Kabinda *n* 317
Kabine *f* 210, 214
Kabinenlift *m* 246
kacheln 82
Käfer *m* 295
Kaffee *m* 144, 148, 153, 156, 184
Kaffeelöffel *m* 153
Kaffeemaschine *f* 148, 150
Kaffeemilchshake *m* 149
Kaffeetasse *f* 65
kahl 39
Kai *m* 216
Kaiserschnitt *m* 52
Kajak *n* 241
Kakadu *m* 293
Kakaopulver *n* 148
Kaki *f* 128
Kaktus *m* 87
Kaktusfeige *f* 128
Kalb *n* 185
Kalbfleisch *n* 118
Kalender *m* 306
Kaliningrad *n* 316
Kalk *m* 85
Kalkstein *m* 288
kalt 286, 321
kaltgepresst 135
Kaltwasserhahn *m* 72
Kalzit *m* 289
Kalzium *n* 109
Kambodscha *n* 318
Kamera *f* 178, 260
Kamera für APS-Film *f* 270
Kamerakran *m* 178
Kameramann *m* 178
Kameratasche *f* 271
Kamerun *n* 317
Kamillentee *m* 149
Kamin *m* 63
Kamingitter *n* 63
Kaminsims *m* 63
Kamm *m* 38
kämmen 38
Kammer *f* 283
Kampf *m* 237
Kampfsport *m* 236
Kampfsportarten *f* 237
Kanada *n* 314
Kanal *m* 178, 269, 299
Kanalschacht *m* 299
Kanarienvogel *m* 292
Kandare *f* 242
kandiert 129
Känguru *n* 291
Kaninchen *n* 118, 290
Kante *f* 246

deutsch

Kanter *m* 243
Kanu *n* 214
Kanusport *m* 241
Kapern *f* 143
Kapitalanlage *f* 97
Kapitän *m* 214
Kapsel *f* 109
Kapstachelbeere *f* 128
Kapuze *f* 31
Kapuzenmuskel *m* 16
Karamell *m* 113
Karamellpudding *m* 141
Karate *n* 236
Kardamom *m* 132
Kardanwelle *f* 202
Kardiologie *f* 49
Karibisches Meer *n* 312
Karies *m* 50
Karneval *m* 27
Karo *n* 273
Karosserie *f* 202
Karotte *f* 124
Karte *f* 27, 223
Kartenreiter *m* 173
Kartenschlitz *m* 97
Kartenspiel *n* 273
Kartentelefon *n* 99
Kartoffel *f* 124, 124
Kartoffelchips *m* 151
Kartoffelstampfer *m* 68
Kasachstan *n* 318
Käse *m* 136, 156
Kasino *n* 261
Kaspisches Meer *n* 313
Kasse *f* 106, 106, 150, 255
Kasserolle *f* 69
Kassette *f* 269
Kassettenrekorder *m* 269
Kassierer *m* 96, 106
Katalog *m* 168
Katamaran *m* 215
Katar *n* 318
Kathedrale *f* 300
Katheter *m* 53
Kätzchen *n* 290
Katze *f* 290
Katzenauge *n* 204
Kaufhaus *n* 105
Kaugummi *m* 113
Kaulquappe *f* 294
Kaution *f* 181
Kegel *m* 164, 249
Kehldeckel *m* 19
Kehle *f* 19
Kehlkopf *m* 19
Kehrblech *n* 77
Keilriemen *m* 203
Keine Zufahrt 323
Keks *m* 113
Kekse *f* 141
Kelch *m* 297
Kelle *f* 187
Kellergeschoss *n* 58
Kellner *m* 148, 152
Kellnerin *f* 191
Kendo *n* 236
Kenia *n* 317
Kennmarke *f* 94
kentern 241
Kern *m* 122, 127, 128, 129, 130, 282
Kerngehäuse *n* 127
kernlos 127
Kerze *f* 63
Kescher *m* 244
Kessel *m* 61
Kesselpauke *f* 257
Ketschup *m* 135
Kette *f* 36
Kettenzahnrad *n* 207
Keule *f* 119, 228
Keyboard *n* 258
Kichererbsen *f* 131
Kickboxen *n* 236
kicken 221, 223
Kiefer *f* 296
Kieferknochen *m* 17
Kiel *m* 214
Kieme *f* 294
Kies *m* 88
Kilogramm *n* 310
Kilometer *m* 310
Kilometerzähler *m* 201
Kind *n* 23, 31
Kinder 23
Kinderabteilung *f* 104
Kinderbett *n* 74
Kinderheilkunde *f* 49
Kinderkleidung *f* 30
Kinderportion *f* 153
Kindersicherung *f* 75
Kindersitz *m* 198, 207
Kinderstation *f* 48
Kinderstuhl *m* 75
Kinderwagen *m* 75
Kinderzimmer *n* 74
Kinn *n* 14
Kino *n* 255, 299
Kinosaal *m* 255
Kipper *m* 187
Kirche *f* 299, 300
Kirgisistan *n* 318
Kirsche *f* 126
Kirschtomate *f* 124
Kissenbezug *m* 71
Kiwi *f* 128
Klammer *f* 166, 173
Klampe *f* 240
Klappe *f* 179
Klapptisch *m* 210
Klarinette *f* 257
Klasse *f* 163
Klassenzimmer *n* 162
klassische Musik *f* 255, 259
klassizistisch 301
Klatschmohn *m* 297
Klaue *f* 291
Klavier *n* 256
Klebepistole *f* 78
Klebstoff *m* 275
Klee *m* 297
Kleid *n* 31, 34
Kleiderbügel *m* 70
Kleiderschrank *m* 70
Kleidung *f* 205
Kleie *f* 130
klein 321
Kleinbus *m* 197
Kleinkind *n* 30
Kleinwagen *m* 199
Kleisterbürste *f* 82
Klementine *f* 126
Klemmbrett *n* 173
Klempner *m* 188
Klettergerüst *n* 263
Klettern *n* 248
Kletterpflanze *f* 87
Klient *m* 180
Klimaanlage *f* 200
Klinge *f* 89
Klingel *f* 197
Klinik *f* 48
Klippe *f* 285
Klitoris *f* 20
Klöppel *m* 277
Klubhaus *n* 232
Klubsandwich *n* 155
Knabbereien *f* 151
Knäckebrot *n* 139, 156
knackig 127
Knebelknopf *m* 31
kneten 138
Knie *n* 12
Kniebeuge *f* 251
knielang 34
Kniescheibe *f* 17
Knieschützer *m* 205, 227
Kniesehnenstrang *m* 16
Knoblauch *m* 125, 132
Knoblauchpresse *f* 68
Knöchel *m* 13, 15
knöchellang 34
Knochen *m* 17, 119
Knochenasche *f* 88
Knockout *m* 237
Knopf *m* 32
Knopfloch *n* 32
Knorpel *m* 17
Knospe *f* 111, 297
Koalabär *m* 291
Koch *m* 190
köcheln lassen 67
kochen 67, 130
Kochen *n* 67
Köcher *m* 249
Kochfeld *n* 67
Kochmütze *f* 190
Kochtopf *m* 69
Köder *m* 244
Köderhaken *m* 244
ködern 245
Kofferkuli *m* 100, 208, 213
Kofferraum *m* 198
Kohl *m* 123
Kohle *f* 288
Kohlensäure *f* 144
Kohlestift *m* 275
Kohlrabi *m* 123
Kohlrübe *f* 125
Koikarpfen *m* 294
Kokon *m* 295
Kokosnuss *f* 129
Kolben *m* 166
Kolibri *m* 292
Kollege *m* 24
Kolonie *f* 315
Kolumbien *n* 315
Kombination *f* 247
Kombinationszange *f* 80
Kombiwagen *m* 199
Kombüse *f* 214
Komet *m* 280
Kommandobrücke *f* 214
Kommandoturm *m* 215
Kommode *f* 70
Kommunikation *f* 98
Komödie *f* 255
Komoren 317
Kompass *m* 240, 312
Komposterde *f* 88
Komposthaufen *m* 85
Kondensmilch *f* 136
Konditor *m* 113
Konditorcreme *f* 140
Konditorei *f* 114
Kondom *n* 21
Konfirmation *f* 26
Konfitüre *f* 156
Konglomerat *n* 288
Kongo *m* 317
König *m* 272, 273
Konserve *f* 107
Konsultation *f* 45
Kontaktlinsen *f* 51
Kontaktlinsenbehälter *m* 51
Kontinent *m* 282, 315
Kontonummer *f* 96
Kontoüberziehung *f* 96
Kontrabass *m* 256
Kontrafagott *n* 257
Kontrollturm *m* 212
Konzert *n* 255, 258
Kopf *m* 12, 19, 112, 230
Kopfdünger *m* 90
köpfen 222
Kopfende *n* 70
Kopfhaut *f* 39
Kopfhörer *m* 268
Kopfkissen *n* 70
Kopfschmerz *m* 44
Kopfschutz *m* 74, 236
Kopfstütze *f* 200
Kopfverletzung *f* 46
kopieren 172
Kopilot *m* 211
Koppel *f* 243
Korallenriff *n* 285
Korb *m* 207, 226
Korbbrett *n* 226
Körbchen *n* 74
Korbring *m* 226
Koriander *m* 133
Korinthe *f* 129
Korken *m* 134
Korkenzieher *m* 150
Körner *n* 131
Körnerbrot *n* 139
Körper *m* 12, 164
Körperlotion *f* 73
Körperpuder *m* 73
Körpersysteme *n* 19
Körperverletzung *f* 94
Korrekturstift *m* 40
Korsett *n* 35
Korsika *n* 316
Kosovo *m* 316
Kotelett *n* 119
Krabbe *f* 121
Kraftstoffanzeige *f* 201
Kraftstofftank *m* 204
Krafttraining *n* 251
Kragen *m* 32
Krähe *f* 292
Krake *m* 121, 295
Kralle *f* 293
Krampf *m* 239
Krämpfe *m* 44
Kran *m* 187, 216
Kranich *m* 292
krank 321
Krankenhaus *n* 48
Krankenschwester *f* 45, 48, 52, 189
Krankenwagen *m* 94
Krankheit *f* 44
Kranz *m* 111
Krater *m* 283
kratzen 77
Kraulen *n* 239
Kraut *n* 86
Kräuter *n* 132, 133, 134
Kräutergarten *m* 84
Kräuterheilkunde *f* 55
Kräuterheilmittel *n* 108
Kräutermischung *f* 132
Kräutertee *m* 149
Krawatte *f* 32
Krawattennadel *f* 36
Krebs *m* 121, 295
Kreditkarte *f* 96
Kreide *f* 162, 288
Kreis *m* 164
Kreissäge *f* 78
Kreisverkehr *m* 195
Kreuz *n* 256, 273
Kreuzblume *f* 300
kreuzen 241
Kreuzkümmel *m* 132
Kreuzschlitzschraubenzieher *m* 80
Kreuzung *f* 298
Kricket *n* 225
Kricketball *m* 225
Kricketspieler *m* 225
Krickettor *n* 225
Kriechpflanze *f* 87
Kriegsschiff *n* 215
Kriminalbeamte *m* 94
Kristalltherapie *f* 55
Kroatien *n* 316

deutsch

Krokodil *n* 293
Krokodilklemme *f* 167
Krone *f* 50
Kröte *f* 294
Krug *m* 65, 151
Kruste *f* 139
Kuba *n* 314
Küche *f* 66, 152
Kuchenblech *n* 69
Küchenchef *m* 152
Kuchenform *f* 69
Küchengerät *n* 68
Küchengeräte *f* 66, 105
Küchenmaschine *f* 66
Küchenmesser *n* 68
Küchenregal *n* 66
Küchenschrank *m* 66
Kuchenteil *m* 141
Kugel *f* 149, 164
Kugelstoßen *n* 234
Kuh *f* 185
Kühler *m* 202
Kühlmittelbehälter *m* 202
Kühlschrank *m* 67
Kuhmilch *f* 136
Küken *n* 185
Kulisse *f* 254
Kultivator *m* 182
Kümmel *m* 131
Kumquat *f* 126
Kunde *m* 96, 104, 106, 152, 175
Kundendienst *m* 104
Kundendienstabteilung *f* 175
Kundin *f* 38
Kung-Fu *n* 236
Kunst *f* 162
Kunstfertigkeit *f* 275
Kunstgalerie *f* 261
Kunstgeschichte *f* 169
Kunsthandlung *f* 115
Kunsthandwerk *n* 274, 276
Kunsthochschule *f* 169
Künstlerin *f* 274
Kupfer *n* 289
Kuppel *f* 300
Kupplung *f* 200, 204
Kürbis *m* 125
Kürbiskern *m* 131
Kurierdienst *m* 99
kurz 32, 321
kurzgebraten 159
Kurzhaarschnitt *m* 39
Kurzsichtigkeit *f* 51
Kurzwaren *f* 105
Kurzwelle *f* 179
Kuscheltier *n* 75
Kuskus *m* 130
Küste *f* 285
Küstenwache *f* 217
Kuwait *n* 318

L

Labor *n* 166
Laborwaage *f* 166
Lächeln *n* 25
lachen 25
Lachs *m* 120
Lack *m* 79, 83
Lacrosse *n* 249
Lacrosseschläger *m* 249
Laden *m* 298
Lagerfeuer *n* 266
Laib *m* 139
Lake *f* 143
Laken *n* 74
Lakritze *f* 113
Laktose *f* 137
Lamm *n* 118, 185
Lampe *f* 62, 105
Land *n* 282, 315
Landebahn *f* 212
landen 211
Landkarte *f* 195
Landschaft *f* 284
Landungsbrücke *f* 214
Landungssteg *m* 217
Landwirt *m* 182, 189
lang 32
Länge *f* 165, 310
Längengrad *m* 283
Langkorn *n* 130
Langlauf *m* 247
langsam 321
Langsam fahren 323
Längsschnitt *m* 282
langweilig 321
Langwelle *f* 179
Laos *n* 318
Laptop *m* 175, 176
Lärche *f* 296
Lastwagen *m* 194
Lastwagenfahrer *m* 190
Laterne *f* 217
Latte *f* 235
Lätzchen *n* 30
Latzhose *f* 30
Laubbaum *m* 86
Laubrechen *m* 88
Laubsäge *f* 81
Lauch *m* 125
Lauf *m* 228
Laufband *n* 106, 250
Läufer *m* 272
Laufstall *m* 75
laut 321
Lautsprecher *m* 176, 209, 258
Lautsprecherbox *f* 268
Lautstärke *f* 179, 269
Lava *f* 283
Lawine *f* 247
Leadsänger *m* 258
Lebensgefahr *f* 322
Lebensmittel *n* 106
Lebensmittelabteilung *f* 105
Lebensmittelgeschäft *n* 114
Leber *f* 18, 118
Lederanzug *m* 205
Lederschuh *m* 37
Lederschuhe *m* 32
leer 321
Leerlauf *m* 203
Leerung *f* 98
legen 38
leger 34
Leggings *f* 31
Leguan *m* 293
Lehm *m* 85
Lehne *f* 64
Lehrer *m* 54
Lehrerin *f* 162, 190
leicht 321
Leichtathletik *f* 234
Leichtflugzeug *n* 211
Leinen *n* 277
Leinwand *f* 255, 274
leise 321
Leiste *f* 12
Leiter *f* 95, 186
Leitkegel *m* 187
Leitplanke *f* 195
Leitung *f* 60
Leitungswasser *n* 144
Lendenbereich *m* 13
Lendensteak *n* 119
Lendenwirbel *f* 17
Lenkrad *n* 201
Lenkstange *f* 207
lernen 163
Lernen *n* 161
Leselampe *f* 210
lesen 162
Leserausweis *m* 168
Lesesaal *m* 168
Lesotho *n* 317
Lettland *n* 316
letzte/r 320
Leuchtrakete *f* 240
Leuchtstreifen *m* 205
Leuchtturm *m* 217
Leukoplast *n* 47
Levkoje *f* 110
Lexikon *n* 163
Libanon *m* 318
Libelle *f* 295
Liberia *n* 317
Libyen *n* 317
Licht *n* 94
Lichtmaschine *f* 203
Lichtschalter *m* 201
Lid *n* 51
Lidschatten *m* 40
Liebesfilm *m* 255
Liechtenstein *n* 316
Lied *n* 259
Lieferung *f* 154
Liege *f* 48
Liegestuhl *m* 265
Liegestütz *m* 251
Liga *f* 223
Likör *m* 145
lila 274
Lilie *f* 110
Limonade *f* 144
Limone *f* 126
Limousine *f* 199
Linde *f* 296
Lineal *n* 163, 165
Linie *f* 165
Liniennummer *f* 196
Linienrichter *m* 220, 223, 230
Liniensystem *n* 256
links 260
Linkssteuerung *f* 201
Linse *f* 51, 270
Linsen *f* 131
Lipgloss *n* 40
Lippe *f* 14
Lippenkonturenstift *m* 40
Lippenpinsel *m* 40
Lippenstift *m* 40
Litauen *n* 316
Liter *m* 311
Literatur *f* 162
Literaturliste *f* 168
Literaturwissenschaft *f* 169
Litschi *f* 128
live 178
Lob *m* 231
Loch *n* 232
Locher *m* 173
Lockenstab *m* 38
Lockenwickler *m* 38
lockig 39
Löffel *m* 65
Löffelbiskuit *m* 141
Loganbeere *f* 127
Loge *f* 254
Logo *n* 31
Lohnliste *f* 175
Lokomotive *f* 208
Lorbeerblatt *n* 133
Löschfahrzeug *n* 95
loslassen 245
löslich 109
Lösungsmittel *n* 83
löten 79
Lötkolben *m* 81
Lottoschein *m* 112
Lötzinn *m* 79, 81
Löwe *m* 291
Löwenzahn *m* 123, 297
Luffaschwamm *m* 73
Luftdüse *f* 210
Luftfilter *m* 202, 204
Luftkissenboot *n* 215
Luftmanschette *f* 45
Luftmatratze *f* 267
Luftpost *f* 98
Luftpumpe *f* 207
Luftröhre *f* 18
Lunge *f* 18
Lungenautomat *m* 239
Lupine *f* 297
Lutscher *m* 113
Luxemburg *n* 316
Luzerne *f* 184
lymphatisches System *n* 19

M

Macadamianuss *f* 129
Madagaskar *n* 317
Mädchen *n* 23
Magen *m* 18
Magenschmerzen *m* 44
mager 119
Magermilch *f* 136
Magister *m* 169
Magma *n* 283
Magnesium *n* 109
Magnet *m* 167
Mähdrescher *m* 182
mähen 90
Mahlzeit *f* 64
Mähne *f* 242, 291
Mai *m* 306
Mais *m* 122, 130, 184
Maisbrot *n* 139
Maiskeimöl *n* 135
Majonäse *f* 135
Majoran *m* 133
Make-up *n* 40
Makramee *n* 277
Makrele *f* 120
mal 165
Malachit *m* 289
Malawi *n* 317
Malaysia *n* 319
Malediven 318
Malerei *f* 274
Malerin *f* 191
Mali *n* 317
Malspieler *m* 228
Malta *n* 316
Malzessig *m* 135
Malzgetränk *n* 144
Manager *m* 174
Manchego *m* 142
Mandarine *f* 126
Mandel *f* 129, 151
Mandelöl *n* 134
Mango *f* 128
Mangold *m* 123
Mangostane *f* 128
Maniküre *f* 41
Maniok *m* 124
Mann *m* 12, 13, 23
männlich 21
Mannschaft *f* 220
Manschette *f* 32
Manschettenknopf *m* 36
Mantel *m* 32, 282
Maracas *f* 257
Marathon *m* 234
Margarine *f* 137
Margerite *f* 110
Marienkäfer *m* 295
mariniert 143, 159
Marketingabteilung *f* 175
Markise *f* 148
Markt *m* 115
Marmor *m* 288
Marokko *n* 317
Mars *m* 280
Marshmallow *n* 113
Martini *m* 151

deutsch

März *m* 306
Marzipan *n* 141
Maschine *f* 187
Maschinenbau *m* 169
Maschinengewehr *n* 189
Maschinenraum *m* 214
Masern 44
Maske *f* 236, 249
Maß *n* 150, 151, 165
Massage *f* 54
Maße *n* 310
Mast *m* 240
Mastdarm *m* 21
Match *n* 230
Material *n* 187
Materialien *n* 79
Mathematik *f* 162, 164
Matratze *f* 70, 74
matt 83, 271
Matte *f* 54, 235
Mauer *f* 58, 186, 222
Mauerturm *m* 300
Mauerwerkbohrer *m* 80
Maurer *m* 188
Mauretanien *n* 317
Mauritius *n* 317
Maus *f* 176, 290
Mautstelle *f* 194
Mazedonien *n* 316
MDF-Platte *f* 79
Mechanik *f* 202
Mechaniker *m* 188, 203
Medaille *f* 235
Medien *n* 178
Medikament *n* 109
Meditation *f* 54
Medizin *f* 169
Meer *n* 264, 282
Meerbarbe *f* 120
Meeresfrüchte *f* 121
Mehl *n* 138, 139
mehrjährig 86
Mehrkornbrot *n* 139
Meile *f* 310
Meisterschaft *f* 230
melken 183
Melodie *f* 259
Melone *f* 127
Mensa *f* 168
Mensch *m* 11
Menstruation *f* 20
Menüleiste *f* 177
Merkur *m* 280
Merlan *m* 120
Mesosphäre *f* 286
Messbecher *m* 69, 150, 311
messen 310
Messer *n* 65, 66, 80
Messerschärfer *m* 68, 118
Messleiste *f* 45
Messlöffel *m* 109
Metall *n* 79
Metallbohrer *m* 80
Metalle *n* 289
Metallsäge *f* 81
metamorph 288
Meteor *m* 280
Meter *m* 310
Metermaß *n* 80
Metzger *m* 118
Metzgerei *f* 114
Mexiko *n* 314
Mieder *n* 35
Miesmuschel *f* 121
Miete *f* 58
mieten 58
Mieter *m* 58
Migräne *f* 44
Mikrofon *n* 179, 258
Mikrofongalgen *m* 179
Mikroskop *n* 167
Mikrowelle *f* 66
Milch *f* 136, 149, 156
Milchkaffee *m* 148
Milchprodukt *n* 107
Milchprodukte *n* 136
Milchproduktion *f* 183
Milchpulver *n* 137
Milchpumpe *f* 53
Milchreis *m* 130, 140
Milchschokolade *f* 113
Milchshake *m* 137, 149
Milchtüte *f* 136
Milliarde *f* 309
Milligramm *n* 310
Milliliter *m* 311
Millimeter *m* 310
Million *f* 309
Milz *f* 18
Mineralien *n* 289
Mineralwasser *n* 144
Minibar *f* 101
Minidiskrekorder *m* 268
minus 165
Minuspol *m* 167
Minute *f* 304
Minutenzeiger *m* 304
Minze *f* 133
mischen 273
Mischpult *n* 179
Mistgabel *f* 88
mit 320
mitnehmen 154
Mittag *m* 305
Mittagessen *n* 64
Mittagsmenü *n* 152
Mittelamerika *n* 314
Mittelfeld *n* 228
Mittelfinger *m* 15
Mittelfußknochen *m* 17
Mittelhandknochen *m* 17
mittelhart 136
Mittelkreis *m* 222, 224, 226
Mittellinie *f* 226
Mittelmeer *n* 313
Mittelpunkt *m* 164
Mittelstreifen *m* 194
Mittelstürmer *m* 222
Mittelwelle *f* 179
Mitternacht *f* 305
Mittwoch *m* 306
Mixer *m* 66
Mixerschüssel *f* 66
Möbel *f* 105
Möbelgeschäft *n* 115
Mobile *n* 74
Mode *f* 277
Modedesigner *m* 277
Modell *n* 169, 190
Modellbau *m* 275
Modellierholz *n* 275
Modem *n* 176
Moderator *m* 178
Moldawien *n* 316
Monaco *n* 316
Monat *m* 306
monatlich 307
Monatshygiene *f* 108
Mond *m* 280
Mondbohnen *f* 131
Mondfähre *f* 281
Mondsichel *f* 280
Mondstein *m* 288
Mongolei *f* 318
Monopoly *n* 272
Monsun *m* 287
Montag *m* 306
Montenegro *n* 316
Monument *n* 261
Mopp *m* 77
morgen 306, 320
Morgen *m* 305
Morgendämmerung *f* 305
Morgenrock *m* 31
Mörser *m* 68, 167
Mörtel *m* 187
Mosambik *n* 317
Moschee *f* 300
Moskitonetz *n* 267
Motocross *n* 249
Motor *m* 88, 202, 204
Motorbootsport *m* 241
Motorhaube *f* 198
Motorrad *n* 204
Motorradhelm *m* 204
Motorradrennen *n* 249
Motorradständer *m* 205
Mountainbike *n* 206
Mousse *f* 141
Möwe *f* 292
Mozzarella *m* 142
MP3-Spieler *m* 268
Muffin *m* 140
Muffinform *f* 69
mulchen 91
Mülleimer *m* 67, 266
Müllschlucker *m* 61
multiplizieren 165
Multivitaminmittel *n* 109
Mumps *m* 44
Mund *m* 14
Mundschutz *m* 189, 237
Mundstück *n* 112
Mundwasser *n* 72
Mungbohnen *f* 131
Münze *f* 97
Münzfernsprecher *m* 99
Münzrückgabe *f* 99
Muschel *f* 265, 295
Museum *n* 261
Musical *n* 255
Musik *f* 162, 255
Musiker *m* 191
Musikgeschäft *n* 115
Musikhochschule *f* 169
Musikinstrumente *n* 256
Musikstile *m* 259
Muskatblüte *f* 132
Muskatnuss *f* 132
Muskel *m* 16
Mutter *f* 22, 80
Muttermal *n* 14
Mütze *f* 36
Myanmar *n* 318

N

Naanbrot *n* 139
Nabe *f* 206
Nabel *m* 12
Nabelschnur *f* 52
nach 320
Nachbar *m* 24
Nachmittag *m* 305
Nachrichten *f* 100, 178
Nachrichtensprecher *m* 191
Nachrichtensprecherin *f* 179
nachschneiden 39
Nacht *f* 305
Nachtfalter *m* 295
Nachthemd *n* 31, 35
Nachtisch *m* 153
Nachttisch *m* 70
Nachttischlampe *f* 70
Nachtwäsche *f* 31
Nacken *m* 13
Nacktschnecke *f* 295
Nadel *f* 109, 276
Nadelbaum *m* 86
Nadelkissen *n* 276
Nagel *m* 80
Nagelfeile *f* 41
Nagelhaut *f* 15
Nagelknipser *m* 41
Nagelkopf *m* 80
Nagellack *m* 41
Nagellackentferner *m* 41
Nagelschere *f* 41
nahe 320
nähen 277
Nähfuß *m* 276
Nähkorb *m* 276
Nähmaschine *f* 276
Nahrungsergänzungsmittel *n* 55
Nahrungsmittel *n* 117, 134
Naht *f* 34, 52
Namensbändchen *n* 53
Namibia *n* 317
Nascherei *f* 113
Nase *f* 14
Nasenbluten *n* 44
Nasenklemme *f* 238
Nasenloch *n* 14
Nasenriemen *m* 242
Nashorn *n* 291
nass 286, 321
Nation *f* 315
Nationalpark *m* 261
Naturfaser *f* 31
Naturheilkunde *f* 55
Naturreis *m* 130
Naturwissenschaft *f* 162, 166
navigieren 240
Nebelfleck *m* 280
neben 320
Nebengebäude *n* 182
Nebenhöhle *f* 19
Nebenwirkungen *f* 109
Neffe *m* 23
Negativ *n* 271
Negligé *n* 35
nein 322
Nektarine *f* 126
Nelke *f* 110
Nenner *m* 165
Nennwert *m* 97
Nepal *n* 318
Neptun *m* 280
Nerv *m* 19, 50
Nervensystem *n* 19
nervös 25
Nessel *f* 297
Netz *n* 217, 226, 227, 231, 245
Netzhaut *f* 51
Netzwerk *n* 176
neu 124, 321
Neubelag *m* 187
Neugeborene *n* 53
Neujahr *n* 27
Neumond *m* 280
neun 308
neunter 309
neunzehn 308
neunzehnter 309
neunzig 308
Neurologie *f* 49
Neuseeland *n* 319
neutral 60, 224
Nicaragua *n* 314
nicht 322
Nichte *f* 23
Nichtraucherbereich *m* 152
Nickel *n* 289
nie 320
Niederlande 316
niedrig 321
Niere *f* 18, 119
Niesen *n* 44
Niger *m* 317
Nigeria *n* 317
Nilpferd *n* 291
Nockenriemen *m* 203
Nordamerika *n* 314
Norden *m* 312
Nordkorea *n* 318

deutsch

nördlich 283
Nordpol *m* 283
Nordpolarmeer *n* 312
Nordsee *f* 312
normal 39
Norwegen *n* 316
Notation *f* 256
Notaufnahme *f* 48
Notausgang *m* 210, 322
Notbremse *f* 209
Notdienst *m* 94
Note *f* 163, 255, 256
Notfall *m* 46
Notiz *f* 163, 175, 191
Notizblock *m* 173
Notizbuch *n* 172
Notrufsäule *f* 195
November *m* 306
Nudelholz *n* 69
Nudeln *f* 158
Nugat *m* 113
null 230, 308
Nummernschild *n* 198
Nüsse *f* 129, 151
Nylon *n* 277

O

oben 98
Oberarmknochen *m* 17
Oberdeck *n* 260
Oberfräse *f* 78
Oberschenkel *m* 12
Oberschenkelknochen *m* 17
Oberschenkelmuskel *m* 16
Objektivlinse *f* 167
Objektträger *m* 167
Oboe *f* 257
Obsidian *m* 288
Obst *n* 107, 126, 128, 157
Obstanbau *m* 183
Obstkorb *m* 126
Obstkuchenform *f* 69
Obstsaft *m* 156
Obsttortelett *n* 140
Obus *m* 196
offen 321
Öffnungszeiten *f* 322
oft 320
ohne 320
Ohnmacht *f* 25, 44
Ohr *n* 14
Öhr *n* 244
Ohrring *m* 36
okay 322
Okra *f* 122
Oktober *m* 306
Okular *n* 167, 269
Öl *n* 134, 142, 143, 199
Oldtimer *m* 199
Ölfarbe *f* 274
Olive *f* 143, 151
Olivenöl *n* 134
Ölmessstab *m* 202
Ölsumpf *m* 204
Öltanker *m* 215
Oman *m* 318
Omelett *n* 158
Onkel *m* 22
Onkologie *f* 49
online 177
Onyx *m* 289
Opal *m* 288
Oper *f* 255
Operation *f* 48
Operationssaal *m* 48
Optiker *m* 189
orange 274
Orange *f* 126
Orangenlimonade *f* 144
Orangenmarmelade *f* 134, 156
Orangensaft *m* 149, 151
Orchester *n* 254, 256
Orchestergraben *m* 254
Orchidee *f* 111
Ordner *m* 172, 177
Oregano *m* 133
Organ *n* 18
Origami *n* 275
ornamental 87
Orthopädie *f* 49
Öse *f* 37, 276
Osten *m* 312
Osteopathie *f* 54
Osterglocke *f* 111
Ostern *n* 27
Österreich *n* 316
Ostsee *f* 313
Otter *m* 290
Ouvertüre *f* 256
Overall *m* 83
Overheadprojektor *m* 163
Ozean *m* 282
Ozeandampfer *m* 214
Ozeanien *n* 319
Ozonschicht *f* 286

P

Paar *n* 24
Päckchen *n* 112, 311
Paddel *n* 241
Page *m* 100
Pagenkopf *m* 39
Pak-Choi *m* 123
Paket *n* 99
Pakistan *n* 318
Palette *f* 186, 274
Palme *f* 86, 296
Palmherz *n* 122
Palmtop *m* 175
Panama *n* 314
Pandabär *m* 291
Paniermehl *n* 139
Panne *f* 203
Panzer *m* 293
Papagei *m* 293
Papaya *f* 128
Papierbehälter *m* 172
Papierführung *f* 172
Papierklammer *f* 173
Papierkorb *m* 172, 177
Papierserviette *f* 154
Papiertaschentuch *n* 108
Papiertaschentuch-schachtel *f* 70
Pappe *f* 275
Pappel *f* 296
Pappmaschee *n* 275
Paprika *f* 124
Paprika *m* 132
Papua-Neuguinea *n* 319
Par *n* 233
Paraguay *n* 315
parallel 165
Parallelogramm *n* 164
Paranuss *f* 129
Parfum *n* 41
Parfümerie *f* 105
Park *m* 261, 262
parken 195
Parkett *n* 254
Parkplatz *m* 298
Parkuhr *f* 195
Parkverbot *n* 323
Parmesan *m* 142
Partner *m* 23
Partnerin *f* 23
Pass *m* 213, 223, 226
Passagier *m* 216
Passagierhafen *m* 216
Passah *n* 27
passen 220, 221
Passionsfrucht *f* 128
Passkontrolle *f* 212, 213
Pastellstift *m* 274
Pastete *f* 142, 143, 156, 158
pasteurisiert 137
Pastinake *f* 125
Patchwork *n* 277
Pathologie *f* 49
Patient *m* 48
Patientenkurve *f* 48
Patientenstuhl *m* 50
Patientenzimmer *n* 48
Patientin *f* 45
Patiogarten *m* 84
Pause *f* 254, 269
Pausenzeichen *n* 256
Pay-Kanal *m* 269
Pazifischer Ozean *m* 312
Pecannuss *f* 129
Pedal *n* 206
Pediküre *f* 41
Peeling *n* 41
Pelikan *m* 292
Pendler *m* 208
Penis *m* 21
Peperoni *f* 124, 143
Peperoniwurst *f* 142
Pergola *f* 84
Periduralanästhesie *f* 52
Periodikum *n* 168
Perlenkette *f* 36
Personal *n* 175
Personalabteilung *f* 175
Personenwaage *f* 45
Peru *n* 315
Perücke *f* 39
Pessar *n* 21
Pestizid *n* 89, 183
Petersilie *f* 133
Petrischale *f* 166
Pfannengericht *n* 158
Pfannenwender *m* 68
Pfannkuchen *m* 157
Pfau *m* 293
Pfeffer *m* 64, 152
Pfefferkorn *n* 132
Pfefferminz *n* 113
Pfefferminztee *m* 149
Pfeife *f* 112
Pfeil *m* 249
Pferch *m* 185
Pferd *n* 185, 235, 242
Pferderennen *n* 243
Pferdeschwanz *m* 39
Pferdestall *m* 243
Pfingstrose *f* 111
Pfirsich *m* 126, 128
pflanzen 183
Pflanzen *f* 296
Pflanzenarten *f* 86
Pflanzenöl *n* 135
Pflanzenschildchen *n* 89
Pflanzschaufel *f* 89
Pflaster *n* 47
Pflaume *f* 126
pflücken 91
pflügen 183
pfropfen 91
Pfund *n* 310
Phantombild *n* 181
Philippinen 319
Philosophie *f* 169
Physik *f* 162, 169
Physiotherapie *f* 49
Picknick *n* 263
Picknickbank *f* 266
Picknickkorb *m* 263
Pier *m* 217
Pik *n* 273
Pikkoloflöte *f* 257
Pilates *n* 251
Pilates-Übung *f* 251
Pille *f* 21
Pilot *m* 190, 211
Pilz *m* 125
Piment *m* 132
Pinguin *m* 292
Piniennuss *f* 129
PIN-Kode *m* 96
Pinne *f* 240
Pinnwand *f* 173
Pinsel *m* 274
Pint *n* 311
Pintobohnen *f* 131
Pinzette *f* 40, 47, 167
Pipette *f* 167
Pistazie *f* 129
Piste *f* 247
Pistole *f* 94
Pitabrot *n* 139
Pitcher *m* 229
Pizza *f* 154, 155
Pizzabelag *m* 155
Pizzeria *f* 154
Plädoyer *n* 180
Plakat *n* 255
Plakatfarbe *f* 274
Planet *m* 280, 282
Planschbecken *n* 263
Plastiktüte *f* 122
plastische Chirurgie *f* 49
Plateau *n* 284
Plateauschuh *m* 37
Platin *n* 289
Platte *f* 85, 283
Plattenspieler *m* 268
Platz *m* 299
Platzanweiser *m* 255
Platzverweis *m* 223
Plazenta *f* 52
plus 165
Pluspol *m* 167
Pluto *m* 280
pochieren 67
pochiert 159
Podium *n* 256
Poker *n* 273
Pol *m* 60, 282
Polarkreis *m* 283
Polarlicht *n* 286
Polen *n* 316
polieren 77
Politologie *f* 169
Politur *f* 77
Polizei *f* 94
Polizeiauto *n* 94
Polizeiwache *f* 94
Polizist *m* 94, 189
Poller *m* 214, 298
Polo *n* 243
Polster *n* 224
Polyester *n* 277
Pommes frites 154
Poolbillard *n* 249
Popcorn *n* 255
Popmusik *f* 259
Pore *f* 15
Port *m* 176
Portefeuille *n* 97
Portion *f* 64
Portionierer *m* 68
Portmonee *n* 37
Portokosten 98
Portugal *n* 316
Portwein *m* 145
Porzellan *n* 105
Posaune *f* 257
Pose *f* 244
Post *f* 98
Postanweisung *f* 98
Postbeamte *m* 98
Posteingang *m* 177
postgraduiert 169
Postkarte *f* 112
Postleitzahl *f* 98
Postsack *m* 98
Poststempel *m* 98
Posttasche *f* 190

deutsch

Potpourri *n* 111
Praline *f* 113
Präsentation *f* 174
Preis *m* 152
Preiselbeere *f* 127
Preisliste *f* 154
Premiere *f* 254
Presse *f* 178
Pressluftbohrer *m* 187
Privatbadezimmer *n* 100
Privatjet *m* 211
Privatzimmer *n* 48
Problem *n* 271
Profilsäge *f* 81
Programm *n* 176, 254, 269
Programmgestaltung *f* 178
Projektor *m* 174
Promenade *f* 265
Promotion *f* 169
Propeller *m* 211
Prosciutto *m* 143
Prospekt *m* 254
Prostata *f* 21
Protokoll *n* 174
Protokollführer *m* 180
Provinz *f* 315
Provision *f* 97
Prozentsatz *m* 165
Prozessor *m* 176
Prüfung *f* 163
Psychiatrie *f* 49
Psychotherapie *f* 55
Publikum *n* 254
Puck *m* 224
Puder *m* 109
Puderdose *f* 40
Puderpinsel *m* 40
Puderquaste *f* 40
Puderrouge *n* 40
Puerto Rico *n* 314
Pullover *m* 33
Puls *m* 47
Pult *n* 162
Pumps *m* 37
Punk *m* 259
Punkt *m* 273
pünktlich 305
Pupille *f* 51
Puppe *f* 75
Puppenhaus *n* 75
püriert 159
Pute *f* 119
Putter *m* 233
putzen 77
Puzzle *n* 273
Pyramide *f* 164

Q

Quadrat *n* 164
Quadratfuß *m* 310
Quadratmeter *m* 310
Qualle *f* 295
Quart *n* 311
Quarz *m* 289
Quecksilber *n* 289
quer 271
Querflöte *f* 257
Querlatte *f* 222
Querruder *n* 210
Quiche *f* 142
Quitte *f* 128
Quittung *f* 152

R

Rachen *m* 19
Racquetball *n* 231
Rad *n* 198, 207
Radar *m* 214, 281
radfahren 207
Radfahren *n* 263
Radicchio *m* 123
Radiergummi *m* 163
Radieschen *n* 124
Radio einstellen *n* 269
Radio *n* 179, 268
Radiologie *f* 49
Radiowecker *m* 70
Radius *m* 164
Radkappe *f* 202
Radmutter *f* 203
Radschlüssel *m* 203
Rafting *n* 241
Rahmen *m* 206
Rahmkäse *m* 136
Rakete *f* 211
Rallyefahren *n* 249
RAM *n* 176
Ramadan *m* 27
Rang *m* 254
Rap *m* 259
Raps *m* 184
Rapsöl *n* 135
Rasen *m* 85, 90
Rasenmäher *m* 88, 90
Rasensprenger *m* 89
Rasentrimmer *m* 88
Rasieren *n* 73
Rasierklinge *f* 73
Rasierschaum *m* 73
Rasierwasser *n* 73
Rassel *f* 74
Rathaus *n* 299
Ratte *f* 290
Rattenschwänze *m* 39
Rauch *m* 95
Rauchen *n* 112
Rauchen verboten 322
Raucherbereich *m* 152
Räucherfisch *m* 143
Räucherhering *m* 157
Rauchmelder *m* 95
Raumanzug *m* 281
Raumfähre *f* 281
Raumforschung *f* 281
Raumstation *f* 281
Raupe *f* 295
Raureif *m* 287
Reagenzglas *n* 166
Rebound *m* 226
Rechnung *f* 152
Recht *n* 180
rechte Feld *n* 229
Rechteck *n* 164
rechts 260
rechts fahren 323
Rechtsabteilung *f* 175
Rechtsanwalt *m* 180, 190
Rechtsberatung *f* 180
Rechtssteuerung *f* 201
Rechtswissenschaft *f* 169
Reck *n* 235
Recyclingbehälter *m* 61
Redakteurin *f* 191
Redewendung *f* 322
reduziert 322
Reflexzonenmassage *f* 54
Reformhaus *n* 115
Regal *n* 268
Regen *m* 287
Regenbogen *m* 287
Regenbogenforelle *f* 120
Regenhaut *f* 245, 267
Regenmantel *m* 31, 32
Regenschirm *m* 36
Regenwald *m* 285
Reggae *m* 259
Region *f* 315
Regisseur *m* 254
Reibahle *f* 80
Reibe *f* 68
reiben 67
reif 129
Reifen *m* 198, 205, 206
Reifendruck *m* 203
Reifenpanne *f* 203, 207
Reifenprofil *n* 207
Reifenschlüssel *m* 207
Reihe *f* 210, 254
Reihenhaus *n* 58
Reiki *n* 55
Reiniger *m* 41
Reinigung *f* 115
Reinigungsartikel *f* 77
Reinigungsmittel *n* 51, 77
Reinigungstuch *n* 108
Reis *m* 130, 158, 184
Reisebüro *n* 114
Reisebürokauffrau *f* 190
Reisebus *m* 196
Reiseführer *m* 260
Reisekrankheitstabletten *f* 109
Reisescheck *m* 97
Reisetasche *f* 37
Reiseziel *n* 213
Reismelde *f* 130
Reißverschluss *m* 277
Reißzwecke *f* 173
Reiten *n* 263
Reiter *m* 242
Reitgerte *f* 242
Reithelm *m* 242
Reithose *f* 242
Reitsport *m* 242
Reitstiefel *m* 242
Reitweg *m* 263
Rekord *m* 234
Relieftapete *f* 83
Renaissance *f* 301
Rennbahn *f* 234
Rennboot *n* 214
Rennbügel *m* 207
rennen 229
Rennen *n* 234
Rennfahrer *m* 249
Rennmaschine *f* 205
Rennpferd *n* 243
Rennrad *n* 206
Rennrodeln *n* 247
Rennsport *m* 249
renovieren 82
Reparaturkasten *m* 207
Reporterin *f* 179
Reptilien *n* 293
Restaurant *n* 101, 152
Rettich *m* 125
Rettungsboot *n* 214, 240
Rettungsring *m* 240
Rettungssanitäter *m* 94
Rettungsturm *m* 265
Return *m* 231
Revers *n* 32
Rezept *n* 45
R-Gespräch *n* 99
Rhabarber *m* 127
Rhombus *m* 164
Richter *m* 180
richtig 321
Richtungsangabe *f* 260
Riemen *m* 207
Riesenslalom *m* 247
Rinde *f* 136, 142, 296
Rindfleisch *n* 118
Ring *m* 36, 235
Ringbefestigungen *f* 89
Ringen *n* 236
Ringfinger *m* 15
Ringordner *m* 173
Rinnstein *m* 299
Rippchen *n* 155
Rippe *f* 17
Rippenstück *n* 119
Robbe *f* 290
Robe *f* 169
Rochen *m* 120, 294
Rochenflügel *m* 120
Rock *m* 30, 34
Rockbund *m* 35
Rockkonzert *n* 258
Rocky Mountains 312
Rodeo *n* 243
Roggenbrot *n* 138
Roggenmehl *n* 138
roh 124, 129
Rohr *n* 202
Rohrabschneider *m* 81
Rohrzange *f* 81
Rokoko *n* 301
Rolle *f* 244, 245, 311
Rollenheft *n* 254
Roller *m* 83, 205
Rollo *n* 63
Rollschuh *m* 249
Rollschuhfahren *n* 249
Rollstuhl *m* 48
Rollstuhlzugang *m* 197
Rolltreppe *f* 104
Röntgenaufnahme *f* 48, 50
Röntgenbild *n* 50
Röntgenschirm *m* 45
rosa 274
Röschen *n* 122
rosé 145
Rose *f* 110
Rosenkohl *m* 123
Rosine *f* 129
Rosinenbrot *n* 139
Rosmarin *m* 133
Rost *m* 67
rostfreie Stahl *m* 79
rot 39, 271, 274
rotbraun 39
Rote Bete *f* 125
rote Karte *f* 223
Rotes Meer *n* 313
Rotorblatt *n* 211
Rotzunge *f* 120
Rough *n* 232
Route *f* 260
Ruanda *n* 317
Rübe *f* 124
Rubin *m* 288
Rücken *m* 13
Rückenbürste *f* 73
Rückenflosse *f* 294
rückenfrei 35
Rückenlehne *f* 210
Rückenmuskel *m* 16
Rückenschwimmen *n* 239
Rückgabedatum *n* 168
Rückhand *f* 231
Rücklauf *m* 269
Rücklicht *n* 204, 207
Rucksack *m* 31, 37, 267
Rücksitz *m* 200
Rückspiegel *m* 198
Rückstrahler *m* 207
rückwärts 195
Rucola *m* 123
Ruder *n* 241
Ruderboot *n* 214
Ruderer *m* 241
Rudermaschine *f* 250
rudern 241
Rufknopf *m* 48
Rugby *n* 221
Rugbyball *m* 221
Rugbyspieler *m* 221
Rugbytrikot *n* 221
Ruhestand *m* 26
Rührei *n* 157
rühren 67
Rührschüssel *f* 69
Ruine *f* 261
Rum *m* 145, 151
Rumänien *n* 316
Rumpf *m* 210, 214, 240

deutsch

Rumpfheben *n* 251
Rumpsteak *n* 119
runde Ausschnitt *m* 33
Runde *f* 237
Rundfunkstation *f* 179
Rundkorn *n* 130
Rüssel *m* 291
Russische Föderation *f* 318
Rutsche *f* 263
rutschen 229

S
Säbel *m* 236
Sackgasse *f* 323
säen 90, 183
Safaripark *m* 262
Safran *m* 132
Saft *m* 109, 127, 149, 159
saftig 127
Sägeblatt *n* 78
sägen 79
Sahara *f* 313
Sahne *f* 137, 140, 157
Sahnetorte *f* 141
Saint Kitts und Nevis *n* 314
Saint Lucia *n* 314
Saint Vincent und die Grenadinen *n* 314
saisonal 129
Saite *f* 230, 258
Saiteninstrumente *n* 256
Salamander *m* 294
Salami *f* 142
Salat *m* 123, 149, 158
Salatsoße *f* 158
Salbe *f* 47, 109
Salbei *m* 133
Salomonen 319
Salto *m* 235
Salz *n* 64, 152
salzig 155
Sambia *n* 317
Samen *m* 122, 130
Samen *m* 88
Samenausführungsgang *m* 21
Samenbläschen *n* 21
Samenleiter *m* 21
Sämling *m* 91
Samstag *m* 306
San Marino *n* 316
Sand *m* 85, 264
Sandale *f* 31, 37
Sandburg *f* 265
Sandkasten *m* 263
Sandsack *m* 237
Sandstein *m* 288
Sandwich *n* 149, 155
Sandwichtheke *f* 143
Sängerin *f* 191
Sanitärtechnik *f* 61
São Tomé und Príncipe *n* 317
Saphir *m* 288
Sardine *f* 120
Sardinien *n* 316
Satellit *m* 281
Satellitenschüssel *f* 269
Satsuma *f* 126
satt 64
Sattel *m* 206, 242
Sattelgurt *m* 242
Sattelstütze *f* 206
Saturn *m* 280
Satz *m* 230
sauber 76, 321
Saubohnen *f* 131
Saudi-Arabien *n* 318
sauer 127, 137
Sauerteigbrot *n* 139
Sauger *m* 75
Säugetiere *n* 290
Saugglocke *f* 53, 81
Säuglingspflege *f* 74
Saugschlauch *m* 77
Säule *f* 301
Saum *m* 34
Sauna *f* 250
Saxofon *n* 257
Scanner *m* 106, 176
Schabe *f* 295
Schablone *f* 83
Schach *n* 272
Schachbrett *n* 272
Schädel *m* 17
Schaf *n* 185
Schaffarm *f* 183
Schaffner *m* 209
Schafmilch *f* 137
Schal *m* 31
Schale *f* 126, 127, 128, 129
schälen 67
Schäler *m* 68
Schalotte *f* 125
schalten 207
Schalter *m* 60, 96, 98, 100
Schalthebel *m* 201, 207
Schamlippen *f* 20
scharf 124
Schaschlik *n* 158
Schattenpflanze *f* 87
Schauer *m* 286
Schaufel *f* 187, 265
Schaukel *f* 263
Schaum *m* 148
Schaumbad *n* 73
Schaumlöffel *m* 68
Schauspieler *m* 179, 191, 254
Schauspielerin *f* 254
Scheck *m* 96
Scheckheft *n* 96
Scheibe *f* 119, 121, 139
Scheibenbrot *n* 138
Scheibenputzmittelbehälter *m* 202
Scheibenschießen *n* 249
Scheibenwaschanlage *f* 199
Scheibenwischer *m* 198
Scheide *f* 20
Scheidenmuschel *f* 121
Scheidung *f* 26
Schein *m* 97
Scheinwerfer *m* 198, 205, 259
Schellfisch *m* 120
Schenkel *m* 119
Schere *f* 38, 47, 88, 188, 276
Scheune *f* 182
Schiebedach *n* 202
Schiedsrichter *m* 222, 225, 226, 227, 229, 230
Schiefer *m* 288
Schienbein *n* 12, 17
Schienbeinschutz *m* 225
Schiene *f* 47, 208, 209
schießen 223
Schiff *n* 214, 215
Schiffsschraube *f* 214
Schild *n* 104, 172
Schilddrüse *f* 18
Schildkröte *f* 293
Schinken *m* 119, 143, 156
Schirm *m* 233
Schlafabteil *n* 209
Schlafanzug *m* 30, 33
Schläfe *f* 14
schlafen 74
Schlaflosigkeit *f* 71
Schlafmatte *f* 267
Schlafsack *m* 267
Schlaftablette *f* 109
Schlafzimmer *n* 70
Schlag (elektrisch) *m* 46
Schlag *m* 228, 233
Schlaganfall *m* 44
Schläge *f* 231
schlagen 67, 224, 225, 229
Schläger *m* 224
Schlägerspiele *n* 231
Schlagfehler *m* 228
Schlagholz *n* 225
Schlaginstrumente *n* 257
Schlagmal *n* 228
Schlagmann *m* 225, 228
Schlagsahne *f* 137
Schlagzeug *n* 258
Schlagzeuger *m* 258
Schlange *f* 293
Schlauch *m* 95, 207
Schlauchboot *n* 215
Schlauchwagen *m* 89
schlecht 321
schlechter 321
Schlegel *m* 275
Schleier *m* 35
Schleierkraut *n* 110
Schleifmaschine *f* 78
Schleppdampfer *m* 215
Schleppe *f* 35
schleudern 76
Schleudertrauma *n* 46
Schließfächer *n* 239
Schlinge *f* 46
Schlittenfahren *n* 247
Schlittschuh *m* 224
Schlittschuh *m* 224, 247
Schloss *n* 59
Schlot *m* 283
Schlucht *f* 284
Schluff *m* 85
Schlüssel *m* 59, 80, 207
Schlüsselbein *n* 17
Schlüsselblume *f* 297
schmal 321
Schmerzmittel *n* 109
Schmerztabletten *f* 47
Schmetterball *m* 231
Schmetterling *m* 239, 295
schmirgeln 82
Schmirgelpapier *n* 81, 83
Schmortopf *m* 69
Schmuck *m* 36
Schmuckkasten *m* 36
Schmucksteine *m* 288
schmutzig 76, 321
Schnabel *m* 293
Schnabelbecher *m* 75
schnarchen 71
Schnauze *f* 293
Schnecke *f* 295
Schnee *m* 287
Schneeanzug *m* 30
Schneebesen *m* 68
Schneemobil *n* 247
Schneeregen *m* 286
Schneidebrett *n* 68
schneiden 38, 67, 79, 277
Schneider *m* 191
Schneiderei *f* 115
Schneiderkreide *f* 276
Schneiderpuppe *f* 276
Schneidezahn *m* 50
schnell 321
Schnellimbiss *m* 154
Schnellstraße *f* 195
Schnitt *m* 46
Schnittlauch *m* 133
Schnittmuster *n* 276
Schnitz *m* 126
schnitzen 79
Schnorchel *m* 239
Schnur *f* 244
schnurlose Telefon *n* 99
Schnurrhaare *n* 290
Schnürschuh *m* 37
Schnürsenkel *m* 37
Schock *m* 47
schockiert 25
Schokolade *f* 113, 144, 156
Schokoladenaufstrich *m* 135
Schokoladenmilchshake *m* 149
Schokoladenstückchen *n* 141
Schokoladentorte *f* 140
schön 321
Schönheit *f* 40
Schönheitsbehandlungen *f* 41
Schönheitspflege *f* 105
Schöpflöffel *m* 68
Schornstein *m* 58, 214
Schot *f* 241
Schote *f* 122
Schraube *f* 80
Schraubenschlüssel *m* 80
Schraubenzieher *m* 80
Schraubenziehereinsätze *m* 80
Schraubstock *m* 78
schreiben 162
Schreibtisch *m* 172
Schreibtischschränkchen *n* 172
Schreibwaren *f* 105
schreien 25
Schreiner *m* 188
Schriftart *f* 177
Schritt *m* 243
schrubben 77
Schubkarre *f* 88
Schublade *f* 66, 70, 172
schüchtern 25
Schuhabteilung *f* 104
Schuhe *f* 34, 37
Schuhgeschäft *n* 114
Schulbuch *n* 163
Schulbus *m* 196
schuldig 181
Schule *f* 162, 299
Schüler *m* 162
Schuljunge *m* 162
Schulleiter *m* 163
Schulmädchen *n* 162
Schultasche *f* 162
Schulter *f* 13
Schulterblatt *n* 17
Schulterpolster *n* 35
Schulterriemen *m* 37
Schuluniform *f* 162
Schuppe *f* 294
Schuppe *f* 121
Schuppen *f* 39, 293
Schuppen *m* 85
Schürze *f* 30, 69
Schuss *m* 151
Schüssel *f* 65
Schutz *m* 88
Schutzanstrich *m* 83
Schutzblech *n* 205
Schutzbrille *f* 81, 167
Schutzhelm *m* 95, 186
Schutzkappe *f* 270
Schutzmaske *f* 228
Schutzpolster *n* 220
schwach 321
Schwager *m* 23
Schwägerin *f* 23

Schwalbe *f* 292
Schwamm *m* 73, 74, 83
Schwan *m* 293
schwanger 52
Schwangerschaft *f* 52
Schwangerschaftstest *m* 52
Schwanz *m* 121, 290, 292, 294
Schwarte *f* 119
schwarz 39, 272, 274, 321
Schwarzbier *n* 145
Schwarzes Loch *n* 280
Schwarzes Meer *n* 313
Schwarztee *m* 149
Schwebebalken *m* 235
Schweden *n* 316
Schwefel *m* 289
Schweif *m* 242, 280
Schwein *n* 185
Schweinefarm *f* 183
Schweinefleisch *n* 118
Schweinestall *m* 185
Schweißband *n* 230
Schweiz *f* 316
schwer 321
Schwerkraft *f* 280
Schwert *n* 241
Schwertfisch *m* 120, 294
Schwester *f* 22
Schwiegermutter *f* 23
Schwiegersohn *m* 22
Schwiegertochter *f* 22
Schwiegervater *m* 23
schwierig 321
Schwimmbad *n* 101
Schwimmbecken *n* 238, 250
Schwimmbrett *n* 238
Schwimmbrille *f* 238
schwimmen 238
Schwimmer *m* 61, 238
Schwimmflosse *f* 239
Schwimmflügel *m* 238
Schwimmreifen *m* 265
Schwimmsport *m* 238
Schwimmstile *f* 239
Schwimmweste *f* 240
schwingen 232
Science-Fiction-Film *m* 255
Scotch *m* 151
Scrabble *n* 272
Scrollbalken *m* 177
sechs 308
Sechseck *n* 164
sechster 309
sechzehn 308
sechzehnter 309
sechzig 308
sedimentär 288
See *m* 285
Seebarsch *m* 120
Seefischerei *f* 245
Seelöwe *m* 290
Seemann *m* 189
Seepferd *n* 294
Seestern *m* 295
Seeteufel *m* 120
Seezunge *f* 120
Segel *n* 241
Segelboot *n* 215
Segelfliegen *n* 248
Segelflugzeug *n* 211, 248
Segeljacht *f* 240
Segelsport *m* 240
Sehenswürdigkeiten *f* 261
Sehkraft *f* 51
Sehne *f* 17
Sehnerv *m* 51
Sehtest *m* 51
Seide *f* 277
Seife *f* 73
Seifenoper *f* 178
Seifenschale *f* 73
Seil *n* 248
Seilspringen *n* 251
Seite *f* 164
Seitendeck *n* 240
Seitenleitwerk *n* 210
Seitenlinie *f* 220, 221, 226, 230
Seitenruder *n* 210
Seitenschneider *m* 81
Seitenspiegel *m* 198
Seitenstraße *f* 299
Seitenstreifen *m* 194
Seitfußstoß *m* 237
Seitpferd *n* 235
Sekretariat *n* 168
Sekunde *f* 304
Sekundenzeiger *m* 304
Selbstbräunungscreme *f* 41
selbstsicher 25
Selbstverteidigung *f* 237
Sellerie *m* 124
selten 320
senden 177, 178
Sendung *f* 179
Senegal *m* 317
Senf *m* 135, 155
Senfkorn *n* 131
Senkblei *n* 82
senkrecht 165
Sepie *f* 121
September *m* 306
Serbien *n* 316
Server *m* 176
Serviceprovider *m* 177
servieren 64
Servierlöffel *m* 68
Serviette *f* 65, 152
Serviettenring *m* 65
Sesamkorn *n* 131
Sesamöl *n* 134
Sessel *m* 63
Sessellift *m* 246
Set *n* 64, 179
Setzkasten *m* 89
Setzkescher *m* 244
seufzen 25
Shampoo *n* 38
Sherry *m* 145
Shiatsu *n* 54
Shorts *f* 30, 33
Sibirien *n* 313
Sicherheit *f* 75, 240
Sicherheitsbohrer *m* 80
Sicherheitsgurt *m* 198, 211
Sicherheitsnadel *f* 47
Sicherheitssperre *f* 246
Sicherheitsventil *n* 61
Sicherheitsvorkehrung *f* 212
sichern 177
Sicherung *f* 60
Sicherungskasten *m* 60, 203
Sieb *n* 68, 89
sieben 91, 138, 308
siebter 309
siebzehn 308
siebzehnter 309
siebzig 308
Siegerpodium *n* 235
Sierra Leone *n* 317
Signal *n* 209
Silber *n* 235, 289
Silo *n* 183
Simbabwe *n* 317
Singapur *n* 319
Sirene *f* 94
Sitz *m* 204, 209, 210, 242
Sitzfläche *f* 64
Sitzplatz *m* 254
Sitzung *f* 174
Sitzungsraum *m* 174
Sizilien *n* 316
Skalpell *n* 81, 167
Skateboard *n* 249
Skateboardfahren *n* 249, 263
Skelett *n* 17
Ski *m* 246
Skianzug *m* 246
Skibrille *f* 247
Skihang *m* 246
Skiläuferin *f* 246
Skipiste *f* 246
Skisport *m* 246
Skisprung *m* 247
Skistiefel *m* 246
Skistock *m* 246
Skizze *f* 275
Skizzenblock *m* 275
Skorpion *m* 295
Slalom *m* 247
Slice *m* 230
Slip *m* 33, 35
Slipeinlage *f* 108
Slipper *m* 37
Slowakei *f* 316
Slowenien *n* 316
Smaragd *m* 288
SMS *f* 99
Snackbar *f* 148
Snooker *n* 249
Snowboarding *n* 247
Socken *f* 33
Sodabrot *n* 139
Sodawasser *n* 144
Sofa *n* 62
Sofakissen *n* 62
Sofortbildkamera *f* 270
Software *f* 176
Sohle *f* 37
Sohn *m* 22
Sojabohnen *f* 131
Sojabohnensprosse *f* 122
Soldat *m* 189
Somalia *n* 317
Sommer *m* 31, 307
Sommersprosse *f* 15
Sonate *f* 256
Sonde *f* 50
Sonderangebot *n* 322
Sonne *f* 280
Sonnenaufgang *m* 305
sonnenbaden 264
Sonnenbank *f* 41
Sonnenblocker *m* 108, 265
Sonnenblume *f* 184, 297
Sonnenblumenkern *m* 131
Sonnenblumenöl *n* 134
Sonnenbrand *m* 46
Sonnenbräune *f* 41
Sonnenbrille *f* 51, 265
Sonnenhut *m* 30, 265
Sonnenmilch *f* 265
Sonnenschein *m* 286
Sonnenschirm *m* 148, 264
Sonnenschutzcreme *f* 108
Sonnensystem *n* 280
Sonnenuhr *f* 262
Sonnenuntergang *m* 305
sonnig 286
Sonntag *m* 306
Sorbet *n* 141
Soße *f* 135, 143, 155, 159
Soufflé *n* 158
Souffléform *f* 69
Soundtrack *m* 255
Soziussitz *m* 204
Spachtel *m* 82
Spachtelmasse *f* 83
spachteln 82
Spalier *n* 84
Spanholz *n* 79
Spanien *n* 316
Spann *m* 15
Spannung *f* 60
Spareinlagen *f* 96
Spargel *m* 124
Sparkonto *n* 96
Sparring *n* 237
spät 305, 320
Spatel *m* 167
Spaten *m* 88
später 304, 320
Spatz *m* 292
spazierengehen 75
Specht *m* 292
Speck *m* 118
Speckscheibe *f* 119
Speerfischen *n* 245
Speerwerfen *n* 234
Speiche *f* 17, 207
Speicher *m* 176
Speisekarte *f* 148, 153, 154
Speiseröhre *f* 19
Speisewagen *m* 209
Spermium *n* 20
Sperrholz *n* 79
Spezialitäten *f* 152
Spiegel *m* 40, 63, 71, 167
Spiegelei *n* 157
Spiegelreflexkamera *f* 270
Spiel *n* 230, 273
Spielanzug *m* 30
Spielbahn *f* 225, 233
Spiele *f* 272
spielen 75, 229, 273
Spieler *m* 273
Spielerbank *f* 229
Spielergebnis *n* 273
Spielernummer *f* 226
Spielfeld *n* 220, 221, 226, 227, 228
Spielfeldgrenze *f* 225
Spielfilm *m* 269
Spielhaus *n* 75
Spielkonsole *f* 269
Spielmarke *f* 272
Spielplatz *m* 263
Spielshow *f* 178
Spielstand *m* 220
Spielwaren *f* 105
Spielzeug *n* 75
Spielzeugkorb *m* 75
Spieß *m* 68
Spikes *m* 233
Spin *m* 230
Spinat *m* 123
Spinne *f* 295
Spinnerkasten *m* 244
Spirale *f* 21
Spitze *f* 35, 36, 122, 164, 246
Spitzenklöppelei *f* 277
Spitzhacke *f* 187
Splitter *m* 46
Sport *m* 162, 219
Sportangeln *n* 245
Sportart *f* 248
Sportartikel *m* 105
Sport-BH *m* 35
Sportjackett *n* 33
Sportler *m* 191
Sportplatz *m* 168
Sportschuh *m* 31, 37

deutsch

Sportschuhe *m* 251
Sportwagen *m* 75, 199
Sprachen *f* 162
Sprachmitteilung *f* 99
Spray *n* 109
Sprechanlage *f* 59
Sprecher *m* 174
Sprechzimmer *n* 45
Springbrunnen *m* 85
springen 227, 238
Springer *m* 238, 272
Springreiten *n* 243
Sprinter *m* 234
Spritzbeutel *m* 69
Spritze *f* 48, 109, 167
Spritzflasche *f* 89
Spritzschutz *m* 66
Sprühbehälter *m* 311
Sprühdose *f* 311
sprühen 91
Sprung *m* 235, 237, 239, 243
Sprungball *m* 226
Sprungbrett *n* 235, 238
Sprungfeder *f* 71
Spuckbecken *n* 50
Spülbecken *n* 66
Spule *f* 276
Spüle *f* 61
spülen 76, 77
Spuler *m* 276
Spülkasten *m* 61
Spülmaschine *f* 66
Spur *f* 194
Squash *n* 231
Sri Lanka *n* 318
Staat *m* 315
Staatsanwaltschaft *f* 180
Stab *m* 225, 235
Stabhochsprung *m* 234
Stachel *m* 295
Stachelbeere *f* 127
Stadion *n* 223
Stadium *n* 23
Stadt *f* 298
Stadtplan *m* 261
Stadtrundfahrtbus *m* 260
Staffelei *f* 274
Staffellauf *m* 235
Stahlwolle *f* 81
Stake *f* 245
Stall *m* 185
Stallbursche *m* 243
Stamm *m* 296
Stammabschnitt *m* 96
Ständer *m* 88, 268
Stange *f* 90, 133, 207, 250
Stängel *m* 111, 297
Stangenbohne *f* 122
Stangensellerie *m* 122
Stangenweißbrot *n* 139
stark 321
Startbahn *f* 212
Startblock *m* 234, 238
starten 211
Startlinie *f* 234
Startsprung *m* 239
Stativ *n* 166, 270, 281
Staub *m* 77
Staubgefäß *n* 297
Staubsauger *m* 77, 188
Staubtuch *n* 77
Staudamm *m* 300
Staudenrabatte *f* 85
Stechbeitel *m* 81, 275
stechen 90
Stechmücke *f* 295
Stechpalme *f* 296
Steckdose *f* 60
Stecker *m* 60
Stecknadel *f* 276
Steckschlüssel *m* 80
Steckschlüsseleinsatz *m* 80
Steg *m* 258
Steigbügel *m* 242
Stein *m* 272, 275
Steingarten *m* 84
Steinobst *n* 126
Steißbein *n* 17
Steißgeburt *f* 52
Stempel *m* 173
Stempelkissen *n* 173
Steppdecke *f* 71
Stepper *m* 250
sterben 26
stereo 269
steril 20, 47
Stern *m* 280
Sternanis *m* 133
Sternbild *n* 281
Sternfrucht *f* 128
Sternhyazinthe *f* 297
Stethoskop *n* 45
Steuer *f* 96
Steuerrakete *f* 281
Steuerung *f* 204, 269
Stich *m* 46, 277
Stichplatte *f* 276
Stichsäge *f* 78
Stichwahltaste *f* 276
Stickerei *f* 277
Stiefel *m* 220
Stiefmutter *f* 23
Stiefsohn *m* 23
Stieftochter *f* 23
Stiefvater *m* 23
Stiel *m* 187, 297
Stier *m* 185
Stifthalter *m* 172
Stillbüstenhalter *m* 53
stillen 53
Stimmbänder *n* 19
Stipendium *n* 169
Stirn *f* 14
Stirnmuskel *m* 16
Stirnriemen *m* 242
Stirnrunzeln *n* 25
Stock *m* 91
Stockwerk *n* 58
Stoff *m* 276, 277
Stoffwindel *f* 30
stolz 25
Stop *m* 269
stopfen 277
Stoppball *m* 230
Stoppuhr *f* 234
Stöpsel *m* 72, 166
Storch *m* 292
Stoß *m* 237, 239
Stößel *m* 68, 167
Stoßstange *f* 198
Stoßzahn *m* 291
Stoßzeit *f* 209
Strafmaß *n* 181
Strafraum *m* 223
Strafregister *n* 181
Straftäter *m* 181
Strähnchen *n* 39
Strampelanzug *m* 30
Strand *m* 264
Strandhäuschen *n* 264
Strandsandale *f* 37
Strandtasche *f* 264
Strandtuch *n* 265
Strang *m* 277
Straße *f* 194, 298
Straßenanzug *m* 32
Straßenarbeiten *f* 187
Straßenbahn *f* 196, 208
Straßenbaustelle *f* 195
Straßencafé *n* 148
Straßenecke *f* 298
Straßenlaterne *f* 298
Straßenmarkierungen *f* 194
Straßenrad *n* 206
Straßenschild *n* 298
Stratosphäre *f* 286
Strauß *m* 111, 292
Strebepfeiler *m* 301
Strecken *n* 251
Streichbürste *f* 83
Streichhölzer *n* 112
Stress *m* 55
Stretchlimousine *f* 199
Strichkode *m* 106
Stricken *n* 277
Strickjacke *f* 32
Stricknadel *f* 277
Strohhalm *m* 144, 154
Strom *m* 60
Stromanschluss *m* 266
Stromausfall *m* 60
stromführend 209
Stromkabel *n* 176
Stromnetz *n* 60
Stromschnellen *f* 284
Stromzähler *m* 60
Struktur *f* 300
Strumpfband *n* 35
Strümpfe *m* 35
Strumpfhalter *m* 35
Strumpfhose *f* 34, 35
Strunk *m* 122
Stück *n* 140, 311
Stuckrahmen *m* 63
Student *m* 169
Studentenheim *n* 168
Studioeinrichtung *f* 178
Stufenbarren *m* 235
Stuhl *m* 64
Stunde *f* 163, 304
Stundenzeiger *m* 304
Sturm *m* 286
Sturz *m* 186
Stütze *f* 187
stutzen 90
stützen 91
Stützräder *n* 207
subtrahieren 165
suchen 177
Südafrika *n* 317
Südamerika *n* 315
Sudan *m* 317
Süden *m* 312
Südfrüchte *f* 129
Südkorea *n* 318
südlich 283
Südpolarmeer *n* 313
Sukkulente *f* 87
Sultanine *f* 129
Sumo *n* 237
Sumpf *m* 285
Supermarkt *m* 106
Suppe *f* 153, 158
Suppenlöffel *m* 65
Suppenteller *m* 65
Surfbrett *n* 241
Surfer *m* 241
Suriname *n* 315
süß 124, 127, 137, 155
Süßkartoffel *f* 125
Süßwaren *f* 107, 113
Süßwarengeschäft *n* 113
Süßwasserangeln *n* 245
Swasiland *n* 317
Sweatshirt *n* 33
Symbol *n* 177
Symphonie *f* 256
Synagoge *f* 300
Synchronschwimmen *n* 239
synthetisch 31
Syrien *n* 318
System *n* 176

T

Tabak *m* 112, 184
Tablett *n* 152, 154
Tablette *f* 109
Tachometer *m* 201, 204
Taco *m* 155
Tadschikistan *n* 318
Taekwondo *n* 236
Tafel *f* 113, 162
Tag *m* 305, 306
Tagesdecke *f* 70
Tagesordnung *f* 174
taggen 229
Tai Chi *n* 237
Taille *f* 12
Taiwan *n* 319
Takelung *f* 215, 240
Taktstock *m* 256
Taktstrich *m* 256
Tal *n* 284
Tamburin *n* 257
Tampon *m* 108
Tandem *n* 206
Tangelo *f* 126
Tankstelle *f* 199
Tankstellenplatz *m* 199
Tansania *n* 317
Tante *f* 22
Tanzakademie *f* 169
Tänzerin *f* 191
Tanzmusik *f* 259
Tapete *f* 82
Tapetenkleister *m* 82
Tapezierbürste *f* 82
tapezieren 82
Tapeziermesser *n* 82
Tapezierschere *f* 82
Tapeziertisch *m* 82
Tapisserie *f* 277
Tarowurzel *f* 124
Tasche *f* 32, 37
Taschenlampe *f* 267
Taschenrechner *m* 165
Taschentuch *n* 36
Tasmanien *n* 319
Tastatur *f* 172, 176
Taste *f* 176
Tastenfeld *n* 97, 99
Tätigkeiten *f* 77, 183
Tätowierung *f* 41
Taube *f* 292
Tauchen *n* 239
Taucheranzug *m* 239
Tauchermaske *f* 239
Taufe *f* 26
tausend 309
Tausendfüßer *m* 295
Taxifahrer *m* 190
Taxistand *m* 213
Team *n* 229
Techniken *f* 79, 237
Teddy *m* 75
Tee *m* 144, 149, 149, 156, 184
Tee *n* 233
Teebeutel *m* 144
Teeblätter *n* 144
Teekanne *f* 65
Teelöffel *m* 65
Teetasse *f* 65
Teich *m* 85
Teig *m* 138, 140
Teigschaber *m* 68
Teilchen *n* 140
Teiler *m* 173
teilnehmen 174
Teint *m* 41
Telefon *n* 99, 172
Telefonzelle *f* 99
Telegramm *n* 98
Teleprompter *m* 179
Teleskop *n* 281
Teller *m* 65
Tempel *m* 300
Temperatur *f* 286
Temperaturanzeige *f* 201
Tennis *n* 230

deutsch

Tennisball *m* 230
Tennisplatz *m* 230
Tennisschläger *m* 230
Tennisschuhe *m* 231
Tennisspieler *m* 231
Teppich *m* 63, 71
Tequila *m* 145
Termin *m* 45, 175
Terminal *m* 212
Terminkalender *m* 173, 175
Termite *f* 295
Terpentin *n* 83
Terrasse *f* 85
Terrassencafé *n* 148
Territorium *n* 315
Tesafilm *m* 173
Tesafilmhalter *m* 173
Testament *n* 26
teuer 321
Text *m* 259
Thailand *n* 318
Theater *n* 254, 299
Theaterkostüm *n* 255
Theaterstück *n* 254
Theke *f* 142, 150
Therapeutin *f* 55
Thermometer *n* 45, 167
Thermosflasche *f* 267
Thermosphäre *f* 286
Thermostat *m* 61
Thermowäsche *f* 267
Thriller *m* 255
Thymian *m* 133
Tiebreak *m* 230
tief 239
Tiefe *f* 165
tiefgefroren 121, 124
Tiefkühlkost *f* 107
Tiegel *m* 166
Tierärztin *f* 189
Tiere *n* 290, 292, 294
Tierfutter *n* 107
Tierhandlung *f* 115
Tiger *m* 291
Timor-Leste *n* 319
Tintenfisch *m* 121, 295
Tisch *m* 64, 148, 167
Tischdecke *f* 64
Tischtennis *n* 231
Tischtennisschläger *m* 231
Titel *m* 168
Toast *m* 157
Toaster *m* 66
Tochter *f* 22
Toffee *n* 113
Togo *n* 317
Toilette *f* 72, 104, 266
Toilettenartikel *m* 41, 107
Toilettenbürste *f* 72
Toilettenpapier *n* 72
Toilettensitz *m* 61, 72
Tomate *f* 125, 157
Tomatenketschup *m* 154
Tomatensaft *m* 144, 149
Ton *m* 275
Tonabnehmer *m* 258
Tonhöhe *f* 256
Tonicwater *n* 144
Tonleiter *f* 256
Tonmeister *m* 179
Tonne *f* 310
Tonstudio *n* 179
Topas *m* 288
Töpfchen *n* 74
Töpferei *f* 275
Töpferscheibe *f* 275
Topfhandschuh *m* 69
Topfpflanze *f* 87, 110
Topinambur *m* 125
Tor *n* 85, 182, 221, 222, 223, 224, 247
Torlinie *f* 220, 223, 224
Tornado *m* 287
Tornetz *n* 222
Torpfosten *m* 220, 222
Torraum *m* 221, 223
Torwart *m* 222, 224, 225
Touchdown *m* 220
Tourenfahrrad *n* 206
Tourer *m* 205
Tourist *m* 260
Touristenattraktion *f* 260
Touristenbus *m* 197
Touristeninformation *f* 261
Trab *m* 243
Trabrennen *n* 243
Tragbahre *f* 94
Tragebettchen *n* 75
Träger *m* 35, 186
trägerlos 34
Tragfläche *f* 210
Tragflügelboot *n* 215
trainieren 251
Trainingsanzug *m* 31, 32
Trainingshose *f* 33
Trainingsrad *n* 250
Traktor *m* 182
Tranchiergabel *f* 68
Träne *f* 51
Transformator *m* 60
Transmission *f* 202
Trapez *n* 164
Traubenkernöl *n* 134
Traubensaft *m* 144
traurig 25
Treppe *f* 59
Treppenabsatz *m* 59
Treppengeländer *n* 59
Treppengitter *n* 75
treten 207
Trethebel *m* 61
Triangel *m* 257
Trichter *m* 166
Triebwerk *n* 210
Trifle *n* 141
Trimester *n* 52
Trinidad und Tobago *n* 314
Trinkgeld *n* 152
Trittleiter *f* 82
Trizeps *m* 16
trocken 39, 41, 130, 145, 286, 321
Trockenblumen *f* 111
Trockendock *n* 217
trocknen 76
Trockner *m* 76
Trog *m* 183
Trolleybus *m* 196
Trommel *f* 257, 258
Trompete *f* 257
Tropen 283
Tropf *m* 53
Tropfen *m* 109
Tropfer *m* 109, 167
Troposphäre *f* 286
Trüffel *f* 125
Trüffel *m* 113
Truthahn *m* 185, 293
Tschad *m* 317
Tschechische Republik *f* 316
T-Shirt *n* 30, 33
Tuba *f* 257
Tube *f* 311
Tulpe *f* 111
Tunesien *n* 317
Tunfisch *m* 120
Tür *f* 196, 209
Turbolader *m* 203
Türgriff *m* 200
Türkei *f* 318
Türkette *f* 59
Türkis *m* 289
Türklingel *f* 59
Türklopfer *m* 59
Turkmenistan *n* 318
Turm *m* 272, 300
Turmalin *m* 288
Turmspitze *f* 300
Turmsprung *m* 239
Turnen *n* 235
Turnerin *f* 235
Turnierplatz *m* 243
Türriegel *m* 59
Türverriegelung *f* 200
Tüte *f* 311
Typ *m* 205

U

U-Bahn *f* 208
U-Bahnplan *m* 209
Übelkeit *f* 44
über 320
über Par 233
überbelichtet 271
Überdach *n* 266
Überführung *f* 194
übergeben (sich) 44
Übergepäck *n* 212
überholen 195
Überholspur *f* 194
Überlauf *m* 61
übermorgen 307
Übernachtung *f* 101
überrascht 25
Überschallflugzeug *n* 211
Überschwemmung *f* 287
Überweisung *f* 49, 96
U-Boot *n* 215
Übungen *f* 251
Übungsschwung *m* 233
Ufer *n* 284
Uganda *n* 317
Uhr *f* 62, 304
Uhrzeit *f* 304
Ukraine *f* 316
Ulme *f* 296
Ultraleichtflugzeug *n* 211
Ultraschall *m* 52
Ultraschallaufnahme *f* 52
Ultraviolettstrahlen *m* 286
um 320
Umfang *m* 164
Umhängetasche *f* 37
Umlaufbahn *f* 280
Umleitung *f* 195, 323
umpflanzen 91
Umschlag *m* 98
umsteigen 209
Umwelt *f* 279
Umzug *m* 27
Unentschieden *n* 223
Unfall *m* 46
Ungarn *n* 316
ungesalzen 137
Uniform *f* 94, 189
Universität *f* 299
Universum *n* 280
Unkraut *n* 86
Unkrautvernichter *m* 91
unpasteurisiert 137
unscharf 271
unschuldig 181
unter 233
unter Par 320
Unterarm *m* 12
unterbelichtet 271
unterbrochen 99
Unterführung *f* 194
Untergrund *m* 91
Unterhaltungselektronik *f* 268
Unterhemd *n* 33, 35
Unterkiefer *m* 14
Unterlegscheibe *f* 80
Unterrock *m* 35
Unterschrift *f* 96, 98
Untersetzer *m* 150
Untersuchung *f* 45, 49
Unterwäsche *f* 32, 35
Unze *f* 310
Uranus *m* 280
Urlaub *m* 212
Urlaubsprospekt *m* 212
Urologie *f* 49
Urteil *n* 181
Uruguay *n* 315
Usbekistan *n* 318

V

Vanille *f* 132
Vanillepudding *m* 140
Vanuatu *n* 319
Vase *f* 63
Vater *m* 22
Vatikanstadt *f* 316
V-Ausschnitt *m* 33
vegetarisch 155
Vene *f* 19
Venezuela *n* 315
Ventil *n* 207
Ventilator *m* 60, 202
Venus *f* 280
Venusmuschel *f* 121
Verankerung *f* 217
Veranstaltung *f* 243
verärgert 25
Verband *m* 47
verbinden 177
verbleit 199
Verbrechen *n* 94
Verdächtige *m* 94, 181
Verdauungssystem *n* 19
Verdeck *n* 75
Verdünner *m* 83
Vereinigte Arabische Emirate 318
Vereinigte Staaten 314
Verfallsdatum *n* 109
Verfügung *f* 180
Vergiftung *f* 46
Vergnügungspark *m* 262
vergrößern 172
Vergrößerung *f* 271
Verkäufer *m* 104
Verkäuferin *f* 188
Verkaufsabteilung *f* 175
Verkehr *m* 193, 194
Verkehrsampel *f* 194
Verkehrsflugzeug *n* 210, 212
Verkehrsinsel *f* 194
Verkehrspolizist *m* 195
Verkehrsschild *n* 195
Verkehrsstau *m* 195
verkleinern 172
Verkühlung *f* 44
verlängern 168
Verlängerung *f* 223
Verlängerungskabel *n* 78
verlegen 25
Verletzung *f* 46
verlieben 26
verlieren 273
Verlierer *m* 273
Verlobte 24
vermehren 91
Vermieter *m* 58
Vermittlung *f* 99
Verordnung *f* 109
verputzen 82
verrühren 67, 138
Verschluss *m* 36, 37
Versicherung *f* 203
Versiegelungsmittel *n* 83
Versorgungsfahrzeug *n* 212
Verspätung *f* 209
Verstärker *m* 268

deutsch

Verstauchung *f* 46
Versuch *m* 166, 221
Verteidiger *m* 223
Verteidigung *f* 181, 220
Verteidigungszone *f* 224
Verwandte 23
verwirrt 25
Vibrafon *n* 257
Videokassette *f* 269
Videorekorder *m* 269
Videospiel *n* 269
Vieh *n* 182, 185
viel 320
Vielleicht 322
vier 308
Viertelstunde *f* 304
vierter 309
viertürig 200
vierzehn 308
vierzehnter 309
vierzig 308
Vietnam *n* 318
Violinschlüssel *m* 256
Virus *m* 44
Visier *n* 205
Visum *n* 213
Vitamintabletten *f* 108
Vitrine *f* 62
Vögel *f* 292
Vogelbeobachtung *f* 263
Vogelscheuche *f* 184
Volant *m* 71
voll 266, 321
Volley *m* 231
Volleyball *m* 227
Vollkorn *n* 130
Vollkornbrot *n* 139
Vollkornmehl *n* 138
Vollmilch *f* 136
Vollmond *m* 280
Vollpension *f* 101
Volumen *n* 165, 311
von 320
von Bord gehen 217
vor 320
vorbestellen 168
Vordach *n* 58
Vorderrad *n* 196
Vorderzwiesel *m* 242
Vorfahrt gewähren 323
Vorfeld *n* 212
vorgeburtlich 52
vorgestern 307
Vorhand *f* 231
Vorhang *m* 63, 254
Vorhaut *f* 21
Vorladung *f* 180
Vorlauf *m* 269
Vorschlaghammer *m* 187
Vorsitz *m* 174
Vorspeise *f* 153
Vorstadt *f* 299
Vorteil *m* 230
vorzeitig 52
Vulkan *m* 283

W

Waage *f* 53, 98, 118, 310
Waagschale *f* 310
Wabenhonig *m* 134
Wachtel *f* 119
Wachtelei *n* 137
Wächter *m* 189
Wade *f* 13
Wadenbein *n* 17
Wadenmuskel *m* 16
Waffeln *f* 157
Wagen *m* 208
Wagenheber *m* 203
Wagentypen *m* 199
wählen 99
Währung *f* 97
Wal *m* 290
Wald *m* 285
Walnuss *f* 129
Walnussöl *n* 134
Walross *n* 290
Walze *f* 187
Wandern *n* 263
Wanderritt *m* 243
Wanderschuh *m* 37
Wanderschuhe *m* 267
Wandlampe *f* 62
Wange *f* 14
Wanne *f* 83
Warenlager *n* 216
Warenregal *n* 106
warm 286
Wärmflasche *f* 70
Warnlichter *n* 201
Wartehäuschen *n* 197
Wartezimmer *n* 45
Waschbär *m* 290
Waschbecken *n* 38, 72
Wäsche *f* 76
Wäschedienst *m* 101
Wäscheklammer *f* 76
Wäschekorb *m* 76
Wäscheleine *f* 76
waschen 38
Wäscheschleuder *f* 76
Waschmaschine *f* 76
Waschmittel *n* 77
Waschpulver *n* 77
Waschsalon *m* 115
Waschtrockner *m* 76
Wasser *n* 144, 151, 238
Wasser treten 239
Wasserball *m* 239, 265
Wasserbehandlung *f* 55
Wasserfall *m* 285
Wasserflasche *f* 206, 267
Wasserflugzeug *n* 211
Wassergarten *m* 84
Wasserglas *n* 65
Wasserhahn *m* 66
Wasserhindernis *n* 232
Wasserkastanie *f* 124
Wasserkocher *m* 66
Wassermelone *f* 127
Wasserpflanze *f* 86
Wasserraum *m* 61
Wasserschildkröte *f* 293
Wasserski *m* 241
Wasserski *n* 241
Wasserskifahrer *m* 241
Wassersport *m* 241
Wasserstrahl *m* 95
Wasserwaage *f* 80, 187
Watstiefel *f* 244
Wattebällchen *n* 41
Wattieren *n* 277
WC *n* 61
Weberei *f* 277
Website *f* 177
Webstuhl *m* 277
Wechselkurs *m* 97
wechseln 203, 269
Wechselstrom *m* 60
Wechselstube *f* 97
Wecker *m* 70, 71
Wedge *n* 233
Weg *m* 58, 85
Wegwerfwindel *f* 30
Wehe *f* 52
weiblich 20
weich 129, 321
Weichholz *n* 79
Weichkäse *m* 136
Weichspüler *m* 76
Weide *f* 182, 296
Weihnachten *n* 27
Wein *m* 145, 151
Weinberg *m* 183
Weinbrand *m* 145
weinen 25
Weinessig *m* 135
Weinglas *n* 65
Weinhandlung *f* 115
Weinkarte *f* 152
Weinstock *m* 183
Weintraube *f* 127
weiß 39, 145, 272, 274, 321
Weißbrot *n* 138, 139
weißer Reis *m* 130
Weißrussland *n* 316
weit 320
Weitsichtigkeit *f* 51
Weitsprung *m* 235
Weizen *m* 130, 184
Weizenmehl *n* 138
Weizenschrot *n* 130
Welle *f* 241, 264
Wellenlänge *f* 179
Wellenreiten *n* 241
Welpe *m* 290
Weltkarte *f* 312
Weltraum *m* 280
Wende *f* 238
Wendekreis *m* 283
Werbung *f* 269
werfen 221, 225, 227, 229, 229
Werfer *m* 225
Werferplatte *f* 228
Werft *f* 217
Werkbank *f* 78
Werkstatt *f* 199
Werktag *m* 306
Werkzeug *n* 187
Werkzeuggestell *n* 78
Werkzeuggürtel *m* 186
Werkzeugkasten *m* 80
Werkzeugleiste *f* 177
Wertpapier *n* 97
Wespe *f* 295
Weste *f* 33
Westen *m* 312
Western *m* 255
Westsahara *f* 317
Wette *f* 273
Wetter *n* 286
Wetzstahl *m* 81
Whisky *m* 145
Wickelmatte *f* 74
Wickelraum *m* 104
Widerhaken *m* 244
Wiederbelebung *f* 47
wiegen 310
Wiese *f* 285
Wild *n* 118
Wildbret *n* 119
Wildreis *m* 130
Wildwasser *n* 241
Wimper *f* 14, 51
Wimperntusche *f* 40
Wind *m* 241, 286
Windel *f* 75
windig 286
Windjacke *f* 33
Windpocken 44
Windschutz *m* 265
Windschutzscheibe *f* 198, 205
Windsurfer *m* 241
Windsurfing *n* 241
Winkel *m* 164
Winkelmesser *m* 165
Winter *m* 31, 307
Wintersport *m* 247
Wippe *f* 263
Wirbel *m* 258
Wirbellose 295
Wirbelsäule *f* 17
Wirtschaftsprüfer *m* 190
Wirtschaftswissenschaft *f* 169
wischen 77
Wissenschaftler *m* 190
Woche *f* 306, 307
Wochenende *n* 306
wöchentlich 307
Wodka *m* 145, 151
wohl 321
Wohnblock *m* 59, 298
Wohnmobil *n* 266
Wohnung *f* 59
Wohnwagen *m* 266
Wohnzimmer *n* 62
Wok *m* 69
Wolf *m* 290
Wolke *f* 287
Wolkenkratzer *m* 299, 300
Wolle *f* 277
Wörterbuch *n* 163
Wunde *f* 46
Wundsalbe *f* 74
Wurf *m* 237
Würfel *m* 164, 272
Wurflinie *f* 225
Wurm *m* 295
Wurst *f* 142, 155
Würstchen *n* 118, 157
Wurzel *f* 39, 124, 296
Würzmittel *f* 135
Wüste *f* 285

Y

Yard *n* 310
Yoga *n* 54

Z

Zahl *f* 308
zählen 165
Zähler *m* 165, 270
Zahlung *f* 96
Zahn *m* 50
Zahnarzt *m* 50
Zahnärztin *f* 189
Zahnbelag *m* 50
Zahnbürste *f* 72
Zahnfleisch *n* 50
Zahnfüllung *f* 50
Zahnpasta *f* 72
Zahnpflege *f* 72, 108
Zahnprothese *f* 50
Zahnrad *n* 206
Zahnschmelz *m* 50
Zahnschmerzen 50
Zahnseide *f* 50, 72
Zahnspange *f* 50
Zahnwurzel *f* 50
Zange *f* 167
Zäpfchen *n* 109
Zapfhahn *m* 150
Zapfsäule *f* 199
Zartbitterschokolade *f* 113
Zaumzeug *n* 242
Zaun *m* 182
Zaun *m* 85
Zebra *n* 291
Zeder *f* 296
Zeh *m* 15
Zehe *f* 125
Zehennagel *m* 15
zehn 308
zehnter 309
Zeichendreieck *n* 165
Zeichentrickfilm *m* 178, 255
zeichnen 162
Zeichnen *n* 275
Zeigefinger *m* 15
Zeit *f* 234, 261
Zeiteinstellscheibe *f* 270
Zeitmesser *m* 166
Zeitschrift *f* 107, 112, 168
Zeitung *f* 112
Zeitungshändler *m* 112

deutsch

Zelle *f* 94
Zelt *n* 266, 267
Zeltboden *m* 267
zelten 266
Zeltspannleine *f* 266
Zeltstange *f* 266
Zement *m* 186
Zentimeter *m* 310
Zentimetermaß *n* 276
Zentralafrikanische Republik *f* 317
Zentrale *f* 175
Zentraleinheit *f* 176
zerbrechlich 98
zerstoßen 132
Zeuge *m* 180
Zicklein *n* 185
Ziege *f* 185
Ziegelstein *m* 187
Ziegenkäse *m* 142
Ziegenmilch *f* 136
zielen 227
Ziellinie *f* 234
Zielscheibe *f* 249
Zierstrauch *m* 87
Zigarette *f* 112
Zigarre *f* 112
Zimmer *n* 58, 100
Zimmernummer *f* 100
Zimmerreinigung *f* 101
Zimmerschlüssel *m* 100
Zimmerservice *m* 101
Zimt *m* 133
Zink *n* 289
Zinn *n* 289
Zinssatz *m* 96
Zirkel *m* 165
Zirkeltraining *n* 251
Zitrone *f* 126, 149, 151
Zitronenaufstrich *m* 134
Zitronengras *n* 133
Zitrusfrüchte *f* 126
Zoll *m* 212, 310
Zollamt *n* 216
Zone *f* 315
Zoo *m* 262
Zoologie *f* 169
Zoom *n* 270
Zopf *m* 39
zu 320
Zubereitung *f* 159
Zubringer *m* 194, 197
Zucchini *f* 125
züchten 91
Zuckerguss *m* 141
Zuckerkrankheit *f* 44
Zuckerrohr *n* 184
Zufahrtsstraße *f* 194, 216
Zug *m* 208, 239, 273
Zugabe *f* 255
Zügel *f* 242
Zugfenster *n* 209
Zugtypen *m* 208
Zuleitung *f* 61
Zündkerze *f* 203
Zündung *f* 200
Zunge *f* 19, 37, 118
Zuschauer *m* 233
Zustellung *f* 98
zwanzig 308
zwanzigster 309
zwei 308
Zweibettzimmer *n* 100
Zweig *m* 296
Zweigstelle *f* 175
zweijährig 86
Zweispännerrennen *n* 243
zweiter 309
zweitürig 200
Zwerchfell *n* 19
Zwiebel *f* 86, 124
Zwillinge 23
Zwinge *f* 78
Zwirn *m* 89
zwischen 320
Zwischenrippenmuskel *m* 16
zwölf 308
Zwölffingerdarm *m* 18
zwölfter 309
Zylinder *m* 164
Zylinderkopf *m* 202
Zypern *n* 318

deutsch

agradecimientos • Dank

DORLING KINDERSLEY dankt Tracey Miles und Christine Lacey für die Design-Assistenz, Georgina Garner für ihre redaktionelle und administrative Unterstützung, Sonia Gavira, Polly Boyd und Cathy Meeus für die redaktionelle Hilfe und Claire Bowers für die Erstellung des Bildnachweises.

Der Verlag dankt den folgenden Personen und Institutionen für die freundliche Genehmigung zum Abdruck ihrer Bilder:
Abkürzungen: t=oben, b=unten, r=rechts, l=links, c=Mitte

Abode: 62; **Action Plus:** 224bc; **alamy.com:** 154t; A.T. Willett 287bcl; Michael Foyle 184bl; Stock Connection 287bcr; **Allsport/Getty Images:** 238cl; **Alvey and Towers:** 209 acr, 215bcl, 215bcr, 241cr; **Peter Anderson:** 188cbr, 271br. **Anthony Blake Photo Library:** Charlie Stebbings 114cl; John Sims 114tcl; **Andyalte:** 98tl; **apple mac computers:** 268tcr; **Arcaid:** John Edward Linden 301bl; Martine Hamilton Knight, Architects: Chapman Taylor Partners, 213cl; Richard Bryant 301br; **Argos:** 41tcl, 66cbl, 66cl, 66br, 66bcl, 69cl, 70bcl, 71t, 77tl, 269tc, 270tl; **Axiom:** Eitan Simanor 105bcr; Ian Cumming 104; Vicki Couchman 148cr; **Beken Of Cowes Ltd:** 215cbc; **Bosch:** 76tcr, 76tc, 76tcl; **Camera Press:** 27c, 38tr, 256t, 257cr; Barry J. Holmes 148tr; Jane Hanger 159cr; Mary Germanou 259bc; **Corbis:** 78b; Anna Clopet 247tr; Bettmann 181tl, 181tr; Bo Zauders 156t; Bob Rowan 152bl; Bob Winsett 247cbl; Brian Bailey 247br; Carl and Ann Purcell 162l; Chris Rainer 247ctl; ChromoSohm Inc. 179tr; Craig Aurness 215bl; David H.Wells 249cbr; Dennis Marsico 274bl; Dimitri Lundt 236bc; Duomo 211tl; Gail Mooney 277ctcr; George Lepp 248c; Gunter Marx 248cr; Jack Fields 210b; Jack Hollingsworth 231bl; Jacqui Hurst 277cbr; James L. Amos 247bl, 191ctr, 220bcr; Jan Butchofsky 277cbc; Johnathan Blair 243cr; Jon Feingersh 153tr; Jose F. Poblete 191br; Jose Luis Pelaez.Inc 153tc, 175tl; Karl Weatherly 220bl, 247tcr; Kelly Mooney Photography 259tl; Kevin Fleming 249bc; Kevin R. Morris 105tr, 243tl, 243tc; Kim Sayer 249tcr; Lynn Goldsmith 258t; Macduff Everton 231bcl; Mark Gibson 249bl; Mark L. Stephenson 249tcl; Michael Pole 115tr; Michael S. Yamashita 247ctcl; Mike King 247cbl; Neil Rabinowitz 214br; Owen Franken 112t; Pablo Corral 115bc; Paul A. Sounders 169br, 249ctcl; Paul J. Sutton 224c, 224br; Peter Turnley 105tcr; Phil Schermeister 227b, 248tr; R. W Jones 309; R.W. Jones 175tr; Richard Hutchings 168b; Rick Doyle 241ctr; Robert Holmes 97br, 277ctc; Roger Ressmeyer 169tr; Russ Schleipman 229; Steve Raymer 168cr; The Purcell Team 211ctr; Tim Wright 178; Vince Streano 194t; Wally McNamee 220br, 220bcl, 224bl; Yann Arhus-Bertrand 249tl;
Demetrio Carrasco / Dorling Kindersley (c) Herge / Les Editions Casterman: 112ccl; **Dixons:** 270cl, 270cr, 270bl, 270bcl, 270bcr, 270ccr; **Education Photos:** John Walmsley 26tl; **Empics Ltd:** Adam Day 236br; Andy Heading 243c; Steve White 249cbc; **Getty Images:** 48bcl, 100t, 114bcr, 154bl, 287tr; 94tr; **Dennis Gilbert:** 106tc; **Hulsta:** 70t; **Ideal Standard Ltd:** 72r; **The Image Bank/Getty Images:** 58; **Impact Photos:** Eliza Armstrong 115cr; John Arthur 190tl; Philip Achache 246t; **The Interior Archive:** Henry Wilson, Alfie's Market 114bl; Luke White, Architect: David Mikhail, 59tl; Simon Upton, Architect: Phillippe Starck, St Martins Lane Hotel 100bcr, 100br; **Jason Hawkes Aerial Photography:** 216t; **Dan Johnson:** 26cbl, 35r; **Kos Pictures Source:** 215cbl, 240tc, 240tr; David Williams 216b; **Lebrecht Collection:** Kate Mount 169bc; **MP Visual.com:** Mark Swallow 202t; **NASA:** 280cr, 280ccl, 281tl; **P&O Princess Cruises:** 214bl; **P A Photos:** 181br;
The Photographers' Library: 186bl, 186bc, 186t; **Plain and Simple Kitchens:** 66t; **Powerstock Photolibrary:** 169tl, 256t, 287tc; **Rail Images:** 208c, 208 cbl, 209br; **Red Consultancy:** Odeon cinemas 257br; **Redferns:** 259br; Nigel Crane 259c; **Rex Features:** 106br, 259tc, 259tr, 259bl, 280b; Charles Ommaney 114tcr; J.F.F Whitehead 243cl; Patrick Barth 101tl; Patrick Frilet 189cbl; Scott Wiseman 287bl; **Royalty Free Images:** Getty Images/Eyewire 154bl; **Science & Society Picture Library:** Science Museum 202b; **Skyscan:** 168t, 182c, 298; Quick UK Ltd 212; **Sony:** 268bc; **Robert Streeter:** 154br; **Neil Sutherland:** 82tr, 83tl, 90t, 118, 188ctr, 196tl, 196tr, 299cl, 299bl; **The Travel Library:** Stuart Black 264t; **Travelex:** 97cl; **Vauxhall:** Technik 198t, 199tl, 199tr, 199cl, 199cr, 199ctcl, 199ctcr, 199tcl, 199tcr, 200;
View Pictures: Dennis Gilbert, Architects: ACDP Consulting, 106t; Dennis Gilbert, Chris Wilkinson Architects, 209tr; Peter Cook, Architects: Nicholas Crimshaw and partners, 208t; **Betty Walton:** 185br;
Colin Walton: 2, 4, 7, 9, 10, 28, 42, 56, 92, 95c, 99tl, 99tcl, 102, 116, 120t, 138t, 146, 150t, 160, 170, 191ctcl, 192, 218, 252, 260br, 260l, 261tr, 261c, 261cr, 271cbl, 271cbr, 271ctl, 278, 287br, 302, 401.

DK PICTURE LIBRARY:
Akhil Bahkshi; Patrick Baldwin; Geoff Brightling; British Museum; John Bulmer; Andrew Butler; Joe Cornish; Brian Cosgrove; Andy Crawford and Kit Hougton; Philip Dowell; Alistair Duncan; Gables; Bob Gathany; Norman Hollands; Kew Gardens; Peter James Kindersley; Vladimir Kozlik; Sam Lloyd; London Northern Bus Company Ltd; Tracy Morgan; David Murray and Jules Selmes; Musée Vivant du Cheval, France; Museum of Broadcast Communications; Museum of Natural History; NASA; National History Museum; Norfolk Rural Life Museum; Stephen Oliver; RNLI; Royal Ballet School; Guy Ryecart; Science Museum; Neil Setchfield; Ross Simms and the Winchcombe Folk Police Museum; Singapore Symphony Orchestra; Smart Museum of Art; Tony Souter; Erik Svensson and Jeppe Wikstrom; Sam Tree of Keygrove Marketing Ltd; Barrie Watts; Alan Williams; Jerry Young.

Weitere Fotografien von Colin Walton.

Colin Walton dankt:
A&A News, Uckfield; Abbey Music, Tunbridge Wells; Arena Mens Clothing, Tunbridge Wells; Burrells of Tunbridge Wells; Gary at Di Marco's; Jeremy's Home Store, Tunbridge Wells; Noakes of Tunbridge Wells; Ottakar's, Tunbridge Wells; Selby's of Uckfield; Sevenoaks Sound and Vision; Westfield, Royal Victoria Place, Tunbridge Wells.